전방향 독서법과 독서치료

미래독서연구총서 ①

전방향 독서법과 독서치료

The art of Omnidirectional Reading(ORA)

박연식 지음

고요아침

■ 추천사

독서치료 현장의 새로운 필독서

전방향 독서법이라고 하는 아주 생소한 독서법을 주제로 한 석사학위 논문을 훌륭하게 발전시켜 단행본으로 출간한 것이『전방향 독서법과 독서치료』이다.

생소하지만 고개가 끄덕여지는 독서법을 고안하고 이론화시키면서, 그것을 마음 상함의 치유를 위한 독서법에 연결시키고, 또 독서치료를 위한 자료의 전방향적인 분류를 시도한 연구자의 창의적인 사고가 흥미롭기만 하다.

다른 이론서에서는 보기 어려운 저자의 상상력과 창의력을 탄탄한 이론으로 뒷받침하고 있을 뿐만 아니라 많은 자료가 근거를 이루고 있어 독서치료 현장의 필독서가 될 만하다.

— 전 한국문헌정보학회장, 전 경기대학교 중앙도서관장, 경기대학교 문헌정보학과 교수 한윤옥

추천사

새롭고 창의적인 독서법을 제안

우리는 직접적 경험과 책읽기를 통한 간접적 경험을 통해 삶의 지혜를 얻고 성숙한다. 우리 내외는 신성회라는 이름 아래 치유와 회복, 사랑과 성장, 그리고 영성에 대한 책을 읽히고 독서모임을 통해 삶의 기술을 가르치는 운동을 벌여왔다. 그런데 저자 박연식 선생은 이 책에서 우리의 전인격적 성장을 위해 전방향 독서법이라는 새롭고 창의적인 독서법을 제안하고 있다. 위로, 아래로, 안으로, 밖으로, 네 가지 방향으로 향하는 책읽기를 말하면서, 즉 자기 진단과 처방이 있는 목적이 이끄는 삶의 수레바퀴를 제안하고 있다. 거울과 나침반, 시계와 소파에 비유해 균형 있게 책을 읽자는 아이디어가 독창적이다. 저자의 말대로 자신을 돌아보며 꿈을 찾아서 개발하고 삶의 여정 가운데 생긴 문제들을 해결해 나가는 독서법이다.

이 책에는 독서치료에 대한 이론과 실제가 담겨있을 뿐 아니라, 다양하고 풍부한 자료가 제시되어 있다. 저자 자신이 전 방향으로 다양한 책을 다독하고 있다는 것이 책 전편에 반영되어 있다. 독서지도와 독서치료 운동에 관심 있는 모든 분들의 필독서로 자신 있게 이 책을 추천한다.

— 가족관계연구소장 Ph.D. 정동섭

■ 추천사

독서치료 자료를 맛깔나게 정리하여 제시

박연식 선생은 내가 독서치료에 관심을 가지고 연구하고 강의하던 초기부터 알게된 동역자로 그를 만날 때마다 책과 사람에 대한 깊은 관심과 애정을 느낀다. 독서치료 상담은 치료적 정보가 담긴 자료를 기반으로 하기 때문에 좋은 문헌을 발굴하고 분류하여 유통하는 일은 아무리 강조해도 지나치지 않다. 저자는 이번에 『전방향 독서법과 독서치료』라는 책을 통하여 어떻게 치료적으로 자료를 분류해 갈 수 있을지 독자들에게 좋은 모델을 보여주었을 뿐만 아니라 독서치료와 관련된 방대한 문헌을 꼼꼼하게 찾아내서 매체별, 대상별, 주제별로 정리해서 맛깔스럽게 제시하였다. 따라서 이 책을 읽는 것만으로도 지금까지의 독서치료 연구가 어떻게 전개되어 왔는지, 어디까지 와있는지, 그리고 어디로 나갈지 감을 잡을 수 있을 것으로 확신한다.

— 『독서치료 어떻게 할 것인가』 저자, 한국독서치료학회
독서치료전문가 이영식 목사

■ 추천사

책읽기의 흐름에 변화가 있기를

박연식 선생을 볼 때마다 받는 느낌은 기쁨이다. 20년 전에 처음 볼 때부터 오늘에 이르기까지 그 느낌은 변함이 없다. 또 선생을 생각하면 떠오르는 단어가 사명이다. 많은 청년들 사이에서 꿈을 이야기할 때도, 교회 도서관에서 사람들에게 책을 설명하고 선택해 줬을 때에도, 그리고 교회에서 교인들을 대상으로 바른 독서와 책을 선택하는 방법에 대해서 강의를 할 때에도 그랬다. 자신의 사명을 기쁨으로 감당하는 사람을 누가 말릴 수 있을까?

드디어 책이 나왔다. 제목이 『전방향 독서법과 독서치료』이다. 나는 이 책이 박연식 선생에 의해서 쓰여졌다는 사실 때문에 행복하게 추천하고 싶다. 이 책에는 저자의 창의적인 사고와 체계적인 연구의 결과가 담겨있다. 그러나 보다 주목할 것은 지난 20년간 한시도 쉬지 않고 책읽기를 통한 변화를 꿈꾸며 달려온 저자의 삶이 담겨있다는 것이다. 이론과 연구에 머물러 있는 많은 책읽기에 대한 책들 사이에서 이 책은 보석처럼 빛날 것이다. 나는 특히 학부모님들이 이 책을 읽기를 권고한다. 그래서 양과 속도, 지식의 축적에 치우친 자녀들의 책읽기의 흐름에 일대 변화가 있기를 기대한다.

— 서울드림교회 신도배 목사

▌책머리에_개정판

2008년 석사논문 「전방향 독서법에 따른 독서치료의 자료 분류에 관한 연구」를 기초한 책자가 나온 지도 어언 10년이 넘었다. 독서치료 용어도 이제 독서심리상담이라는 용어로 바뀌게 되었다.

현장에서 피부로 느껴지는 상황은 독서심리상담의 보급 시기는 지나갔다. 다만 안정된 가운데 꽃 피워야 할 시기임에도 불구하고, 피기도 전에 시들어버리지 않을까 염려스럽기도 하다. 이전과 달리 독서심리상담을 배울 수 있는 여건이 여러모로 줄어들고 있다. 한편으로는 이제 배우고자 하는 이들이 좀 더 진지하게 접근해야 하는 상황이 되었다.

오래전 석사논문임에도 현장에서 독서심리상담이나 책읽기를 진지하게 맞이하려는 이들에게는 색다른 독서법과 분류이기에 독자들이 읽고 적용하는데 적지 않은 도움이 될 수 있을 것이라 믿는다. 특별히 이번 개정판은 전방향 기본 분류 영역을 좀 더 수정 보완을 했으며 그간 발표한 두 편의 소논문을 추가했다. 소논문을 통해서 독서심리상담 과정에 대한 이해와 원리를 참고한다면 좀 더 체계적이며 온전한 프로그램 진행에 도움이 될 것이다. 또한 질문을 위한 4가지 관점을 소개하고 있으니 현장에서 독서심리상담을 위한 질문과 나눔에 도움이 되길 바란다.

현재 독서심리상담은 시대의 필요와 요구에 따라 형태와 접근 방법을 달리할 때 삶의 현장에서 멋지게 꽃 피워 가리라 생각된다. 특별히 두 가지의 접근을 좀 더 구체적으로 제안하고 싶다.

첫째는,

요즘 다양한 모습의 독서모임이 생겨나고 있다. 독서심리상담 같지 않은 독서심리상담의 모습으로 함께 할 수 있는 것으로는 독서소그룹이 최고다. 형태는 일반 독서소그룹과 별반 차이가 없겠지만 누가 어떻게 운용하느냐에 따라 집단 상담의 자연스러운 접목까지도 가능하다. 독서심리상담적인 접근으로 지식의 모임을 넘어 지혜의 모임으로, 정보의 모임을 넘어 정서의 모임으로 부드러운 연착륙을 하게 된다면 이 또한 독서심리상담의 소중한 영역으로 자리매김할 수 있으리라 본다. 지적인 갈급함, 취업과 시험을 위한 독서토론과는 다른 나를 찾고 만나기 위한 독서소그룹으로 연결된다면 놀랍고 역동적인 독서공동체가 형성될 것이다. 문제는 누가 어떻게 이것을 풀어 가느냐의 문제이다.

둘째는,

요즘 자주 이야기되고 있는 북 큐레이션이다. 현재 서점에서 한창 이야기되며 다양한 모습으로 펼쳐지고 있다. 큐레이션에 책이라는 단어가 함께하며 책을 통한 다양한 접근을 시도하고 있다. 다행스럽게도 독서심리상담의 종류에서 가장 기본이면서 주된 접근이 정보제공형 독서심리상담이다. 여기에 현재의 북 큐레이션이 안고 있는 한계와 역할을 보강해주는 접근으로 안성맞춤이다. 기본 원리로 알맞은 때에 알맞은 사람에게 알맞은 책을 제공하는 방식으로 간단하면서도 쉬운 접근으로 보이지만 만만치가 않다. 잘 준비한다면 서점과 도서관 등에서 접하는 한계를 뛰어넘는 멋진 시도가 가능하리라 생각된다.

위 두 가지를 위한 최고의 준비로는 결국 누가 누구에게 어떤 상황에 어떤 자료와 함께 하며 맞이하느냐다. 이를 위해서는 사람에 대한 이해와 상황을 이해하는 지혜 그리고 적절한 자료 선정과 질문으로 이어져야 한다. 전방향 독서법과 독서치료 책이 현장의 독서소그룹과 북 큐레이션을 위한 자료 선정과 분류 그리고 프로그램 과정과 질문에 도움이 되기를 바란다.

2019년 8월

박연식

목차

추천사 | 4

책머리에 | 8

제1장 독서치료 연구 | 13

1. 연구의 필요성과 목적 | 13
2. 연구의 방법과 범위 | 16
3. 용어의 정의 | 17

제2장 독서치료의 필요성 | 19

제3장 독서치료의 이해 | 26

1. 자료의 역할과 기능 | 27
   (1) 자료의 종류 | 28
   (2) 자료의 성격 | 31
   (3) 좋은 자료의 선정 기준 | 32
   (4) 문체의 중요성 | 33
2. 자료 분류의 개념과 원리 원칙 | 35
   (1) 분류의 개념 | 35
   (2) 자료 분류의 원리와 원칙 | 39

제4장 독서치료와 자료 | 41

1. 독서치료 자료분류와 도서목록 선행연구 | 41

(1) 교훈과 도덕을 위한 감동적 접근 | 42
(2) 자기조력서(Self-Help)적 접근 | 48
(3) 생활영역과 생활사적 접근 | 65
(4) 상황에 따른 치료적 접근 | 88
2. 자료의 현황분석 | 111

제5장 전방향 독서법 | 114
1. 전방향 독서법에 대한 정의 | 114
2. 전방향 독서법의 원리 | 115
3. 전방향 독서법과 독서치료의 관계 | 118

제6장 전방향 독서법에 따른 분류 | 126
1. 전방향 독서법에 따른 분류의 필요성 | 122
2. 전방향 독서법에 따른 분류의 기준과 특징 | 133
3. 전방향 독서법에 따른 분류의 체계와 분류지 | 140

제7장 결론 및 제언 | 147

제8장 독서 소그룹 상담에서 질문의 역할과 기능(소논문) | 151

제9장 전방향 독서치료 과정 모형(소논문) | 174

제10장 독서치료논문 상황별 분류 | 202
1. 문제 상황에 따른 자료 분류 | 202
2. 독서치료 단행본 | 231

참고문헌 | 238

제1장 독서치료 연구

1. 연구의 필요성과 목적

최근 들어 독서치료에 대한 기사나 논문을 접하기가 예전에 비해 훨씬 쉬워졌다. 매년 열리는 '독서의 달' 행사도 다양한 프로그램으로 진행되는 것을 볼 수 있다. 덕분에 여러 단체로부터 독서치료에 대한 강의 요청을 받기도 한다.

현장에서 5년 정도의 기간 동안 강의를 해오면서 많은 변화를 피부로 느끼고 있다. 우선 독서치료에 관심을 갖거나 전문적인 프로그램을 기획해 진행하는 단체나 기관들이 많아졌다. 도서관만 하더라도 국립·도립·구립·시립 등 규모에 상관없이 적극적으로 독서치료 프로그램을 개설해 진행하고 있다. 또한 어린이도서관·학교도서관·과학도서관 등을 비롯해 YWCA·사회복지센터·여성인력개발센터·경기예절교육원·책 읽는 어른들의 모임·교회기관 등 다양한 곳에서 독서치료 관련 강의나 프로그램을 진행하고 있다. 대상도 일반 교사·사서·복지사·심리상담사·일반인(특히 주부층) 등으로 확대되고 있다.

특징적인 것은 예전에는 주로 자격증을 얻기 위한 강좌를 선호했는데 반해, 최근에는 점차적으로 자기 변화를 위한 치료 과정에 관심을 두고 참여하는 것을 볼 수 있다. 예를 들어 민예총 산하의 문화아카데미에서 "비블리오테라피, 자기/타자에게 말 걸기"라는 프로그램을 8회에 걸쳐 진행할 예정이다. 또 한겨레문화센터에서는 김영아 씨를 강사로 "독서로 치유하는 내 안의 그림자"라는 프로그램을 계획하고 있다. 부산남부도서관에서는 체험형 독서치료 강좌를 도서관 사서들이 주축이 되어 진행하고 있는데, 이러한 변화의 움직임이 다른 도서관으로도 점차 확산되고 있다. 현 단계에서는 도서관과 같은 공공기관에서 공익적 차원의 프로그램으로 진행하고 있는 것이 가장 일반적인 사례다.

그러나 이러한 독서치료에 대한 관심 증대와 관련 프로그램의 활성화 움직임에도 불구하고 몇 가지 아쉬운 점이 있다. 독서치료에 관심 있는 사람들이 개인적으로 독서치료를 체험할 수 있는 책을 읽고 싶은데 무슨 책을 봐야 하는지에 대한 고충이 발생한다. 또한 자격증(민간) 과정을 수료한 독서치료사들이 후속 모임을 갖거나 삶의 현장에서 실제로 적용하고자 할 때 참고할 만한 자료나 정보를 얻는 것이 쉽지 않다.

우리는 매일 일일이 열거하기도 어려운 다양한 삶의 문제와 사건들을 여러 매체를 통해 접하고 있다. 사건·사고들이 늘어나고 있지만 그들을 위한 의료서비스는 한계를 드러내고 있다. 정작 필요로 하는 이들에게는 시간과 비용의 문제로 의료서비스가 미치지 못하는 악순환이 끊임없이 이어지고 있다. 21세기에는 분명 더 많은 의료 발달이 이뤄질 것이며, 더불어 여러 가지 새로운 질병도 생겨나게 될 것이다. 여기에는 분명 의료적인 치료가 필요하겠지만 심리적인 치료도 병행되어야 한다. 투약과 수술에 이어 음악·미술·영화·독서·유머 등 다양한 치료가 함께 이뤄져야 한다.

이를 위해 다양한 필요와 상황 그리고 목적에 따른 자료 분류가 뒷받침되어야 한다. 이러한 분류 체계가 마련된다면 누구나 사용하기 좋은 도구가 될 것이며, 그 분류에 따라 적절한 책을 선정한다면 이용 가치가 크게 높아질 것이다.

독서치료에 있어서 책은 '치료사' 역할을 담당한다고 할 수 있다. 기본적으로 독서치료는 독자들이 책을 읽는 과정에서 심리적 문제점들이 자연스럽게 자극되어 의식의 밖으로 노출되면서 자신도 모르는 사이에 자신의 내면과 만나 문제와 그 원인을 찾아내게 되고, 아픔의 완화와 변화의 체험을 하게 되는 것[1]이다. 따라서 독서치료의 가장 중요한 요소는 상황에 맞는 적절한 책을 만나는 것이라고 할 수 있다. 김정근은 '책읽기를 통한 정신치료 연구실'에서의 경험을 통해 상황에 맞는 책의 중요성에 대해 다음과 같이 말하고 있다.[2]

> "… 이때 가장 중요한 요소가 상황에 맞는 치유서이다. 좋은 치유서를 만나는 것이 핵심이다. '책읽기를 통한 정신치료 연구실'에서의 경험으로 보아서도 적절한 치유서를 만난 날의 모임 분위기는 확실히 다르다. 생동감이 있고 감동이 따른다."

무엇보다 적절한 자료를 찾는 것이 중요하다. 이것이 결코 쉬운 작업이 아니라는 것에 많은 사람들이 공감한다. 그럼에도 불구하고 독서치료를 위해 잘 만들어진 도서목록의 중요성이 크기 때문에 어렵지만 시도해볼 만한 가치가 있다.

이미 한국도서관협회에서는 1999년에 한국문화예술진흥원의 지원을

1) 김정근, "김정근의 독서치료 이야기: 독서치료 소개하는 책과 모임들", 《출판저널》 2004년 5월호, pp 148-149.
2) 김정근, "김정근의 독서치료 이야기: 火", 《출판저널》 2004년 7월호, pp 142-143.

받아 연구한 「국민독서문화진흥을 위한 독서서지정보시스템 개발」 최종 보고서의 일부였던 "상황별 독서목록-아동·청소년편"에 이어 『독서치료를 위한 성인용 상황별 도서목록』(2004)과 『아동과 청소년을 위한 독서치료용 상황별 독서목록』(2005)을 만들었다. 2007년도에는 『독서치료를 위한 상황별 독서목록: 증보편』으로 소개되었다. 이는 독서치료의 자료분류 측면에서 크게 의미 있는 일이라고 할 수 있다. 초창기에는 체계적으로 정리가 되어 있지 않아 조잡해 보이기까지 했는데, 시간이 갈수록 체계화되어 가고 있다는 것을 확인할 수 있다. 좀 더 욕심을 내자면 보다 다양한 관점에서 독서치료를 위한 도서목록이 나왔으면 하는 바람이다.

이 책에서는 독서치료 자료의 중요성과 분류에 대한 이해와 더불어 이미 나와 있는 자료 목록을 살펴보면서 새로운 접근 방법인 전방향 독서법과 그에 따른 자료 분류법을 소개하고자 한다. 아무쪼록 이 분류가 자료분류를 시도하는 데 하나의 도구가 되며, 또 다른 좋은 분류방법이 나오는 계기가 되었으면 한다.

2. 연구의 방법과 범위

첫 번째는 이미 나와 있는 도서목록을 검토하면서 그 목록에서 발견할 수 있는 분류 방법과 기준을 살펴보았다. 이를 통해 기존의 도서목록이 어떤 식으로 분류되어 있는지를 알 수 있다. 여기에는 다양한 기관과 단체 그리고 여러 매체에 실린 자료들을 참고했다. 또 전문기관이나 전문가들이 쓴 단행본, 인터넷 홈페이지 등의 자료를 통해서 그동안 어떤 목록들이 어떻게 소개되었는지도 살펴보았다. 이 자료를 통해서 분류자나 기관이 정확히 명시되었는지, 분류의 기준과 원칙이 있는지도 검토하였다. 국내

외 자료를 참조하면서 주 대상을 성인으로 잡았으며, 참고로 청소년과 아동도 포함했다. 본 연구에서 분류 대상 자료는 단행본으로 한정했고, 소설과 비소설(그림책이나 시집 등)로 제한했다. 그 외에도 독서치료에서는 다양한 자료가 이용되지만 본 연구에서는 이러한 설정으로만 한정했다.

두 번째는 자료들을 조사하면서 각기 장단점을 찾아 새로운 대안으로 목적 중심의 전방향 독서법의 분류를 제시했으며, 전방향 독서법의 정의와 원리 및 분류의 기준과 특징들을 함께 소개했다. 본 연구는 기존의 분류와는 다른 접근을 시도하고 있다. 즉 연역적으로 인간의 삶의 총체성을 먼저 이야기하면서 분류를 시작한다. 그렇기 때문에 기존의 분류와는 많은 차이가 있다. 문제의 현상 자체를 좇아가기보다 근원부터 시작해서 표면적으로 드러나는 문제로 향하는 방식을 채택했기 때문이다. 모든 상황을 만족시킬 수는 없겠지만 새로운 연구로 자료를 총체적으로 분류하려는 시도라고 할 수 있다.

시간의 제약과 본 연구자의 한계로 국내외 방대한 자료들을 폭넓게 검토하지는 못했다. 따라서 본 연구는 극히 제한적인 자료와 정보를 토대로 한 것이다. 부분으로 전체를 설명하는 데에는 한계가 있었지만, 주어진 자료들을 참고하며 연구한 것임을 밝혀둔다.

3. 용어의 정의

전방향(全方向, omnidirection)은 모든 방향으로 향함을 의미한다. 어느 한 방향이 아닌 모든 방향이라고 할 수 있고, 도식화시킨다면 십(十)자 형태로 설명할 수 있다.

독서(읽기)에서의 전방향은 밖으로 향하는 독서, 안으로 향하는 독서,

위로 향하는 독서, 아래로 향하는 독서로 성격에 따라 구분할 수 있다. 네 방향은 상징적으로 표현한 것이지, 어느 특정 방향이 다른 방향에 비해 더욱 중요하다는 것은 아니다. 위(上, Up), 아래(下, Down), 안(內, In), 밖(外, Out)의 네 가지는 모든 방향을 의미한다. 즉 물리적인 방향만을 이야기하는 것보다 좀 더 큰 의미가 내포되어 있다. 지식과 정보의 습득에만 사로잡히기 쉬운 독서에서 다양함과 더불어 통합적인 독서를 이야기하는 다이어그램이라 할 수 있다.

좀 더 구체적으로 말하자면 목적이 이끄는 삶의 수레바퀴라고 정의할 수 있다. 이 수레바퀴는 4개의 바퀴살과 하나의 바퀴축으로 이루어져 있다. 인생 여정의 길을 함께하는 바퀴는 상징적으로 표현하자면 목적이라는 축과 거울(In), 나침반(Up), 시계(Out), 소파(Down) 등으로 비유되는 네 개의 바퀴살로 구분할 수 있다.

전방향 독서법(The art of Omnidirectional Reading : ORA)이란 이러한 네 가지 특징, 즉 전방향에 따른 읽기의 과정이다. 한마디로 말한다면 목적이 이끄는 독서법이자 삶을 위한 독서법이다. 위 독서법은 진단으로부터 시작되어 처방으로까지 이어지게 된다. <u>자신을 돌아보며 꿈을 찾아서 개발하고 삶의 여정 가운데 생긴 문제들을 해결해 나가는 독서법이다.</u>

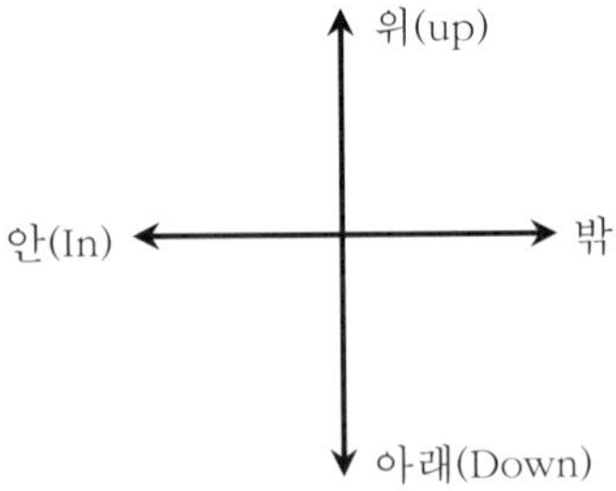

전방향 독서법의 전방향

제2장 독서치료의 필요성

독서치료는 고대시대부터 이어져 내려온 전통에서 시작되었다고 볼 수 있다. 기원전 그리스의 아리스토텔레스는 문학과 예술은 사람의 정서를 위로하는 효과가 있다고 말했다. 고대 이집트의 람세스 2세는 테베(Thebes)에 있던 자신의 궁정에 상당한 규모의 도서관을 만들고, 그 도서관을 '영혼을 치유하는 장소(the healing place of the soul)'라고 불렀다. 또 중세 시대 스위스 세인트 골(St. Gall)의 대수도원 도서관에는 '영혼을 위한 약상자(the medicine chest for the soul)'라는 현판이 새겨져 있었다고 한다.[3]

16세기의 프랑스 의사로서 리옹의 시립병원에 근무하다가 나중에 어느 장군의 시의(侍醫)가 된 라블레는 풍자작가로도 유명하다. 그는 환자에게 주는 처방전에다 언제나 문학책의 이름을 적어 주었다고 한다. 이것이 사실이라면 그는 독서에 의한 치료 효과를 고려해 처방을 내렸던 것으로 보인다.[4] 이후로도 라블레는 더욱 많은 사람들을 대상으로 다양한 장소에

3) 김정근 외, 『체험적 독서치료』(서울: 학지사, 2007) pp 27-28.
4) 황의백, 『독서요법』(서울: 범우사, 1996) p 11.

서 독서치료를 시도했다. 이처럼 독서치료는 이미 오래 전부터 현재에 이르기까지 시행되어 왔고, 많은 사람들에게 영향을 미쳤다.

독서치료(Bibliotherapy)의 어원은 '책 또는 문학'을 의미하는 'Biblion'과 '도움이 되다, 의학적으로 돕다, 병을 고쳐주다'라는 의미의 'Therapeia'라는 그리스어에서 유래되었다.[5] 간단히 말해 책읽기를 통한 치료라고 할 수 있다. 독서치료를 활용하는 전문인들의 직업에 따라 정의는 조금씩 차이가 있지만 독서치료의 가장 큰 특징인 책을 활용한다는 면에서는 동일하다. 이야기를 바꿔 주변을 돌아보면 아침에 집어든 신문의 기사들 가운데 현대 사회가 어떤 병든 가운데 있는지, 얼마나 고통 가운데 신음하고 있는지를 보여 주고 있다.

이유 없이 불안을 느끼는 '불안장애'로 치료를 받는 사람들이 늘고 있다. 건강보험에서 불안장애로 치료를 받은 사람이 2003년 30만 명에서 2004년 31만 5,000명, 2005년 33만8,000명으로 지속적 증가하고 있는 것으로 나타났다. 이 같은 사실은 한나라당 안명옥 의원(보건복지위)이 국민건강보험공단으로부터 2003년부터 2005년까지 불안장애로 치료를 받은 환자 실적을 제출받아 분석한 결과 드러났다.

불안은 대부분의 사람들이 일생동안 경험할 수 있는 흔한 증상 중의 하나. 하지만 가벼운 불안은 일시적이고 시간이 지나면 자연스럽게 해소될 수도 있지만, 불안이 심해서 시간이 지나도 해소되지 않고 적절한 치료를 받지 못할 경우엔 병적 불안으로 만성화되어 우울증 등으로 발전할 수도 있다. 불안장애에는 이유 없이 불안을 느끼거나 불안의 정도가 지나친 정신장애로 공황장애, 사회공포증, 범불안장애 등으로 나뉠 수 있다. 공황장애는 숨가쁨, 질식할 것 같은 느낌 등으로 발작을 일으킬 수 있다. 사회공포증은 다른 사람의 시선에

5) 김현희 외, 『독서치료』(서울: 학지사, 2004) p 16.

불안을 느끼는 것으로 당혹감이 일어나는 사회적 상황 또는 활동 상황에 대한 지속적인 두려움이다. 범불안장애는 과도한 걱정으로 불안해하는 것이다.

보건복지부가 2001년 실시한 정신질환실태 역학조사 결과에 의하면, 불안장애 1년 유병율은 6.1%로 불안장애 환자를 197만 명이 넘는 것으로 추정한 바 있다. 하지만 지난해 불안장애로 치료받은 숫자는 33만8,000명에 불과해, 추정환자의 1/6만 치료를 받고 있는 것으로 나타났다.

연령별로는 남자의 경우 40대에서 불안장애가 가장 많고, 여자는 60세 이상에서 가장 빈번한 것으로 조사됐다. 2001년 역학조사 결과 60대에서 가장 많고 30대, 40대, 50대 순서였던 것과 비교하면, 남성의 경우 40대의 불안장애가 특히 심화된 것으로 보인다.

유형별로 보면, 모든 연령대에서 범불안장애, 혼합형 불안우울장애, 상세불명 불안장애 비율이 높으며, 연령대별로 10세 미만과 10대는 다른 연령대에 비해 적응장애 비율이 높고, 20대는 사회공포증의 비율이 높았다. 특히 2003년에 비해 지난해에 20대의 적응장애 비율이 증가하고 있다. 안명옥 의원은 "이는 실업 등 구직 환경의 악화 등으로 사회불안이 계속되면서 20대까지 적응장애가 확대되는 것"이라고 분석했다.

대한불안의학회가 2006년 20세 이상 성인 남녀 1000명을 대상으로 면접조사를 실시한 결과, 59명(6%)이 의료적 상담 및 치료가 필요할 정도의 불안 장애를 경험한 것으로 조사됐다. 이들이 불안을 느끼는 주된 원인은 본인의 건강문제(39%), 경제적 문제(36%), 타인과의 갈등문제(32%) 순서로 나타났다.

이와 관련, 안명옥 의원은 "극심한 경기침체 등으로 인해 사회적 불안 요소가 증가하고 있는 상황에서 불안장애로 인한 증상들은 늘어날 수밖에 없다"며 "심각한 불안장애는 우울증으로 발전해 자살 등의 극단적인 결과를 초래할 수도 있는 만큼, 국가와 사회의 건강 증진을 위해 국가적인 관심이 필요하다"고 밝혔다.[6]

6) 〈뉴시스〉 2006년 10월 24일자.

아동 · 청소년 120만 명 정신질환 "신음"

아이들 정신건강에 적신호가 켜졌다. 주의력결핍 과잉행동장애(ADHD), 인터넷 중독, 반항 장애, 틱 장애 등으로 소아정신과와 상담치료실을 찾는 아이들이 크게 늘고 있다. 초등학생 26%가 정서 또는 행동 문제를 안고 있고, ADHD 질환자가 13%나 된다는 조사도 나왔다. 아이들 정신질환은 사회문제인 탓에 방치하면 비행이나 범죄로 이어질 우려가 크다. 부모들은 사회의 편견에 시달리며 발을 동동 구르는 반면, 정부는 현황 파악조차 못하고 있는 실정이다. 아이와 가족의 고통, 사회적 편견, 무심한 학교, 대책 등을 5회에 걸쳐 심층 진단한다.

서울시의 초등학생 100명 중 5명이 ADHD 판정을 받았고, 중학생 100명 중 3명은 우울증에 걸린 것으로 조사됐다.

ADHD, 반항 장애, 사회공포증, 틱 장애 등 치료가 필요한 정신질환을 가진 아동 · 청소년은 최소한 120만 명이 넘는 것으로 분석됐다.

서울시 소아청소년 광역정신보건센터(센터장 김붕년 · 서울대 의대 교수)가 지난 4월부터 8월까지 서울 강남구, 중구, 성북구, 노원구 등 4개 구의 초등학생 1~3학년 1,382명을 상대로 ADHD 검사를 한 결과 유병률이 5.1%로 나타났다. 1차 선별 설문조사 때는 13% 였다. 또 서울 강남구, 송파구, 중구, 성북구, 노원구 등 5개 구에서 중학교 1년생 3,671명을 검사한 결과 우울증 유병률은 2.9%(1차 우울 선별 척도 7%)였다. 이는 2005년 조사보다 2배 늘어난 결과다.

취재팀이 국내 최초의 역학조사(서울시 소아청소년 광역정신보건센터 주관)였던 2005년 12월 서울시 초중고생 2,662명 정신장애 유병률 조사를 정밀 분석한 결과 당시 ADHD (4.58%), 반항 장애(4.43%), 틱 장애(1.99%) 등 정신장애 진단이 내려진 학생은 455명(16.7%)이었다. 이를 보수적으로 전국 초중고생 773만 명(올해 교육부 통계)에 단순 적용해 보면 129만 명이다. 여기에 유치원생을 넣고 인터넷·게임 중독 등 다른 질환을 포함하면 200만 명까지 볼 수 있다는 게 소아정신학회 전문가들의 진단이다.

한양대병원 소아정신과 안동현 교수는 "유치원생을 포함한 18세까지 학생 827만 명 중 15%인 124만 명 이상이 소아정신과 전문의 치료를 받아야 할 대상"이라고 분석했다. 보건복지부가 전국 94개교 초등학생 7,700명에게 실시한 2006년 상반기 정신건강 선별검사에서는 무려 25.8%가 정서 또는 행동 문제가 있는 것으로 나타났다. 보건복지부 김동현 정신건강팀 담당 전문의는 "25.8%는 정신질환 고위험군으로 정밀검사를 해봐야 한다는 의미"라고 설명했다.

각종 정신질환으로 치료받는 아동·청소년도 급증하고 있다. 취재팀이 국민건강보험공단에 행정정보 공개를 청구한 결과, 건강보험에 등재된 청소년(19세 미만) 중 19만4,421명이 지난 해 정신질환 치료를 받은 것으로 나타났다. 2005년에는 16만2,646명이었고, 올해는 8월 현재 15만2,097명으로 집계됐다.

이에 대해 서울대병원 소아정신과 김붕년 교수는 "정부는 현재 정신질환을 앓는 아동·청소년의 현황조차 파악하지 못하고 있다"며 "하루속히 국가 차원의 역학조사로 실태를 파악한 뒤 가정·학교·지역사회를 연계시키는 체계적인 대책을 세워야 한다"고 강조했다.[7]

이렇듯 연령을 초월한 다양한 사회문제들이 급증하고 있으며, 간단한 방법조차 마련하기 어려울 뿐만 아니라 정확한 실태조차 파악이 안 되는 상황이다. 문제가 터지고 사건이 일어난 후에는 너무 늦고 고통스러운 일이다. 따라서 치료보다 예방이 무엇보다 중요하다. 독서치료는 이들에게 어떤 형태로든 다가가야 하지만, 일일이 다가갈 수는 없다. 이를 위해 특별히 문제 상황과 잘 어우러진 자료목록들이 필요하다. 모든 것이 책으로 해결될 사항은 아니지만 적어도 다양한 접근들이 마련되어 아이들을 위한 좋은 창구 역할을 해주어야 한다. 시대적 상황이 더욱 절실해짐에 따라 독서치료의 필요성이 증대되고 있는 데에는 다음과 같은 독서치료의 특징

7) 〈세계일보〉 2007년 10월 28일자.

때문이기도 하다.

첫째로 독서치료의 **편리성**이다.

시간만 주워진다면 공간을 따지지 않고 휴대하면서 쉽게 접할 수 있다. 여기에 적절한 책이 주어진다면 더할 나위 없이 좋을 것이다. 부피도 크지 않고 가격도 크게 부담이 되지 않는다. 물론 요즘 책값이 많이 오르긴 했지만 부담스럽다면 공공도서관을 이용할 수 있다. 또한 상담자를 대신해서 지속적으로 상담하는 효과를 연장시켜 준다.

둘째는 독서치료의 **무해성**이다.

전혀 아니라고 말하기는 어렵지만 그래도 독서치료로 사용될 정도의 자료라면 문학성과 독서치료 자료로서 작품 선별 과정을 거쳤을 것이다. 책 스스로 내담자를 돕는 좋은 도구로 사용될 수 있으며, 최근 자기조력서(self-help)로 분류될 수 있는 책들이 많이 출간되고 있다. 초기 독서치료에서는 문학 작품이 적합하다. 왜냐하면 문학작품을 통해서 책 읽는 즐거움과 스토리에서 자연스럽게 거리를 두며 자신을 돌아볼 수 있기 때문이다. 이런 과정이 지난 후 구체적인 삶의 영역에서 변화와 훈련이 요구될 때 비로소 비소설(자기조력서)이 함께하면 좋다. 독서치료는 얼마나 흥미롭게 그리고 진지하게 읽느냐가 무엇보다 중요하다.

셋째는 독서치료의 **포괄성**이다.

독서치료라고 해서 꼭 책으로만 다가갈 수 있는 것은 아니다. 부담 없이 개인의 성향에 따라 적절한 책, 미디어, 음악 등을 선정할 수 있다. 모든 것은 읽기 행위다. 영화도 음악도 우리의 삶과 희노애락이 숨겨져 있는 또 하나의 책이다. "알맞은 때에, 알맞은 사람에게, 알맞은 책을, 알맞은 이로부터 제공 받는다면 놀라운 변화를 일으킬 것이다"

넷째는 독서치료의 효과성이다.

독서치료의 핵심은 변화다. 변화를 통한 성숙이다.

감정의 변화, 생각의 변화, 그리고 행동의 변화이다. 이것이 곧 치료로 이어지는 징검다리 역할을 한다. 우리는 커다란 변화가 두드러지게 일어날 때만 효과가 있고 치료적이라고 보기 쉽다. 그러나 그런 것 또한 작은 변화로부터 시작됨을 잊지 말아야한다. 때때로 내가 잘못했음을, 또는 나에게 잘못이 없음을, 때로는 잘못도 아닌 것을 가지고 그동안 잘못된 생각을 했었구나 라며 깨닫는다면 이것 또한 치료를 위한 출발이라 생각이 든다. 때로는 서서히 때로는 즉각적인 변화의 물꼬가 터질 수 있다.

제3장 독서치료의 이해

독서치료에서의 자료는 특징이자 원리이다. 따라서 자료의 역할은 거의 절대적이라고 볼 수 있다. 자료가 독서치료사와 내담자 사이의 촉매 역할을 하기 때문이다. 독서치료를 하기 위해서는 다음과 같이 네 가지의 기본적인 구성요소가 필요하다.

첫째, 인도자 즉 상담자 역할을 하는 **독서치료사**다. 독서치료는 내담자의 문제 유형과 특성에 따라서 '발달적(예방)인 독서치료'와 '임상적(치료)인 독서치료'로 구분한다. 보통 발달적인 치료에서는 독서치료사의 역할 못지않게 자료가 중요하다. 책 자체가 독서치료사의 역할을 담당한다고 볼 수 있다.

둘째, 치료의 대상인 **내담자**이다. 대상을 자세히 아는 만큼 적절한 자료를 선정할 수 있다 때문에 내담자를 진단할 때 그의 독서 능력, 독서 성향, 기호 매체 등을 점검하는 것이 필수적이다.

셋째, 이 책에서 가장 중점적으로 설명하게 될 **자료**다.

넷째, **적절한 타이밍**이다. 여기서의 타이밍은 내담자의 상황과 독서치료사의 적절한 개입시기를 의미한다. 이 중 독서치료의 가장 큰 특징이라

할 수 있는 자료에 대해서는 아래에서 보다 상세히 설명할 것이다. 또한 이러한 자료들을 어떤 기준으로 적절하게 분류할 것인지에 대해서도 자세히 설명할 것이다.

1. 자료의 역할과 기능

독서치료에서의 자료는 여러 면에서 독특성을 가지고 있다. 연인들이 데이트를 하면서 "커피 마시러 카페에 가자"라고 이야기를 한다. 그런데 가만히 생각해보면 실은 커피를 마시기 위한 목적보다 이야기를 나누고 싶어서 카페를 찾는 것을 알 수 있다. 이때 커피는 대화를 위한 매개체로 어색함을 달래 주고 자연스럽게 서로의 마음 속 이야기를 풀어내도록 하는 역할을 담당한다. 독서치료에서의 자료는 이런 커피와 같은 역할을 한다. 사람과 사람, 문제와 사람, 그리고 내담자와 상담자를 이어주는 자연스러운 다리 역할을 하는 것이다. 때로는 단순히 만남의 어색함을 풀어 주는 역할에 그치는 경우도 있고, 한 단계 나아가 간접적인 지식을 전달하여 예방 차원의 도움을 주는 경우도 있다. 내담자의 문제와 문제의 정도를 이해하게 되면 자료 선정이 구체화될 수 있다. 때로는 직접적인 치료를 위한 근거를 제시해 주는 경우도 있다. 가장 바람직한 경우는 자료를 통한 내담자와 상담자간의 치료를 위한 자연스러운 개입이다.

자료는 대화를 위한 무대(장소)에 초대하는 초청장과 같다. 독서치료라는 대화의 장에서 자료는 다음과 같은 유익이 있다.

① 자신을 드러내지 않으면서 자신에 대한 이야기를 간접적으로 표현할 수 있다
② 다양한 경험을 접할 수 있다 (인물, 문화, 문제, 상황, 장소 등)

③ 다양한 꺼리를 제공한다 (말할 꺼리, 들을 꺼리, 질문 꺼리 등)
④ 감정과 정서를 표현할 기회를 준다 (희노애락)
⑤ 사고(역지사지)할 기회를 제공한다
⑥ 특별히 남과 같은 또는 다른 다양한 정보를 접할 수 있다
⑦ 문제해결을 위한 직접적이거나 간접적인 역할 모델을 찾을 수 있다
⑧ 구체적 문제해결을 위한 방법, 기술을 배울 수 있다

그렇다면 과연 독서치료에서는 어떤 것들을 자료로 활용할 수 있는지를 먼저 생각해보자. 결론부터 말한다면 모든 것이 다 자료가 될 수 있다. 다만 모든 것을 사용할 수 있다고 해서 모든 것이 다 유익한 것은 아니다. 독서치료에 있어 사용할 수 있는 자료들을 크게 네 가지로 구분하면 다음과 같다.

(1) 자료의 종류

첫째, 독서치료에서의 자료는 **텍스트**이다.

대부분 독서치료라고 하면 독서라는 단어가 포함되어 있기 때문에 자연스럽게 책을 떠올리게 된다. 물론 책은 다양한 자료 중 가장 큰 비중을 차지하며 좋은 독서치료용 자료로 사용되고 있다. 오늘날에는 엄청나게 많은 책들이 출간되는데, 국내에서만 하루에 약 150여 권이 쏟아져 나오고 있다. 그렇다면 전 세계적으로는 상상하기 힘들 정도로 많은 종류의 책이 매일 쏟아져 나오고 있다는 사실을 짐작할 수 있다. 독서치료 강의에서 자주 듣는 질문은 '한 달에 몇 권 정도의 책을 읽는지', '책을 어느 정도 많이 읽어야 하는지' 그리고 '어떤 책이 좋은 책인지' 등이다. 그만큼 자료에 대한 중압감이 크다는 것을 말해주는 질문들이다. 여기에는 텍스트 자료

들이 포함되는데, 단행본(문학, 비문학)은 물론 다양한 읽을 꺼리들이 여기에 포함된다. 책은 가장 일반적이면서도 다양하고 광대한 자료군이다. 짤막하며 좋은 글귀들도 여기에 포함될 수 있다. 독서치료가 좋은 심리치료 기법임에도 불구하고 가장 큰 단점이라고 할 수 있는 것은 책읽기를 싫어하는 사람들에게는 어떻게 접근할 것이냐는 점이다. 아이들뿐만 아니라 어른들조차도 모임을 갖게 되면 종종 겪게 되는 일이다. 그래서 텍스트 이외의 매체도 필요하다.

둘째, 독서치료에서의 자료는 미디어다.

여기에는 영화, 동영상, 플래시, UCC(User Created Contents), 그림, 사진, 만화 등이 포함된다. 책과 비교하기는 어렵지만 어른이나 아이들의 귀와 눈을 사로잡기에는 이만한 것이 없다. 이 자료들 또한 책 이상으로 잘 골라야 한다. 보는 것으로만 만족하고 끝날 수 있기 때문이다. 미디어 자료는 책을 읽는 것보다 더 집중을 필요로 한다. 예를 들어『아홉 살 인생』을 가지고 프로그램을 진행하고자 한다면 너무 분량이 많아 아이들이 힘들어하거나 부담스러워 할 수 있으므로 다양한 접근을 모색해야 한다.『아홉 살 인생』은 네 가지 형태의 자료가 있다. 단행본인 경우 초등학생용, 청소년 및 일반용, 그리고 만화로 된 것이 있으며, 영화로 제작된 것도 있다. 이처럼 다양한 형태와 수준의 자료가 나와 있기 때문에 내담자의 매체 기호와 독서력에 맞는 자료를 선정하는 것이 중요하다. 특별히 미디어를 사용할 때 가장 중요한 것은 교사와 학생의 태도다. 어떤 사람은 영화와 독서치료가 무슨 연관이 있느냐며 의문을 가질 수 있겠지만 영화도 일종의 읽기 행위를 담은 텍스트이다. 즉, 감독과 주인공의 의도를 읽는 것이다. 우리는 배우에만 집중하기 쉬운데, 더 중요한 것은 그 배우가 맡은 극중 인물이다.

셋째, 독서치료의 자료는 음악이다.

여기에는 노래의 가락, 가사, 흥겨움 등 모든 것이 포함된다. 음악은 들을 수도 있고 직접 연주할 수도 있다. 한국인들은 노래방 문화에 익숙해 노래를 직접 부를 수 있는 기회가 많다. 하지만 진정으로 부르고 싶은 노래는 부르지 못하고 가슴에 묻어두기가 쉽다. 노래방에서 부르는 노래는 대부분 분위기를 맞추기 위한 것이고, 용기를 내어 부르고 싶은 노래를 부르면 분위기를 망친다고 핀잔을 듣기 쉽다. 노래는 추억이고 사연이다. 가사, 분위기, 장소, 사람 등 그 모든 것에 다양한 사연을 담고 있다. 한마디로 노래는 타임머신이라고 할 수 있다. 짧은 시간 동안에 그때 그 시절로 돌아갈 수 있게 하고, 거기에 좋은 가사가 함께한다면 마음을 여는 데 아주 좋은 자료가 될 수 있다. 음악 자료 역시 분위기와 상황, 내담자의 기호를 잘 고려해야 한다.

넷째, 독서치료의 자료는 자연이다.

자연도 독서치료에 활용할 수 있는 자료가 된다는 사실을 선뜻 이해하지 못할 수도 있다. 온라인상의 자연을 형상화한 그림이나 풍경사진은 미디어 자료로 분류된다. 하지만 분명 자연 그 자체도 훌륭한 자료다. 정상에서 바라보는 하늘과 산, 초저녁 하늘의 붉은 노을, 밤하늘의 보석 같은 별들 등 우리를 감탄케 하고 즐거움을 안겨주는 자연의 다양한 신비가 자료로 사용될 수 있다. 때로는 작은 잎에 달려 있는 이슬이 나에게 속삭이기도 하며 말을 건네기도 한다. 자연은 우리에게 새로운 세계를 열어주는 창이자 문이다. 내가 관심과 애정을 갖고 귀 기울이면 작은 목소리로 속삭이지만 삶의 낭떠러지를 경험할 때는 나에게 큰소리로 외치기도 한다. 갇혀있는 텍스트에서 나와 열려있는 공간의 텍스트를 마주함으로 새로운 세계가 열리고 이전에 미처 깨닫지 못했던 것들을 새롭게 발견할 수 있게 된다.

이렇듯 크게 보면 네 가지로 독서치료 자료를 나눌 수 있다. 문제는 과연 이 영역의 어떤 자료들이 좋은 자료냐 하는 것이다. 좋은 자료의 특징을 언급하기 전에 자료의 성격을 생각해 보자. 자료마다 자료에 담겨진 내용의 성격이 다르다. 자료의 성격을 다음과 같이 네 가지로 나눠 보았다.

(2) 자료의 성격

독서치료를 염두에 두고 자료를 사용할 때 치료를 위한 자료뿐만 아니라, 관계를 위한 자료, 분위기 조성을 위한 자료 등 4가지 정도로 나눌 수 있다.

첫째, 아이스 브레이크(Ice Break)용 자료이다.

한마디로 분위기를 살려 주는 자료라고 할 수 있다. 어색한 분위기를 부드럽게 만들어 주는 자료를 두고 하는 말이다. 상담을 시작할 때 너무 무겁고 진지하게 대하면 부자연스러워지기 쉽기 때문에 초기의 긴장감과 어색함이 감도는 시간에는 함께 웃으며 시작하는 것이 중요하다. 이럴 때는 웃음과 호기심, 그리고 반전이 숨어 있는 자료가 적합하다. 또한 정답이 없고 깊이 생각하지 않고 즉흥적으로 반응할 수 있도록 만드는 자료들이 좋다. 조금만 시간을 투자한다면 인터넷에서 쉽게 찾을 수 있다.

둘째, 주제(Subject)가 선명한 자료이다.

어떤 특정 낱말이나 상황을 떠오르게 하는 자료를 말한다. 누구나 쉽게 어느 한 가지 방향으로 추측할 수 있는 자료들이기도 하다. 글로 표현하는 것보다 만화 컷이나 사진, 그림 등은 이런 역할을 톡톡히 해낸다.

셋째, 유사(similar)하거나 같은(same) 상황이 포함된 자료이다.

단행본 책의 내용이나 노래 가사가 자신이 경험한 일과 비슷할수록 쉽게 공감하고 감동을 받기 마련이다. 같은 경험(내용)은 아니지만 책 속 주인공과 나이만 같아도 그 주인공과 같은 생각이 드는 것처럼 여겨지는 경우도 있다. '10월의 마지막 밤'이라는 노래는 누구나 할 것 없이 10월의 마지막 날이 되면 왠지 들어보고 싶은 생각을 갖게 된다. 들으면서 자신과 동일시하게 된다. 노래가사와 자신이 서있는 현시점이 일치하기 때문이다.

넷째, 정확한 정보(information)를 알려주는 자료이다.

우리들은 잘못된 정보와 전제를 근거로 판단하고 심각하게 고민하는 경우가 의외로 많다. 예를 들어, 백혈병은 전염병이 아닌데도 불구하고 백혈병을 앓고 있는 친구를 동료들이 이상하게 여기며 따돌리는 것을 목격하곤 한다. 또한 『비밀의 화원』에서 콜린의 아버지는 자신이 등이 조금 굽은 곱사등이기에 자신의 아이도 그럴 것이라는 생각(선입견)을 가지고 있었다. 이렇듯 정확한 정보는 곧 치료를 위한 중요한 시작이다.

이처럼 자료에는 다양한 성격들이 있음을 이해하는 것이 필요하다. 독서치료를 위한 자료를 선정할 때 위와 같은 사항을 염두에 두고 찾아가는 것도 한 방법일 수 있다. 그 다음은 독서치료의 자료에 대한 선정 기준을 어떻게 정할 것인가의 문제가 대두된다. 모든 자료가 유익할 수 없으며 모든 대상에게 적용할 수 있는 것은 아니기 때문에 생겨나는 문제제기이다.

이제 좀 더 다른 시각으로 좋은 자료가 되기 위해서는 어떤 것을 고려해야 하는지 살펴보자.

(3) 좋은 자료의 선정 기준[8]

여기에서는 독서치료 자료들을 주제와 문체로 나누어 문학작품의 선정

8) Hynes와 Hynes-Berry, 1994, pp 63-76.

기준과 비교를 통해 독서치료를 위한 자료의 선정 기준을 제시하고자 한다. 먼저 주제에 관해 살펴보자.

첫째, 보편적인 주제여야 한다. 독자가 쉽게 인식할 수 있고 자신과 동일시 할 수 있는 주제가 바람직하다. 문체보다 주제가 더 큰 영향력을 가진다.

둘째, 영향력 있는 주제여야 한다. 독서치료에 참여하는 사람이 아주 강한 영향을 받을 만큼 감동적인 주제인가를 중요하게 고려해야 한다. 그래서 너무 모호하거나 일반적인 용어로 묘사되어 있어 주제가 강하게 드러나지 않을 경우 그 자료는 부적합하다고 할 수 있다. 또한 도덕적인 교훈을 주기 위해 자료의 내용을 억지로 단순화시킨 것이나 비현실적인 내용도 부적합하다고 볼 수 있다.

셋째, 쉽게 이해할 수 있는 주제여야 한다. 아무리 문학적으로 훌륭한 작품이라도 모호한 면이 많아 독서치료 과정에서 참여자들 간에 토론을 하기 어려운 자료라면 적절하지 못하다.

넷째, 주제가 긍정적이어야 한다. 이 기준은 독서치료를 전체적으로 이해할 때 가장 핵심적인 선정 기준이다. 참여자의 장점을 강화시켜 주고 자아 존중감을 증진시키며, 자신의 일상생활을 좀 더 창의적으로 영위할 수 있도록 돕기 위해서는 긍정적인 자료들이 바람직하다. 그러나 긍정적인 주제가 중요하다고 해서 지나치게 낙천적인 내용은 자료로 적합하지 않다. 특별히 너무 비현실적이거나 지나치게 단순화된 내용의 자료를 제시하는 것은 절망적인 주제의 자료를 제공하는 것과 같기 때문이다.

(4) 문체의 중요성

어떤 자료의 문체도 자료선택에 있어 중요한 기준이 된다. 문체와 관련해서도 다음 네 가지로 나누어 생각할 수 있다.

첫째, 리듬이다. 대개 리듬은 시나 노래에 잘 나타나지만 잘 쓰여진 산문에서도 발견할 수 있다. 그림책은 언어와 시각적 이미지를, 영화는 말과 소리를 시각적 이미지와 결합시켜 리듬을 연출한다. 리듬은 읽는 이에게 커다란 기쁨을 안겨주기 때문이다.

둘째, 이미지이다. 특히 시의 경우에는 작품의 의미가 이미지에 의해 전달된다. 훌륭한 작가는 단순히 자신이 본 것, 느낀 것, 의미하는 것을 표현하는 것이 아니라 독자나 청자가 마음으로 그려내거나 기억해낼 수 있도록 사물이나 경험을 묘사한다. 좋은 이미지란 단순히 이해될 수 있게 표현된 이미지를 말하는 것이 아니라 '어떤 것에 대해 이야기하는(telling) 이미지'이다. 그것은 사물이나 장면 또는 각 개인의 경험의 유형에 대한 통찰력을 제공해줄 수 있다.

셋째, 언어이다. 독서치료에 있어 자료는 토의를 위한 촉매제이기 때문에 어휘와 어법이 정확해야 한다. 문학적으로 훌륭해도 부정확한 어휘를 사용하거나 어법이 맞지 않으면 독서치료 자료로서는 적합하지 않다. 때에 따라서는 어려운 단어를 쉬운 단어로 바꾸거나 문법적으로 잘못된 문장을 수정해야 한다. 그것이 여의치 않으면 다른 자료로 바꿔야 한다.

넷째, 복잡성이다. 이것은 글의 길이나 문장 구조의 문제이다. 문장(글)의 길이가 지나치게 길면 읽는데 많은 시간이 필요해 힘들어할 수 있기 때문에 피해야 한다. 복잡성은 문장 길이만의 문제는 아니다. 표현기법이 다양해져도 이해하기가 힘들어진다. 독서치료에서 중요한 것은 자료에 대한 즉각적인 반응인데, 글(문장)이 복잡하면 그만큼 반응의 빈도와 정도가 떨어질 수밖에 없을 것이다.

좋은 자료를 선정한다는 것은 좋은 문학 작품을 선택하는 것과 유사한 점들이 많다. 이렇게 독서치료에서 좋은 자료를 선정한다는 것은 어려운 작업이지만 그 만큼 중요한 작업이다.[9)]

2. 자료 분류의 개념과 원리 원칙

(1) 분류의 개념

우리는 단지 책상을 정리할 때에도 나름의 기준을 갖고 시작한다. 현재 내 앞의 책상위에는 참고논문, 단행본, 잡지, 메모해둔 것, 사이트 정보 등이 어지럽게 놓여져 있다. 비록 머지않아 또 흐트러질지라도 수시로 정리를 한다. 정리를 잘하기 위해서는 원칙이 필요하다. 분류를 어떻게 할 것인지, 어떤 서류함을 이용해서 정리를 할 것인지, 정리한 자료는 얼마만큼, 언제까지 가지고 있어야 하는지 등의 원칙이 없으면 정리된 자료들은 곧 뒤죽박죽이 되어 버린다. 인간은 근본적으로 질서와 안정을 좋아하며 추구한다. 요컨대 인간의 모든 행동양태는 분류행위에서 출발하며, 그 역사 또한 유구하다. 태초에 인간은 개체보존에 필요한 사물을 무해한 것과 유해한 것으로 구별하고, 공간을 하늘(天)과 땅으로 대별하였다. 지금도 모든 인간은 다양한 기준을 적용하여 사물을 분류하고 있다. 다만 사물을 유별하려면 그 속성과 형상을 파악해야 하기 때문에 분류에는 이해(comprehension)와 분별(understanding)이 함축되어 있다. 전자는 사물을 일정한 분류체계로 포섭하는 것을 어원으로 하며, 후자는 사물의 상위에서 하위까지를 추론 · 이해하는 것이다. 결국 양자는 '논리적으로 분류

9) 김현희 외, 『독서치료』(서울: 학지사, 2004) pp 129-138.

한다'는 의미를 내포한다.[10] 오래전 개인적으로 작은 도서관에서 나름대로 자료를 분류했던 적이 있었는데, 작은 도서관임에도 분류 작업이 얼마나 방대하고 힘겨웠는지 혀를 내두를 정도였었다. 그런데 또다시 이런 무모한 작업에 발을 들여놓고 말았다. 수없이 많은 자료에 대해서 나름대로의 규칙을 갖고 분류한다는 것은 분명 쉬운 일이 아니다. 하지만 힘든 만큼 가치 있는 작업이기도 하다.

원리를 말하기에 앞서 분류(classification)의 사전적 의미와 여러 학자들의 견해를 간추리면 다음과 같다.[11]

자료분류란 "도서관자료를 주제나 형식의 유사성에 따라 유집(sorting and grouping)하고, 그것을 체계적으로 배열하여, 자료이용의 편리를 도모하기 위한 행위" 이다.[12] 더 찾아보면 다음처럼 정의를 한다.

논리학 : 어떤 사물 또는 지식을 일정 원칙에 따라 정리하여 하나의 조직을 이룩하는 것.

---

10) 윤희윤 정보자료분류론 (대구: 태일사,1998 pp 4)

11) Oxford American Dictionary (New York : Oxford University Press.1980),p 114; 세계철학대사전(서울:성균서관,1980), p440 ; 국어대사전(서울 : 금성출판사,1991),p1345; もり きよし,자료분류법개론(동경: 이상사,1986), p15 ; Lois Mai Chan, et al., Dewey Dewey Decimal Classification : A Practical Guide (Albany : Forest Press, 1996), p 1. ①옥스포드 영어사전: 분류란 어떤 대상을 일반적인 성격이나 유사성에 따라 유별로 나누거나 배열하는 행위이다.

②세계철학대사전: 분류는 개념의 외연(extention)[1] 을 철저히 구분함으로써 완전한 체계를 조직하는 것, 즉 상대적으로 최고의 유개념으로부터 최저의 종개념에 이르기까지 구분을 되풀이하는 것이다.

③국어대사전 : 분류는 종류에 따라 가르는 것, 즉 유별이다.

④헌터(E.J. Hunter) 분류란 본질적으로 단순히 어떤 공통의 성질이나 특성에 따라 유사한 사물을 함께 모으는 것이다.

⑤모리 기요시: 유(동류, 공통의 성질을 가지는 사물의 그룹)로 나누는 것으로 유사한 것을 모으고, 유사하지 않은 것을 나누는 작용이다.

⑥찬(L.M. Chan) 등: 지식의 체계적 배열을 위한 논리적 시스템이다.

12)김정소.자료분류론. 대구:계명대출판부,1983. p29

Margaret Mann: 사물을 유사한 것과 그렇지 않은 것으로 구분하여 배열하는 것이며, 사물을 나누고(sorting) 모으는(grouping) 것.

즉 분류란 어떤 집합 K를 그 부분집합으로 나누는 것을 말한다. 이 부분집합은 K1 … Kn으로 표시 가능하며, 집합 K가 개념 B의 외연일 경우에는 그 부분집합 K1, K2 …는 B에 종속되는 개념들의 외연이 된다. 이때 B를 유개념이라 하면 종속되는 개념은 종개념이라 할 수 있다. 이때 종개념은 상호 배제한다. 그러므로 집합 K는 이 집합 자체를 이루는 사물들 또는 사물의 특징에 따라 분류될 수 있다.

이와 같이 어떤 대상을 분류하려면 그 대상물이 있어야 하고 분류하는 목적이 무엇인지에 따라 분류 기준(원칙)을 마련하여야 한다. 그 기준에 의해 파생된 사물이 나타나고, 그러면 대상물과 파생된 사물은 종속 관계가 이루어진다. 이 때 상위에 있는 개념을 유개념이라 하고 하위에 있는 개념을 종개념이라 한다. 그리고 종속 관계에 있는 이 두개의 개념은 항상 고정된 것이 아니고 반복하여 또 다른 종개념을 낳는다.

일반적으로 분류에는 '자연적 분류'와 '인위적 분류'의 두 가지가 있다. 전자는 자연현상의 객관적 성질에 따라 분류의 근거를 자연 그 자체에 두어 분류가 어느 정도 이미 존재하고 있는 것을 말한다. 후자는 인간이 목적이나 편의에 따라 사물 또는 개체를 실천적으로 제어하며 질서를 부여하는 수단으로서 일정한 분류의 원칙을 설정하여 그 기준에 따라 분류하는 것을 의미한다.

자연적 분류에서는 분류가 이미 어느 정도 존재하고 있으며, 단지 발견되기만 하면 된다. 그에 반해 인위적 분류에서는 그 분류 자체를 인위적으로 구성하여야 한다. 한 예로, 화학적 원소들은 그 속성들에 의해 어느 정도 이미 분류되어 있다. 원소의 주기율은 사람이 인위적으로 고안해 낸 것이 아니라 원소들 사이에 객관적이고 실제적인 조직 관계에서 자연적 분류가 이루어져 있다. 반면에 인위적 분류로는 한 학급을 구성하는 개인들을 성명의 자모에 따라 분류하는 경우가 그 대표적인 예이다. 이것은 결코 하찮은 것이 아니다. 오히려 일정량의 사물들과 개체들을 실천적으로 제어하고 질서를 부여하는 수단으로 커다란 가치를 지닌다.

따라서 분류의 일상적인 개념은 사물을 종류로 구분하는 것이며, 학문적 의미는 논리학에서의 정의처럼 어떤 사물이나 대상을 일정한 기준(성격, 특징 등)에 따라 상위의 유개념에서 하위의 종개념까지 체계적으로 조직하는 과정이다. 다시 말해서 분류란 '어떤 대상을 유별로 나누고, 그래도 차이가 있을 때는 공통성에 따라 세분하고 개체의 종개념까지 나누어 체계화하는 행위'를 말한다.

또한 학문분류와 자료분류는 밀접한 관련이 있지만 다음과 같은 점에서 차이가 있다.[13]

분류의 동기면에서 학문분류는 철학자가 관념(idea)간의 상호관계 및 그 순서를 연구해 오는 과정에서 형성된 것이고, 자료분류는 사서가 개념(concept)[14]간의 상호관계 및 그 순서를 연구하여 형성한 것이다. 학문분류의 목적은 분류 그 자체가 목적으로 정신적 만족을 가져오나, 자료분류는 이용자의 만족을 위하여 문헌을 유용한 순서로 배열하는 것이 목적이다. 분류의 관점에서는 학문 분류는 철학자의 사색적이며 이론적인 관점에서 시도 되었으나, 자료 분류는 사서가 도서관 이용자에게 도움을 주

13) Kumar, Krishan. Theory of Classification. New Delhi :Vikas Publishing House, 1979. pp 422-425에 있는 내용을 중심으로 정리 · 보완한 것임.

14) 어떤 대상에 대한 의미가 자기 경험에 따라서 제각기 달리 형성된 것을 개념이라 하고, 이 관념이 일반화된 것을 개념이라 한다.

기위해 실제적인 관점에서 시도되었다. (재인용 최달현, 이창수. 정보자료의 분류. 서울 한국도서관협회,1998.p14-15) 전방향 독서법에 따른 분류는 물론 자료분류이며 좀 더 세밀하게 표현하면 '독서 목적에 따른 자료분류'라고 할 수 있다.

(2)자료 분류의 원리와 원칙

일반적으로 분류가 일정한 기준에 따라 대상을 유별하는 과정을 의미한다면, 그 대상을 세분할 때는 반드시 어떤 원리를 적용해야한다. 이 원리는 즉 분류기준이 되는 일정한 특질(속성, 공통점)을 분류원리(또는 구분원리)라 하고, 분류되는 유개념을 피분류체, 각각의 종개념(구분단위)을 분류지라 한다. 예컨대 도서관에 입수되는 자료를 철학서, 문학서, 역사서 등으로 나눌 경우에 구분의 기준인 학문(주제)은 분류 원리이고, 자료는 피분류체이며, 철학서, 문학서, 역사서 등은 분류지에 해당된다.

구분(분류)의 3요소는 구분지(구분의 결과물)와 피구분체(구분의 대상) 그리고 구분 원리(구분의 기준) 가운데 가장 중요한 역할은 구분의 원리이다. 예를 들어 인간은 성별에 따라 남성과 여성으로 구분한다. 이때 인간은 대상이며, 성별은 기준이며, 남성과 여성은 구분의 결과물이 되는 것이다.

그러므로 분류에서 가장 중요한 구성요소는 분류원리이다. 가령 인간을 분류할 때 성별이라는 분류원리를 적용하면 남성과 여성으로, 연령을 적용하면 아동, 청소년, 성인, 노인 등으로 나누어진다. 마찬가지로 문학자료의 경우, 1차 분류패싯(패싯이란 하나의 주제가 독특한 특징에 따라 나누어 질 때 산출되는 구분지 (isolate or isolate focus)의 총체(ALA 참조)로 정의되는데 보조표로 이해하면 크게 틀리지 않는다)인 국어로 구분하면 영문학, 독문학, 한국문학 등으로, 2차 패싯인 문학형식을 적용하면 영국시, 19세기 독일소설, 한국 현대수필 등으로 나누어진다. 결국 피분류체는 어떤 분류원리를 적용하느냐에 따라 다양한 분류지로 세분되므로 분류원리를 이해하는 것이 분류행위의 첩경이라 할 수 있다. 한편 일정한 분류원리에 입각하여 주제를 분석하고 분류기호를 배정하였음에도 불구하고 서가상 배열상태를 보면 자주 교착현상을 목도하게 된다. 그 이유는 다음에 적시한 분류원칙을 준수하지 않았기 때문이다.

① 모든 분류는 합목적성을 견지해야 한다. 다시 말해서 분류에는 그 목적, 성질, 용도, 대상 등의 다양한 원칙이 적용되어야하며, 특히 도서관 자료의 경우는 학문분류에 기초하되 실용성을 겸비해야한다.

②분류에는 일관성과 망라성이 준수되어야 한다. 분류의 각 단계는 하나의 구분원리에 기저하며, 하나의 유개념에는 외연이 망라되어야한다.

③분류는 상호배타성을 유지해야 한다. 즉, 각 단계의 구분지는 명확하되 상호 독립적이어야 하며, 부분집합간의 종차도 명확해야 한다.

④분류는 점진성의 원칙을 고수해야 한다. 구분의 각 단계는 순서를 정확하게 답습하되 점진적이어야 한다.[15]

이상 간단하게 분류에 대한 문헌 정보적인 지식을 열거했다. 이 기준과 방식에 따라 독서치료를 위한 자료를 분류한다는 것은 매우 조심스럽고 쉽지 않은 일이다. 그럼에도 분류에 대한 이해를 가지고 접근하는 것이 중요하다.

---

15) 윤희윤 정보자료분류론 (대구: 태일사,1998 pp 5-8)

제4장 독서치료와 자료

1. 독서치료 자료분류와 도서목록 선행연구

국내외 자료들을 살펴보며 각각의 유사한 특징에 따라 네 가지로 분류해서 정리를 했다. 국내자료를 중심으로 했으며, 현재 논문이나 단행본 그리고 웹상에서 찾은 자료들을 살펴보았다. 이 책에서는 도서목록을 중심으로 했다. 도서목록의 경우 나름의 틀을 갖추고 목록을 작성했다면 자연스럽게 분류의 기준이 있기 마련이며, 그 목록을 작성한 기관과 사람도 만날 수 있다. 각 도서(목록)에 대한 소개도 간략하게 했다.

예전에는 책의 종류는 단순했고 도서목록은 구하기도 쉽지 않았다. 도서목록은 소장목록에 가깝고 조금 더 발전된 형태가 위인전이나 세계명작, 고전 등 간단하게 만들어진 것이었다. 세월이 흐르고 시대의 필요와 독자들의 요구에 따라 다양한 대상과 다양한 기준의 수없이 많은 목록들이 나오기 시작했다. 대부분 계몽적이며 읽혔으면 좋은 책들, 먼저 읽은 사람들이 지식 전달과 훈계를 염두에 둔 책이었다. 특정 기관의 정신을 알리기 위한 책도 있었다.

이 책에서 소개하는 도서목록이나 목록이 소개된 단행본들은 꼭 독서치료를 염두에 두고 만들어진 것이 아닌 경우가 많다. 그럼에도 불구하고 독서치료를 위한 자료나 자료 분류적 측면에서 도움이 될 수 있겠다고 판단한 것들도 함께 소개한다. 특별히 이들 단행본의 목차는 분류의 성격을 갖고 있기에 더욱 유심히 살펴봐야 한다. 말미에는 이미 진행되었었거나 진행되고 있는 프로그램을 첨부함으로 독서치료의 흐름과 그 프로그램에서 실제로 선정된 책들과 자료들을 살펴보았다. 먼저 국내에 소개된 자료들을 살펴보고자 한다.

다양한 형식의 자료들이 함께하기에 약어로 타이틀 앞에 다음과 같이 표기한다.

(단) 단행본, (프) 프로그램, (목) 목록집, (인) 인터넷 자료, (분) 분류안

(1) 교훈과 도덕을 위한 감동적 접근

여기에 속하는 자료들은 감정이 메마른 우리들에게 아직도 살만한 이유가 있으며 세상이 따뜻함을 보여주는 것들이다. 대부분 짤막한 이야기들로 구성된 경우가 많으며 독자들의 참여로 만들어 지기도 한다. 책 읽는 즐거움과 감동을 맛보기에 좋은 자료들이다.

(단)미덕의 책 / 버어넷

Bennett는 청소년들의 도덕교육과 인격형성에 도움을 주기 위하여 어린이와 어른들이 함께 읽으며 도덕적 가치와 모범을 찾을 수 있도록 주제를 ① 우정 ② 동정심 ③ 노동 ④ 자기수양 ⑤ 책임감 ⑥ 믿음 ⑦ 정직 ⑧ 용기 ⑨ 인내 ⑩ 충성 등으로 나누어 교훈적인 고전이야기, 시, 수필, 논

설문 등 다양한 독서 자료를 선정하여 정리해 3권으로 묶어 출판하였다. 많은 자료를 통해 도덕이라는 큰 범주에서 다양한 키워드를 뽑아 자료를 분류하는 좋은 시도를 했으나 주제에 따른 이야기들이 너무 오래되거나 너무 잘 알려졌거나 하는 진부함이 있다.

(단)TV동화 행복한 세상 / 박인식[16)]

오늘의 아이들에게 필요한 덕목들인 어려움에 꺾이지 않는 용기, 가족 간의 사랑, 친구와의 우정, 이웃과의 더불어 살아가는 도리가 담긴 이야기만을 가려 뽑아 동화로 새롭게 고쳐 쓰고 따뜻한 그림을 더했다. 원작을 기본으로 더욱 풍부해진 색감과 서정성이 아이들의 마음을 한결 풍요롭게 한다. TV에서 방영이 될 때 짤막하면서 평범한 가운데 진지함이 있는 이야기라 좋았다.

현재는 비디오 테이프와 CD로까지 만들어져 각급 학교에서 많이 사용하는 것으로 알고 있다. 이 자료는 좋기는 한데 덜 익은 먹을거리다. 무슨 말이냐면 좋은 자료이긴 한데 사용하는 자의 선택과 상황에 따라 너무나도 달라 질 수 있기 때문이다. 이것을 위해서는 적어도 각 이야기의 제목 밑에 보이지 않는 키워드가 있음을 놓치지 말아야한다. 이것을 읽어내며 아이들의 상황과 맞춰 사용해야한다. 무작정 제시한다면 감동도 희미해지며 아이들도 머잖아 곧 식상해진다.

(단)사랑의 학교 / 이원복[17)]

1995년도에 출간되었을 때 재미있게 읽었다. 부모들에게 자녀를 위해 사주라고 소개하면 부모들이 손에서 놓지 못하는 만화책이다. 실제로 본 연구자는 성인과 아이들 모

16) 박인식, 『어린이를 위한 TV동화 행복한 세상』 (샘터사)
17) 이원복 저, 『사랑의학교(Philos Academia)』 (2007년 07월)

두에게 활용한 바로는 감동과 재미를 동시에 나누기에 안성맞춤이다. 만화로 된 101가지 이야기라고 하면 적절하리라 본다. 이 자료는 한 번에 다 읽기보다는 한 이야기에 집중해서 나누는 것이 중요하다.

(단)연탄길 / 이철환[18)]

어둠 속에서 스스로 빛이 된 사람들, 더 짙은 어둠이 되어 다른 이들을 빛내는 사람들, 부족함 때문에 오히려 넉넉한 사람들의 사연이 담겼다. 달동네 아이들과 오랜 시간 함께 지낸 지은이가, 그들로부터 들었던 이야기를 글로 쓴 것이다.

한국의 문화와 다양한 삶의 역경이 고스란히 녹아있는 글이기에 동일시와 감정이입이 쉽게 되는 글모음이다. 독서치료사의 눈으로 재구성해서 이야기들을 활용한다면 좋은 자료가 될 것이다. 재구성이라 함은 각 제목의 글을 읽고 키워드로 분류하는 것을 말한다.

(단) 마음을 열어주는 101가지 이야기 / 잭 캔필드, 마크 빅터 한센[19)]

1권 1) 사랑에 대하여
2) 삶에 대하여
3) 아이들에 대하여

2권 1) 마음 자세에 대하여
2) 배움과 가르침에 대하여
3) 지혜를 찾아서

3권 1) 진정한 삶을 산 사람들
2) 이것을 생각해 보자
3) 삶과 죽음에 대하여

18) 이철환 지음/윤종태 그림, (랜덤하우스중앙)
19) 잭 캔필드, 마크 빅터 한센, 류시화 옮김, 이레.

(단)영혼을 위한 닭고기 수프 / 앨런 코헌, 잭켄필드[20]

1권

1. 사랑을 위한 수프

사랑의 힘 / 진실한 사랑 / 내가 기억하는 모든 것

마음의 노래 / 다른 방식 / 한 번에 하나

선물 / 소년 소방대원 / 강아지와 소년 /

나에게 특별한 사람 / 나도 그런 형이 될 수 있었으면

어떤 용기 / 작은 관심 / 미소

발렌타인 데이에 생긴 일 / 카르페 디엠

빅 에드 / 택시 운전사에게 사랑을 / 에이미 그레이험

난 당신을 알아요 / 껴안는 판사

여기선 그것이 불가능하다구요? / 랍비와 마부

2. 자신을 사랑하기 위한 수프

황금 부처 / 나 자신 / 진실만을 말할 것

세상에서 가장 위대한 선수 / 나는 나

여자 넝마주이 / 예시 돈덴

한 문장의 답안지 / 인생이라는 게임

인간이 되기 위한 규칙 / 인디언 로우

3. 배움과 가르침을 위한 수프

사랑이 남긴 것 / 난 이제 내 자신이 좋다

모든 좋은 것들 / 특별함

배우는 방법 / 손 / 할렘가의 왕실 기사단

어린 소년 / 나는 교사이다

동물학교 / 잃어버린 짐 / 아름다운 세상

내가 알아야 할 모든 것은 유치원에서 배웠다

---

20) 앨런 코헌, 잭캔필드/ 푸른숲.

4. 가정과 가족을 위한 수프
아이들은 삶 속에서 배운다 /
내가 아버지를 선택한 이유
척추 지압의 세계 일인자 / 넌 내 사랑하는 아들이지
당신이 무엇을 하는가보다 당신이 어떤 사람인가가
더 중요하다
엄마의 일생 / 세상에서 가장 완벽한 가정
사랑한다는 말 / 아이들에 대하여

2권
1. 꿈을 이루기 위한 수프
지구가 움직인 이유 / 비밀 상자
주홍 글씨 / 믿음의 마술
릭 리틀의 추구 / 또 하나의 표시를
'난 할 수 없어'의 장례식 / 당신은 비판을 이길 만큼 강한가
대가를 지불할 준비 / 빈민가 소년의 꿈
모두에게는 꿈이 있다 / 추수감사절에 찾아온 손님
333 이야기 / 세상에서 가장 뛰어난 세일즈 우먼
토미의 자동차 스티커 / 엄마를 구한 용기 있는 행동
멋진 여행 / 때로는 다른 시도를 / 어떤 답장
2. 어려움을 이겨 내는 수프
장애물 / 우리가 잊고 있는 사실들
글을 읽지 못하는 사람의 편지 / 실패를 두려워하지 마라
링컨은 포기하지 않았다 / 아들에게서 배운 교훈
실패라고? 천만에. 잠깐 멈춘 것뿐이야.
창조적인 삶을 살기 위해서 난 다음과 같은 것들을 기다린다
누구나 무엇인가를 할 수 있다 / 또 다른 인생

세상에서 가장 오래 달리기 / 달리는 기쁨
긍정적인 생각의 힘 / 고통받는 사람들을 위한 시
나를 좀 도와 주시겠습니까? / 219명의 생명을 구하다
단 한 번만 더 / 위대한 사람들로 가득한 세상
3. 지혜를 주는 수프
훌륭한 거래 / 잠깐 멈춘 시간
두 명의 수도승 / 우리가 잊어버린 신의 모습
돌고래의 선물 / 나 자신을 위한 그네 타기
배우기 위한 인내

개인적으로 독서치료 현장에서 가장 많이 사용한 자료들이 대부분 여기서 뽑아낸 이야기들이 많다. 위 두 시리즈(101가지, 닭고기 수프)는 영혼과 마음을 움직이는 놀라운 매직과 같은 글들의 모음이다.

주제 분류도 예방적 독서치료의 가장 중요한 포인트인 자기 사랑과 두려움, 자신감과 관련된 글이 많아서 유용하게 사용할 수 있다. 숨겨진 독서치료용 실제서라고 말할 수 있다. 이 자료 역시 사용자의 민감함과 배려에 의해 조리된다면 놀라운 처방전이 될 글들이다. 각각 하나의 글에 집중하도록 하는 것이 관건이다. 또한 목차를 유심히 보라.

(단)노란 손수건 / 오천석[21]

《리더스다이제스트》에서 가려 뽑은 이야기들을 모아 둔 책이다. 조용하게 널리 널리 입으로 소개된 책이다. 제목의 노란손수건 이야기는 누구나 알 것이다. 위처럼 가슴 따뜻한 이야기의 모음이다. 1, 2, 3권 정도는 독서치료를 위한 자료 선정 시 좋은 수원지가 될 것이다. 101가지 이야기의 효시처럼 여겨지는 모음집이다.

21) 오천석, 샘터사.

(2) 자기 조력서(Self-Help)적 접근

이 접근방법은 일차적으로 내용을 떠나 자기 조력적으로 분류했다고 언급한 경우의 자료를 수집했다. 자기 조력서라면 개인적으로 위안과 개선 (경제적으로나, 지적으로나, 감성적으로나)을 가져오기 위한 책들로 심리적이거나 영적인 것에 기초를 두고 있다. 그럼에도 자료들의 혼재는 막을 방법이 없다. 따라서 다른 분류(범주)와 중복되는 경우를 종종 발견할 수 있다.

(분)모리스밴의 분류

모리스 밴(Morris-Vann)은 독서치료에 사용될 수 있는 자료를 5가지로 분류했다. 눈여겨 볼 것은 자기조력서(self-help) 도서 분류와 그림책을 포함했다는 것이다. 자가치료 도서의 대부분은 논픽션이 주종을 이루고 있다. 현재는 점점 그림책이 아이들만을 위한 책이라는 생각이 줄어들고 있으며 성인들을 위한 경영 관련 책에도 동화를 가지고 풀어내는 경우가 많아졌다.

① 소설(fiction)

이야기 속에 구체적인 현재의 문제를 그려낸 소설 작품들은 독서치료의 좋은 자료이다. 책을 읽는 아이들이나 어른들은 책을 읽으며 책 속의 허구적 인물들과 동일시하고 그 인물들이 처한 어려움에 대한 공감(empathy)을 발전시켜 나간다. 동시에 독자 내적으로는 직관과 자아 이해(self-understanding)를 발전시키고, 치료자와 내담자 사이에는 신뢰와 유대감이 형성된다. 내담자는 허구적 인물에 감정 이입 함으로써 자신의 문제를 더 잘 이해할 수 있게 되고, 따라서 더 잘 대처할 수 있게 된다.

② 전기문(biographies) : 사실적 이야기(nonfiction)

실제 이야기를 다루고 있는 책들이 현재 치료중인 독자의 특성과 환경에 맞아 떨어졌을 때 독자는 그 이야기 속의 고난과 어려움, 심지어 장애를 극복한 그 사람과 자신을 동일시할 수 있다. 그러나 아이들은 자기 또래의 아이가 아닌 어른과 자신을 동일시할 수도 있고, 또한 사실적인 전기문을 통해 실제 생활에서 유사한 일들을 다룰 때 자신의 능력에 대한 비현실적 기대를 갖게 되는 단점도 있다.

③ 자기 조력 도서(self-help books)

많은 성인 독자는 자기 조력 도서가 큰 도움이 된다고 말한다. 자기 조력(self-help)의 개념은 현재 아이들의 문학에서도 나타나고 있다. 양자로 입양된 청소년들을 돕기 위해 개발된 책 중의 하나가 『입양에 관한 사실들(The Facts about Adoption)』인데, 이 책은 자기 조력 도서의 모든 특징을 다 가지고 있다. 이 책은 아이들로 하여금 입양되는 것에 대한 자신의 느낌, 두려움, 개인적 이야기를 스스로 말하도록 한다.

④ 동화(fairy tales)

동화는 아이들이 어떻게 문제를 푸는가를 스스로 배울 수 있는 방법 중에서 아이들이 가장 선호하는 종류다. 동화는 여러 세기 동안 아이들이 직면해 왔던 보편적인 문제나 두려움들을 단순화시켜 보여준다. 동화는 아이들이 문제 해결을 위한 전략으로써 자신들의 상상력을 사용하는 방법을 제시해준다.

⑤ 그림책(picture books)[22]

어린이들의 경우 그림책을 활용한 독서치료를 많이 한다. 어린이들은 글자는 거의 없고, 다채로운 색의 그림들로 가득한 그림책을 선호한다. 이러한 종류의 책들은 자신의 내적 느낌과 지각(perception)을 책의 주인공에게 투영(project)할 수 있는 아이들의 느낌이나 사고를 반영한다. 이러한 과정을 통해

22) 글나라(www.gulnara.net) 홈페이지 독서치료자료.

아이들은 자기 자신의 갈등을 비위협적인 방식으로 자연스럽게 드러낼 수 있게 된다. 그림책은 어린아이들이 개인 치료 상황 또는 집단 치료 상황에서 자기 자신의 이야기를 자연스럽게 표현하도록 도와준다.

(목)마음을 치유하는 책들 모음, 마음을 움직이는 책들 모음/창녕도서관[23)]

창녕도서관에서 『마음을 치유하는 책들 모음』 1, 2, 3권을 통해 다음과 같은 상황에 따른 도서목록을 작성하였다.

– 방황하는 이들에게 길을 열어주는 책들
– 아픔을 겪고 있는 이들을 위로하는 책들
– 용기를 필요로 할 때 도움을 주는 책들
– 삶의 의미를 일깨워 주는 책들
– 성공적인 직장생활을 위한 책들
– 행복한 결혼 생활을 꿈꾸는 이들을 위한 책들
– 자녀를 올바르게 잘 키우고 싶을 때 도움을 주는 책들
– 자기애성 성격장애인을 위한 책들
– 상처받은 아이들을 위한 책들
– 알코올 중독자와 가족을 위한 책들
– 성폭력으로 상처받은 아이들을 위한 책들
– 반사회성 성격장애자의 마음을 치유하는 책들
– 자폐아들 마음을 열게 도와주는 책들
– 우울증 치유를 돕는 책들
– 스트레스 받는 사람들을 위한 책들
– 성공적인 미래를 꿈꾸고 싶은 사람들을 위한 책들
– 삶이 덧없이 느껴질 때 마음을 위로하는 책들
– 자신을 돌이켜보고 싶을 때 도움을 주는 책들

23) 경남창녕도서관. 2002년 4월 / 2002년 9월 발행.

— 마음의 여유가 없는 사람들을 위한 책들
— 정서적 편안함을 느끼고 싶은 사람들을 위한 책들
— 순수한 감정을 되찾고 싶을 때 도움을 주는 책들
— 감정이 메말랐다고 느낄 때 도움을 주는 책들

생활 속에서 맞이하는 답답함과 힘겨움, 고통 등을 세밀하게 표현한 분류다. 이 항목만을 봐도 이렇게 책을 활용할 수도 있겠다는 생각이 든다. 문제는 과연 어떤 기준으로 여기에 맞게 누가 선정하느냐의 어려움과 중요성이 함께 풀어갈 과제다. 또한 비소설이 주종을 이루는 게 아쉽다.

(인)아마존 서점의 정신건강과 자기조력 분류 / www.amazon.com

도서쇼핑몰에 정신건강과 자기 조력서를 분류해서 알맞은 책을 선정해 두었다는 것이 놀랍다. 국내에서는 자기개발을 위한 코너는 더러 있는데 아래 두 코너는 훨씬 더 광범위하면서 전문적인 방식으로 분류를 했다. 또한 각 분류 코너에 많은 참고서적들이 있다는 것도 놀랍다.

Mental Health

Abuse & Self Defense (5,352)

Anxiety Disorders (1,387)

Codependency (258)

Compulsive Behavior (2,841)

Dementia (149)

Depression (1,743)

Dreams (924)

Eating Disorders (1,166)

Emotions (2,717)

General (24,554)

Happiness (3,608)

Manic Depression (1,270)

Mood Disorders (727)

Personality Disorders (796)

Post-traumatic Stress Disorder (216)

Postpartum Depression (209)

Schizophrenia (1,364)

Self-Help

Abuse (884)

Creativity (932)

Dreams (1,228)

Eating Disorders (697)

General (56,473)

Handwriting Analysis (419)

Happiness (3,424)

Hypnosis (974)

Inner Child (131)

Journal Writing (327)

Memory Improvement (664)

Motivational (9,734)

Personal Transformation (9,925)

Self-Esteem (2,977)

Spiritual (2,299)

Stress Management (6,944)

Success (8,479)

Time Management (287)

Psychology Self-Help Resources on the Internet

(인)심리 자기조력 인터넷 자료원 / www.psywww.com

These pages http://www.psywww.com/resource/selfhelphtm contain links to sites providing free information and help about specific disorders related to psychology. These sites might offer commercial products, but in order to qualify for inclusion here, a substantial amount of information must be offered free of charge.

이 자료는 분류 자체도 놀랍지만 각각의 분류항목에 다양한 웹사이트를 소개해 관련된 문제 사항을 참고 봉사를 할 때 요긴하게 사용할 수 있도록 했다. 국내에 많은 유관기관들이 있겠지만 특별히 도서관에서 이런 식의 창의적인 접근을 시도가 있었으면 좋겠다. 특히 질병에 따른 독서치료 분류 작업에도 참조할만 하다.

These pages http://www.psywww.com/resource/selfhelphtm

Abuse - Physical and Sexual

ADD (Attention Deficit Disorder) and ADHD

Addiction, all types. See Substance Abuse for chemical addictions Adolescent behavior problems. See also Family Issues and Relationship Issues.

Adoption -- psychological issues

Advocacy for Consumers of Psycholgoical and Psychiatric Services

Aging -- psychological issues for the aged and for caretakers

All-purpose Self-Help sites which offer advice on all sorts of problems or mental health in general

Alzheimers - Alzheimer's Disease and Senile Dementias

Anxiety - Non-specific anxiety syndromes, Social Anxiety, Social Phobia, and Shyness. See also Body Dysmorphic Disorder, Obsessive-Compulsive Disorder (OCD), Panic Attacks, Phobias and Fears, Stress and Trauma, and

Trichotillomania

Autism, Asperger's Syndrome, and Hyperlexia

Bipolar Disorder ("Manic-Depression")

Body Dysmorphic Disorder

Borderline Personality disorder

Childhood Behavior Problems. See also Adolescent behavior problems and Family Issues

Chronic Fatigue Syndrome

Communication Disorders, Dyslexia, Hyperlexia

Death & Dying See also Suicide Threats and Behavior

Depression See also Bipolar Disorder

Down Syndrome

Eating Disorders including obesity, anorexia, bulimia

Family Issues (See also Relationship Problems for issues involving couples.)

Genetic Disorders other than Down Syndrome: Angelman Syndrome, Fragile X, Prader-Willi Syndrome, Others

Learning Disorders

Multiple Personality (Dissociative Identity Disorder)

Obsessive-Compulsive Disorder (OCD)

Online Therapy, Counseling, and Emotional Support

Pain (Chronic Pain Syndrome)

Panic Attacks

Personality Disorders (Borderline, Narcissistic, Paranoid, etc.

Phobias and Irrational Fears

Psychotherapy Consumer Information

Relationship problems (Crushes, Dating, Marriage)

Schizophrenia

Sexual Disorders

Sleep Disorders

Stress and Trauma

Substance Abuse and Chemical Dependency

Suicide Threats and Behavior See also Death and Dying.

Therapist Finder Sites

Trichotillomania: The Hairpulling Disorder

Violent Behavior

(인)자기조력 홈페이지 / www.self-helporg.uk/directory

Directory of patient support, self help groups and charities.

The Self Help UK directory contains details of over 1,000 self help organizations, patient support groups and charities across the UK that provide support, guidance and advice to patients, carers and their relatives. The groups and organizations that we cover, embrace many medical conditions, diseases and treatments.

미국과 달리 영국은 개별적으로 병원이나 학교 등에서 구체적으로 활용되는 것을 엿볼 수 있다. 물론 독서치료를 위한 자기조력 홈페이지는 아니다. 그럼에도 우리에게 시사하는 바가 크다.

아래의 디렉터리로 들어가면 다양한 자료와 정보들을 접할 수 있어 놀라움을 갖게 한다. 한마디로 총체적인 서비스를 제공하고 있다. 적어도 자신이 가지고 있는 어려움이나 고통을 해소하기위한 접근과 통로가 열려있다는 생각을 갖도록 한다.

〈Directory〉

Abuse

Addiction

AIDS and HIV

Alcoholism

Allergy

Alzheimer's Disease

Autoimmune disorders

Bereavement

Birth defects

Blind/partially sighted

Blood disorders

Bone and joint disorders

Bone disorders

Cancer

Children

Circumcision

Community health

Complementary medicine

Connective tissue disorders

Contraception

Cot-death

Counselling and therapy

Craniofacial disorders

Deafness and hearing disorders

Dental health

Diabetes

Digestive disorders

Disability

Disfigurement

Drug problems and addiction

Dyslexia

Eating disorders

Elderly care

Endocrine disorders

General health advice

Genetic disorders

Growth disorders

Gut and bowel disorders

Hair loss

Health services

Heart disease

Housing

Hyperactivity - ADHD

Immune deficiency disorders

Impotence

Incontinence

Infectious diseases

Infertility

Kidney disorders

Liver disorders

Lung disorders

Medical negligence

Mental handicap

Mental illness

Migraine

Multiple sclerosis

Muscular disorders

Neurological disorders

Nutrition

Obesity

Organ donation

Pain

Parenting

Sexuality

Sexually transmitted diseases

Skin disorders

Sleep disorders

Speech disorders

Thyroid disorders

Women's health

(인)도움책들 / www.helpingbooks.org/

Supporting the Helping Books/Helping Families Program Helping Books Connection is a resource center compiled to assist families and caring adults with finding and using quality children's literature as a tool for individual and group discussion activities. The Literature Database link is a collection of children's literature titles, both fiction and nonfiction, covering topics that focus on ethical and personal issues relevant to young

Helping Books

people. These titles have been reviewed and selected by librarians, teachers, and other trained adults working with children's literature. Selection of the titles is based on the guidelines for choosing quality literature. The link to Helping Books Resources lists programs, web sites, books, videos, and other tools that provide guidelines for the use of children's literature to generate discussion.

Helping Books Connection supports programs like the Helping Books/Helping Families Program designed by State Library of Ohio and a committee of volunteers. The database was conceived through the efforts of the Ohio Library Council's Children's Services Division. Technical support is provided by The Ohio Literacy Resource Center.

If you are interested in reviewing titles for HELPING BOOKS CONNECTION, we request that you read the guidelines before filling out the application to review.

책으로 도움을 주고받기위한 프로그램으로 양질의 책을 찾고, 독서 소그룹을 운영하며 토론을 진행하도록 돕는다. 책갈피에 도서 분류 그림이 있어 어떤 형태로든지 정보와 서비스를 소개하는 방식이 인상적이다.

(인)재생산 가능한 독서치료 양식

(Reproducible bibliotherapy Form)

도서 주문 체크 자료

재생산 가능한 독서치료양식

(www.albertellisinstitute.org)엘리스는 인본주의적, 철학적, 행동적 심리상담/치료를 결합하여 합리적 정서치료(현재는 합리정서행동치료)를 개척한 전문가로 알려져 있다. REBT: Rational Emotive Behavior Therapy)를 만들어 냈으며 인지 행동치료의 대부이다. 이 연구소에서 만든 주문서의 분류방식을 눈여겨보면 분류의 중요성을 분명하게 인식할 수 있다.

비록 책을 판매하기 위한 주문용 양식이긴 하지만 연구소의 세심한 배려가 구매자들이 자료를 선정하는데 큰 도움을 준다. 일반적인 주문서는 보통 베스트셀러나, 스테디셀러, 신간 순서로 만들기 쉽다. 하지만 이 주문서는 알파벳 순서이면서 삶의 다양한 문제별로 나누어 놓았다. 이용자 중심으로 제작해 실질적인 도움을 주고 있다.

New Tool for Therapists

Reproducible Bibliotherapy Form

to Help Your Clients and Their Therapeutic Process

Do you want to recommend the best self-help books and tapes to your clients? The following is a reproducible list of books, tapes, CDs and other products offered at the Albert Ellis Institute. Therapists can make photocopies of this page, put a checkmark next to the publications they would recommend to a particular client, and give the form to their client, to order materials to be used as homework between therapy sessions.

ANGER

BOOKS

❑ **Anger: How to Live With and Without It** *Ellis* 12 oz. (B221) $15.95

❑ **How to Control Your Anger Before It Controls You**, *Ellis & Tafrate* 11 oz. (B180S) $14.95

❑ **Secret of Overcoming Verbal Abuse** *Ellis & Powers* 10 oz. (B198) $12.00

AUDIOTAPES & CDS

❑ **How to Control Your Anger Before It Controls You**, *Ellis & Tafrate* 6 oz. (C069) $14.95

❑ **Overcoming Your Anger in the Shortest Period of Time**, *Broder*
Audiotape: 2.5 oz. (C056) $14.95
CD: 3.2 oz. (CD039) $14.95

❑ **What Do I Do with My Anger: Hold It In or Let It Out?** *DiGiuseppe*
Audiotape: 2.5 oz. (C012) $9.95
CD: 3.2 oz. (CD017) $14.95

ANXIETY AND STRESS

BOOK

❑ **How to Control Your Anxiety Before It Controls You**, *Ellis* 18 oz. (B197) $12.95

AUDIOTAPES & CDS

❑ **How to Control Your Anxiety Before It Controls You**, *Ellis* 6 oz. (C072) $14.95

❑ **Learning to Relax**, *Lazarus*
Audiotape: 2.5 oz. (C015) $9.95
CD: 3.2 oz. (CD002) $14.95

❑ **Overcoming Your Anxiety in the Shortest Period of Time**, *Broder*
Audiotape: 2.5 oz. (C055) $14.95
CD: 3.2 oz. (CD038) $14.95

ASSERTIVENESS

BOOK

❑ **The Assertive Option** *Jakubowski & Lange* 16 oz. (B036) $24.95

CHILDREN, ADOLESCENTS, PARENTS, AND FAMILIES

BOOKS

❑ **S.O.S. Help for Parents: A Practical Guide for Handling Common Everyday Behavior Problems**, *Clark* 13.4 oz. (BF230) $14.00

AUDIOTAPES

❑ **Coming to Terms with Your Parents** *DiGiuseppe*
Audiotape: 2.5 oz. (C047) $5.95
CD: 3.2 oz. (CD032) $14.95

DEPRESSION

BOOK, AUDIOTAPE & CD

❑ **How to Stubbornly Refuse to Make Yourself Miserable About Anything — Yes, Anything!** *Ellis* 12 oz. (B009) $14.95

❑ **Overcoming Your Depression in the Shortest Period of Time**, *Broder*
Audiotape: 2.5 oz. (C054) $14.95
CD: 3.2 oz. (CD037) $14.95

EATING

BOOKS

❑ **The Art and Science of Rational Eating** *Ellis, Abrams, & Dengelegi* 25 oz. (B132) $14.95 $7.00

❑ **How to Stick to a Diet** *Steinberg & Dryden* 3.9 oz. (B236) $10.95

EDUCATION

BOOKS

❑ **Rough Spot Training: A Manual for Helping Children Develop Emotional Self-Control, Self-Soothing, and Behavioral Management** *London & Monjes* 4.4 oz. (B205) $12.00

❑ **Thinking, Feeling, Behaving: An Emotional Education Curriculum for Children and Adolescents**, *Vernon*
Vol. I (Gr. 1-6) 27 oz. (B100) $29.95
Vol. II (Gr. 7-12) 27 oz. (B101) $29.95

❑ **What Works When with Children and Adolescents**, *Vernon* 34 oz. (B215) $39.95

FRUSTRATION TOLERANCE

BOOKS

❑ **How to Keep People from Pushing Your Buttons**, *Ellis & Lange* 15 oz. (B149) $14.95

❑ **The Road to Tolerance**, *Ellis* 13.4 oz. (B246) $21.00

HAPPINESS

BOOK

❑ **Help Yourself to Happiness**, *Maultsby* 6 oz. (B070) $3.00

HEALTH

BOOKS

❑ **Breathe Well, Be Well**, *Fried* 11.4 oz. (B245) $14.95

❑ **Mind Over Malignancy: Living With Cancer**, *Gersh, Golden & Robbins* 10 oz. (B183) $12.95

PERFECTIONISM

❑ **How to Be a Perfect Non-Perfectionist** *Ellis*
Audiotape: 2.5 oz. (C049) $9.95
CD: 3.2 oz. (CD008) $14.95

PROCRASTINATION

BOOK & AUDIOTAPE

❑ **Procrastination Workbook**, *Knaus* 8 oz. (B218) $17.95

❑ **Overcoming Procrastination**, *Knaus*
Audiotape: 2.5 oz. (C018) $9.95

RELATIONSHIPS

BOOKS

❑ **The Art of Living Single**, *Broder* 7 oz. (B144) $6.45

❑ **Can Your Relationship Be Saved?** *Broder* 7.6 oz. (B208) $15.95

❑ **Dating, Mating and Relating** *Ellis & Harper*
Softcover. 10.4 oz. (B220) $14.95

❑ **How Can I Forgive You?** *Spring*
1 lb. 2 oz. (B243) $22.95
Softcover: 7.4 oz. (B250) $13.95

❑ **The Love Workbook**, *Lima* 16 oz. (B195) $12.95

AUDIOTAPES & CDS

❑ **After the Affair**, *Spring* 2.5 oz. (C078) $18.95

❑ **Can Your Relationship Be Saved?** *Broder*
Audiotape: 2.5 oz. (C064) $8.95
CD: 3.2 oz. (CD043) $14.95

❑ **How to Find a New Love Relationship That Will Work for You**, *Broder*
Audiotape: 2.5 oz. (C061) $12.95
CD: 3.2 oz. (CD042) $14.95

❑ **Intelligent Person's Guide to Dating and Mating**, *Ellis*
Audiotape: 2.5 oz. (C014) $5.95
CD: 3.2 oz. (CD019) $14.95

RELATIONSHIPS (cont'd)

- ❑ **Letting Go of Your Ended Love Relationship**, *Broder*
  Audiotape: 2.5 oz. (C053) $8.95
  CD: 3.2 oz. (CD036) $14.95
- ❑ **The Single Life: How to Make It Work for You**, *Broder*
  Audiotape: 2.5 oz. (C065) $8.95
  CD: 3.2 oz. (CD044) $14.95

SELF-ACCEPTANCE

- ❑ **Overcoming the Rating Game**, *Hauck* 6 oz. (B125) $19.95

SELF-HELP

BOOKS

- ❑ **A Guide to Rational Living**
  Ellis & Harper 12 oz. (B025) $15.00
- ❑ **How to Live with a Neurotic**, *Ellis* 6.5 oz. (B005) $10.00
- ❑ **How to Stubbornly Refuse to Make Yourself Miserable About Anything — Yes, Anything!** *Ellis* 12 oz. (B009) $14.95
- ❑ **Rational Counseling Primer**, *Young* 2.5 oz. (B061) $2.50
- ❑ **The REBT Pocket Companion for Clients**, *Dryden* 7.8 oz. (B226) $10.95
- ❑ **The 60-Second Shrink**
  Arnold Lazarus & Clifford Lazarus 9 oz. (B178) $12.95
- ❑ **S.O.S. Help for Emotions: Managing Anxiety, Anger and Depression (2nd Ed.)**, *Clark* 15 oz. (B181) $14.00

AUDIOTAPES & CDS

- ❑ **How to Develop Self-Confidence**, *Broder*
  Audiotape: 2.5 oz. (C058) $5.95
  CD: 3.2 oz. (CD049) $14.95
- ❑ **Making Crucial Choices and Major Life Changes**, *Broder*
  Audiotape: 2.5 oz. (C060) $9.95
  CD: 3.2 oz. (CD041) $14.95
- ❑ **Theory and Practice of Rational-Emotive Therapy**, *Ellis*
  Audiotape: 2.5 oz. (C025) $9.95
  CD: 3.2 oz. (CD026) $14.95

SELF-HELP PRODUCTS

- ❑ **Self-Help Forms**
  Clear, step-by-step form on 8.5" x 11" paper helps individuals identify and dispute their irrational beliefs.
  10 forms 2.5 oz. (SH007) $2.00
  100 forms 25 oz. (SH008) $10.00
  1,000 forms 250 oz. (SH009) $80.00

SEXUALITY

BOOKS

- ❑ **Secrets of Sexual Ecstasy**
  Broder & Goldman 16 oz. (B249) $17.95
- ❑ **Sex without Guilt in the 21st Century**
  Ellis 13.3 oz. (B229) $14.95
- ❑ **What to Do When *He* Has a Headache**
  Wolfe 7 oz. (B122) $5.95

SUBSTANCE ABUSE

BOOKS

- ❑ **Overcoming Your Addictions**
  Dryden & Matweychuk 5.2 oz. (B235) $12.95
- ❑ **Sex, Drugs, Gambling and Chocolate**
  Horvath 20 oz. (B194) $15.95
- ❑ **When AA Doesn't Work for You: Rational Steps to Quitting Alcohol**
  Ellis & Velten 18 oz. (B123) $14.95

WORKPLACE AND CAREER ISSUES

- ❑ **How to Deal with Difficult People**, *Ellis*
  Audiotape: 2.5 oz. (C043) $9.95
  CD: 3.2 oz. (CD007) $14.95

ORDER FORM FOR BOOKS, TAPES, & CDs

ALBERT ELLIS INSTITUTE 45 East 65th St., New York, NY 10021

Name (please print)

Address

City State Zip Code

Phone no. Profession

❒ Check enclosed (must be in U.S. dollars, drawn on a U.S. bank)

❒ **VISA** ❒ **Mastercard (min. charge $25.00)**

Account No.

Exp. Date ______

Signature ______

To enable us to process your order, you must include postage and handling fees and appropriate sales tax. Domestic orders can not be shipped to P.O. Box addresses. *Only U.S. libraries and institutions ordering $50.00 or more on signed purchase orders can be billed; money order or check drawn on a U.S. bank must accompany all other orders.* **All prices are subject to change.**

Quantity	Code No.	Title	Weight	Price
		(If necessary, attach additional page)		

Easy ways to order

- **Phone:** 800-323-4738 /212-535-0822
- **Fax:** (212) 249-3582
- **E-mail:** orders@AlbertEllisInstitute.org
- **Website:** www.AlbertEllisInstitute.org
- **Mail** order form to:
  Albert Ellis Institute
  45 East 65th Street
  New York, NY 10021

TOTAL COST OF ITEMS .... ______

POSTAGE AND HANDLING (CHECK ONE) .... ______

❑ **$2.00/lb. ($6.00 min. on each order)***

❑ **RUSH:**

3-4 days (Continental U.S. only): $10.00 surcharge + UPS Ground Rate

Next day and second day delivery: please call for rates

PLEASE CALL FOR ALL INTERNATIONAL RATES

NYS residents, please add applicable sales tax: (______% in NYS, 8.625% in NYC) .... ______

TOTAL .... ______

* **Shipping Rates:** Any shipment over 3 lbs. (48 oz.) is $2.00 per pound. Anything below 3 lbs. costs a flat shipping fee of $6.00.

NOTE: All international orders must be pre-paid by draft on U.S. bank or by VISA or Mastercard. Credit card orders *MUST* include telephone number.

도서 주문 체크 자료

(인)dublin city public library(book list 2007)http://www.dublincity.ie/

공공 도서관의 이용자들을 위한 도서목록 서비스다. 처방전이라고 하면서 분류된 도서목록이 간단한 설명과 책갈피 내용에 짜임새 있는 정보서비스라는 생각이 든다. 이 도서관은 독서소그룹을 홍보하며 모임을 위한 다양 정보를 제공하고 있다.

BOOK LIST 2007
NORTH INNER CITY BOOK PRESCRIPTION SCHEME

Dublin City Public Libraries
Leabharlanna Poiblí Chathair Bhaile Átha Cliath

Problem	No	Book Title	Author(s)	Year	Comment / see Prescriber Information Booklet for summaries
Anger	W1	Managing Anger	Gael Lindenfield	2000	A positive, optimistic book. Attractive, easy read.
	W2	Overcoming Anger and Irritability	William Davies	2000	Based on Cognitive Behavioural Therapy (CBT). Manageable.
Anorexia	W3	Anorexia Nervosa: A Survival Guide for Families, Friends and Sufferers	Janet Treasure	2000	A clearly written educational book containing practical advice. Not a step-by-step treatment guide. Good start
	W4	Overcoming Anorexia Nervosa	Christopher Freeman & Peter Cooper	2002	A complete self-help recovery programme based on CBT. Easy read.
Anxiety	W5	Overcoming Anxiety	Helen Kennerley	2004	A complete recovery programme based on CBT. Easy read.
Assertiveness	W6	Assert Yourself	Gael Lindenfield	2001	Attractive book which builds awareness and skills.
Bereavement	W7	'You'll Get Over It': The Rage of Bereavement	Virginia Ironside	1997	Frank, honest, angry, tapping the complexity of bereavement.
	W8	Living With Loss: A Book for the Widowed	Liz McNeill Taylor	2000	Down to earth examination of the emotional and practical effects of being widowed. Shows the possibility of building a new life.
Binge-Eating and Bulimia	W9	Getting Better Bit(e) By Bit(e): A Survival Kit for Sufferers of Bulimia Nervosa and Binge Eating Disorders	Ulrike Schmidt & Janet Treasure	1999	Easy to read, engaging, motivating. Has demonstrated effectiveness in clinical trials. Comprehensive treatment programme.
	W10	Bulimia Nervosa and Binge Eating	Peter Cooper	1995	Comprehensive CBT-based treatment programme
Child Abuse (Adult Survivors)	W11	Overcoming Childhood Trauma	Helen Kennerley	2000	Sensitive. Links past and present difficulties. Practical strategies for managing specific problems linked to abuse.
Child Sexual Abuse (Adult Survivors)	W12	Breaking Free: Help for Survivors of Child Sexual Abuse	Carolyn Ainscough & Kay Toon	2000	Sensitively written. Demonstrates the range of experience and feelings involved. Optimistic. Strategies for coping.
Depression	W13	Depression: The Common Sense Approach	Tony Bates	1999	Accessible, slim book. Compassionate and practical. CBT strategies and more. Good first book.
	W14	Overcoming Depression	Paul Gilbert	2000	Bigger, more detailed book yet readable and sympathetic. Comprehensive CBT programme.
	W15	Depression: The Way Out Of Your Prison	Dorothy Rowe	2003	A deeper exploration of beliefs about self and others that maintain depression. Links past experience to depression.
Depression / Anxiety	W16	The Feeling Good Handbook	David Burns	1999	Large but easy to read CBT book. Also covers panic, phobias, guilt, inferiority. Has demonstrated effectiveness in clinical trials.
Mood Swings	W17	Overcoming Mood Swings	Jan Scott	2004	An easy to read complete CBT programme. Includes information on depression and mania.
Obsessions and Compulsions	W18	Overcoming Obsessive Compulsive Disorder	David Veale and Rob Willson	2005	Promotes readiness to change then delivers a CBT plan. For people who meet the criteria for OCD. Manageable.
	W19	Obsessive Compulsive Disorder	Frederick Toates & Olga Coschug-Toates	2005	Autobiographical account of life with OCD. May help people to feel that they are not alone. Discusses treatment options. Manageable.

Produced by the HSE North Inner City Partnership in Primary Care in association with Dublin City Public Libraries. For further information contact Elaine Martin, Senior Psychologist on 01-8380157

Panic	W20	When Panic Attacks	Aine Tubridy	2003	Engaging, clear, comprehensive. Educates and offers techniques. Accompanying CD.
	W21	Panic Attacks	Christine Ingham	2000	Smaller, simpler, supportive. Offers guidance. Easy read.
Parenting	W22	Parent Power – Bringing up Responsible Children and Teenagers	John Sharry	2002	Good general guide covering key principles of parenting 4 – 18 year olds. Easy to read.
	W23	The Incredible Years – A Troubleshooting Guide for Parents of Children Aged 2 – 8 Years	Carolyn Webster-Stratton	2006	More comprehensive but manageable. For parenting 2 – around 10 year olds. Particularly good where parent-child relationship may have suffered.
	W24	The Incredible Years Parent and Child Series (audio CDs)	Carolyn Webster-Stratton		3 audio-CDs based on above book. Covers relationship-building, discipline, managing one's own feelings, common behaviour problems.
	W25	STEP: Parenting Young Children	D. Dinkmeyer, G.D. McKay et al	1997	Very simple, attractive book. Holds parents by the hand providing systematic training. Parenting 0 – 5 year olds.
	W26	STEP: Parent Handbook	D. Dinkmeyer, G.D. McKay et al	1997	Very simple, attractive book. Holds parents by the hand providing systematic training. Parenting 6 - 12 year olds
	W27	STEP: Parenting Teenagers	D. Dinkmeyer, G.D. McKay et al	1998	Very simple, attractive book. Holds parents by the hand providing systematic training. Parenting teenagers.
	W28	When Parents Separate: Helping Your Children Cope	John Sharry, Peter Reid & Eugene Donohoe	2001	Slim, easy-to-read book. Covers what reactions to expect and how to communicate and respond and manage one's own stress.
Post Traumatic Stress	W29	Overcoming Traumatic Stress	Claudia Herbert & Ann Wetmore	2002	CBT strategies to help reader understand and manage their reactions. Easy to read.
Psychotherapy	W30	Change for the Better: Self-help Through Practical Psychotherapy	Elizabeth Wilde McCormick	2002	Structured personal exploration based on Cognitive Analytic Therapy (CAT). Links past with present. Accessible.
Relationship Problems	W31	Overcoming Relationship Problems	Michael Crowe	2005	Very accessible. Focuses on communication and negotiation skills. Uses CBT.
Self-Esteem	W32	Self Esteem: Simple Steps to Develop Self Reliance and Perseverance	Gael Lindenfield	2000	Attractive easy-to-read book. Explores origin and impact of low self-esteem. Provides practical programme for increasing self-esteem.
	W33	10 Days to Great Self Esteem	David Burns	2000	Larger structured book using CBT. Contains information and practical exercises. Positive tone.
Sexual Problems	W34	Overcoming Sexual Problems	Vicki Ford	2005	Sensitive and practical. Explores nature of problems and provides self-help manual based on CBT.
Social Anxiety	W35	Overcoming Social Anxiety And Shyness	Gillian Butler	2003	Very readable. Detailed CBT instruction. Suitable for both mild and intense anxiety
Stress	W36	The Relaxation and Stress Reduction Workbook (5th Ed)	Martha Davis, Elizabeth Robbins Eshelman & Matthew McKay	2000	Offers a broad range of techniques for relaxation and stress management. Attractive, easy-to-read book.
	W37	Managing Stress (Teach Yourself)	Terry Looker & Olga Gregson	2003	Educative and offers comprehensive stress management plan. Views self-esteem as the key to stress management.
Worry	W38	How to Stop Worrying	Frank Tallis	1990	A slim, very easy-to-read book. Transforming worry into problem-solving.

dublin city public library book list 2007

(인)위스콘신 밀와키 대학의 도서관(도서관 커리큘럼)

searching for materials for use in bibliotherapy

도서관 사서들을 대상으로 하는 교육 프로그램 중에서 독서치료를 위한 자료를 조사하는 과정이 있다는 것 자체가 놀랍다. 이런 식의 훈련과 접근이 있었기에 참고봉사 서비스에 있어 문제 상황을 안고 질문하는 이들에게 남다른 접근이 가능한 것이다.

위의 몇가지 사례에서 알 수 있듯이 영문 독서치료 자료에 대한 분류는 하나같이 다 알파벳순으로 되어 있다. 신속한 접근이 가능하도록 하기 위한 목적일 것이다. 국내자료는 상황을 설명하는 경우가 많아 문장에 가깝기 때문에 그렇게 하기 힘들겠지만 영어권 자료는 키워드로 짧게 이루어진 경우가 많다.

UWM

UNIVERSITY OF WISCONSIN-MILWAUKEE LIBRARIES
CURRICULUM LIBRARY

Searching for Materials for Use in Bibliotherapy

"Bibliotherapy (the use of books to help people) is a technique that has proven valuable in helping individuals deal with a variety of difficult issues including death, divorce, illness and child abuse. The term bibliotherapy refers to using books in a way that they are 'therapeutic in the sense that they help children work through a crisis' (Pamela A. Kramer. *Using literature to enhance inclusion*. Contemporary Education. Winter 1999).

Locating Curriculum Library Materials in PantherCat:
https://library.uwm.edu/cgi-bin/Pwebrecon.cgi?DB=local&PAGE=First

1. Select search by "Keyword (and, or, not)"
2. From the Quick Limit drop down menu choose "Curriculum Library"
3. Enter a keyword into the search box
4. Click on "Search"

Possible keyword search terms:

Abuse	"Emotional problems"	Poverty OR poor
Adoption	"Foster home"	Prejudice
Alcoholism	Friendship	Runaway
Behavior	Grief	"Self acceptance"
Bully or bullies	"Growing up"	"Self esteem"
Courage	Lonely OR loneliness	Shy OR shyness
Death	Love	"Single parent"
Divorce	"Mental illness"	Violence
Dreams	Moving	

Locating Materials about Bibliotherapy

In PantherCat:
1. Search the term bibliotherapy by either Keyword (and, or, not) or Subject Heading.
2. To refine the search use the Boolean operators: and, or, not to add other keywords to bibliotherapy (i.e. bibliotherapy and children).

In the UWM Libraries Databases:
http://www.uwm.edu/Library/databases/
1. On the UWM Libraries homepage, under "Find Articles" click on "Subject Guides" and then choose "Education." Choose a database from the list; the majority will have articles related to bibliotherapy.
2. Do a keyword search of bibliotherapy.
3. To refine a search use the Boolean operators: and, or, not to add other keywords to bibliotherapy (i.e. bibliotherapy and children).

(3) 생활영역과 생활사적 접근

이 방식은 우리의 주된 삶의 자리를 중심으로 시작된다. 가정과 학교, 사회(직장) 또는 커뮤니티를 중심으로 빚어지는 만남과 그 속에서 발생하는 문제, 사람이 태어나면서부터 연대기적으로 접하는 사건과 문제들이 중심이 된다. 분류는 그렇게 했지만 이 분류에 맞게 만들어진 자료가 아니기 때문에 동의하기 어려운 부분도 많다.

아래 분류는 무엇보다 자료의 길이를 염두에 두고 만들었다는 생각이 든다. 일선에서 프로그램을 진행하거나 강의를 하다 보다면 자료를 다 읽지 못하고 힘들어 하는 경우가 종종 있다. 그러한 경험에 비추어보면 초기 단계에서는 모인 그 자리에서 5분 이내로 읽을 수 있는 짤막한 자료들을 선택하는 것이 좋다. 또한 시청각자료도 시간의 운용에 있어 효율적이고 흡인력이 뛰어난 매체이기 때문에 자주 활용할 수 있다.

(분)독서치료/학지사

① 시

시는 가장 폭넓은 층의 사람들에게 정돈되고 함축된 형태로 어떤 경험에 대해 표현하는 장르이다. 시는 길이가 짧아 독서치료용 자료로 적절할 뿐 아니라 시에 나타난 이미지와 은유는 동시에 감각, 정서, 지성, 상상력 등에 호소할 수 있기 때문에 독서치료에 적합하다.

노래 가사도 시와 비슷하기 때문에 독서치료에 효과적이다. 발라드, 민요, 영가, 대중음악의 가사는 일정한 리듬이 있고, 반복되며, 인간의 정서에 대한 주제를 담고 있기 때문이다.

② 상상에 기초한 산문

단편, 우화, 과학 소설, 환상 이야기, 소설, 희곡 등은 모두 상상적 산문 형태라 할 수 있다. 이와 같은 종류의 글들이 갖는 장단점이 있겠지만 길이는 중요한 문제다. 산문 형태의 글을 다룰 때 독서치료자는 의미 있을 것으로 보이는 구절을 뽑아오거나 참여자가 미리 그 글을 읽어오도록 계획해야 한다.

③ 정보를 주는 자료

ㄱ. 인물 소개 글과 기사

이런 형태의 글은 길이가 짧고 처음부터 독자의 흥미를 끌 의도로 쓴 생동감 있는 글로써, 신문, 잡지, 수필집에서 발견할 수 있다. 이렇게 이해하기 쉬운 글은 감정이입이 어려운 사람들이나 학습장애아, 정신지체아, 정서적으로 심각한 문제가 있는 사람들의 흥미를 자극할 수 있다.

ㄴ. 사실적 정보

신체건강이나 정신건강 정보 등 참여자의 생활에 직접적인 영향을 미치는 기술이나 정보 또한 독서치료에 유용하다. 사실적인 정보를 제공하는 것은 참여자가 특별한 치료법을 알도록 하는 것일 뿐 아니라 병의 성격과 결과에 대해 느끼는 자신의 정서적 반응을 알고 그것을 처리할 수 있도록 도와주기 위함이다.

ㄷ. 시청각 자료

글로 된 자료는 언제라도 사용할 수 있지만 시청각 자료는 언제 어디서 사용할 것이냐의 문제가 따른다. 그리고 시청각 자료의 사용은 독서치료자의 개인적 취향에 달려 있다. 참여자들은 인쇄 자료와 시청각 자료를 다른 방식, 다른 정도로 흡수하고 반응한다는 사실을 경험상 알 수 있는데, 이에 대해서는 앞으로 더 많은 연구가 이루어져야 할 것이다.[24)]

유능한 독서치료자에게는 광고도 유용한 자료가 될 수 있다. 예를 들면, 알코올의존증으로 약물에 의존하는 환자 집단에게 대중적인 맥주 광고를 보고 술을 마셨을 때 자신들의 실제 태도나 경험을 그 광고들이 잘 나타내 고 있는

---

24) 한국어린이문학교육학회독서치료연구회. 『독서치료』(서울: 학지사, 2001 Pp145-147)

지 아니면 왜곡하고 있는지를 검토해 보게 할 수 있을 것이다.[25]

(분) 내용과 형태에 따른 종류

독서치료 과정에서 중요한 것은 독자와 자료와의 상호작용이므로 자료의 종류와 형태, 선정 원칙은 커다란 의미를 지닌다. 특별히 제목보다 더욱 중요한 사항은 각 자료의 핵심어 이다. 이것이 정해진다면 문제 상황을 그릴 수 있으며 대상을 선정하는 데 커다란 도움이 된다.

① 자료의 내용에 따른 종류

독서치료에 사용되는 자료는 일반적인 심리학 문헌과 기사, 전기류, 역사, 과학, 민속 등 인간 지식 전반에 해당되며 이들 자료의 형태가 인쇄 자료이거나 또는 필름, 녹음, 그림의 형태이거나 간에 이들은 내용에 따라 교훈적 자료와 상상적 자료로 나뉘어진다.

ㄱ. 교훈적 자료

가르치고 일러주어 사람들을 이해하도록 의도된 것으로 주로 어린이 양육, 결혼과 성, 스트레스를 다루는 법, 흡연, 음주, 체중조절, 자부심, 타인과의 협력 방법 등 '어떻게'에 치중된 것이며, 전통적인 교육과정에 쓰이는 교과서와 유사하며 따라서 교육적이다. 그러나 이런 자료에서 독자가 자신을 찾는 것이 없으면 도움을 찾고자 하는 마음마저 돌이킬 염려도 있다.

ㄴ. 상상적 자료

시, 소설, 희곡, 에세이, 전기류 등 문학작품으로 인간의 경험을 나눠주고 또한 바람직한 변화에 필수적인 것으로 여겨지는 감정적 반응을 불러일으킨다. 즉 훌륭한 전기에서 어느 개인의 일생을 재음미하거나, 소설양식으로 된 전기에서 경험을 다시 체험하거나 시에서 주요한 의미를 포착한다든지 또는 소설이나 짧은 이야기에서 의미 있는 상황을 참조함으로 인간의 경험을 재구성한다.

25) 김정근 외, 『체험적 독서치료』 (서울: 학지사, 2007)

② 자료의 형태에 따른 종류

Herman Axeirod와 Teti는 다음과 같이 자료의 형태로서 인쇄자료와 시청각 자료를 평가하였다.

인쇄 자료의 이점으로는 첫째, 시청각자료보다 상상력을 발휘할 수 있는 여지를 더 많이 남긴다는 사실이다. 둘째, 회상하여 분석할 여유가 있고, 보다 평화롭고 목가적인 분위기를 주게 된다.

시청각 자료의 이점은 첫째, 전체적인 인상을 남기는 것이 책보다 빠르다. 둘째, 시간이 절약되고 훨씬 더 적극적이다. 셋째, 책보다는 훨씬 더 사실적이다.

Clara Lack은 요즈음 공공기관에서 실시하는 독서치료프로그램에 영화자료를 많이 활용하는 것에 주목했다. 그는 그 이유를 도서자료의 경우 똑같은 책을 개개인 모두에게 공급하기엔 비용이 많이 들고, 참여는 자의(自意)로 이루어지기 때문에 계속적인 참여를 기대하기 어렵고, 특히 환자의 경우 주의력이 짧아 한계가 있다고 설명했다. Brigitte Kenney도 환자를 다루고 교육하는데 시청각 자료는 무척 유용하다고 밝힌 바 있다.[26]

국내에서는 소량의 독서자료 목록이 소개되고 있다. 이와 같은 문헌들을 참고하여 국내외의 문헌에서 제시한 독서치료 대상자의 상황이나 범주를 보면 아래와 같다. 참고로 제시한 상황을 주제명만 뽑아 나열하였다. 구체적이면서도 중복되는 것들이 있다. 분류의 단계나 어떤 규칙을 찾아보기 힘들다. 일차로 이 자료를 토대로 세분하거나, 통합하는 작업이 필요하다.

ㄱ. 생활의 대처, 죽음, 이질성, 이혼, 가난, 관계, 자아관

ㄴ. 가족관계, 책임, 이기심 성격과 개성, 자율성, 용기, 새로운 가정과 친구들에 대한 적응, 병과 신체장애의 인정, 입양아, 두려움, 타인의 용납, 자아의 용납, 신체적 특성, 죽음

ㄷ. 외모(체격, 장애, 성장 및 발달), 감정 및 성격(수줍음, 자아개념, 남을

26) 장귀녀. 「도서관 봉사로서의 독서요법 적용에 관한 연구」(석사학위 논문, 이화여자대학교 대학원, 1985)

돌보기, 행동, 책임, 거짓말, 두려움, 협동, 우정, 죽음), 가족관계(가정 내 문제, 별거와 이혼, 세대차, 사랑과 관심), 사회경제적 문제(인종 및 민족관계, 전쟁과 평화, 이사, 부적응, 마약과 알코올)

ㄹ. 역할모델, 복합가정, 별거와 이혼, 아동학대, 대리보육, 입양

ㅁ. 약물중독, 변화와 대응, 폭력적인 가정과 역기능 가정, 부모역할, 개인성장, 심각한 질병, 사회관계, 이혼과 복합가정

ㅂ. 이혼과 재혼, 역기능 가정, 부모역할, 자기개발, 약물의존장애

ㅅ. 자기수용, 인간관계, 대인관계, 대화법, 상담심리학, 내적 치유, 우울증, 성인아이, 알코올 중독, 정신분열증, 혼전상담, 배우자 선택, 행복한 가정생활, 이혼, 부모의 역할, 자녀교육, 심신장애를 둔 부모 및 기타

ㅇ. 자기애성 성격장애인, 알코올 중독자, 성폭력, 시설 아동들, 반사회성 성격장애자, 자폐아, 우울증, 스트레스[27]

독서치료용 목록에 나타난 위의 항목들과 비슷한 성격의 분류범주를 청소년 상담원이나 여성의 전화 등에서 찾아볼 수 있다. 이들 기관에서의 상담내용은 물론 독서치료와는 다르지만 결국 여성 혹은 청소년들의 문제가 무엇인지를 대변 하는 것이고 그것이 결국 독서치료로 연결되는 상황이 될 수 있다고 생각하기 때문에 서울 여성의 전화와 청소년 상담원에서의 2001년 상담통계에 나타난 주제별 항목 구분을 살펴보았다.

ㄱ. 가정폭력(신체적 폭력, 정서적 학대, 경제적 학대, 방임), 성폭력(강간, 성추행), 외도, 부부갈등, 시집갈등, 미혼여성, 법률상담, 주부 자신의 문제, 직장 내 폭언폭행

ㄴ. 성폭력, 가정폭력, 미혼모, 가출유흥, 윤락, 저소득 모자, 취업, 이혼

ㄷ. 가정, 학습, 진로, 취업, 교우, 이성, 성 비행, 약물남용, 성격, 정신건강,

27) 송영임. 「정신 보건을 위한 공공도서관 역할연구」(석사학위 논문, 부산대학교대학원, 2003) pp 79-88. 재인용.

여가 활동, 제도 개선

ㄹ. 가정, 친구, 이성, 대인관계, 학업, 진로 및 취업, 성격 및 정신건강, 성, 비행 및 약물문제

(분)일본 독서학회

일본독서학회가 만든「표준독서물목록」의 특징은 다음과 같다.

1) 어린이의 인격형성 과정에서 발달과제를 분석하여, 그 발달과제를 성취하는데 도움이 된다고 생각되는 독서자료를 선정했다.

2) 발달과제를 크게 3가지 즉, 개인적 적응, 사회적 적응, 문화적 적응으로 나누고, 각각의 발달과제를 자세하게 분석하여 아동의 일상생활을 지배하고 있는 특수한 여러 가지 조건을 연령의 단계별로 하나씩 해결해 갈 수 있도록 대상학년을 표기하고 일관성을 중시하여 편성한 적서목록이다.

3) 각각의 발달과제와 관계있는 독서자료는 총망라하여 나열하는 것을 원칙으로 했다. 그러므로 아동의 능력, 흥미, 기타의 조건 등에 따라서 적당하다고 판단되는 독서자료를 선택할 수 있도록 했다. 따라서 이 목록에 수록되어 있는 독서자료를 전부 읽도록 할 필요는 없다. 그리고 이 목록에는 자연과학이나 비소설류는 거의 포함시키지 않았다.

4) 중요한 독서자료에는 그 자료의 줄거리와 지도상의 유의점을 추가했다.

5) 이 목록은 정상적인 인격의 적응을 지도하는데 도움이 되는 것은 물론이고 인격적응에 이상이 있는 아동의 독서치료에도 도움이 될 수 있도록 편성했다. 결국, 태도나 성격에 문제가 있는 아동을 독서를 통해 교정하거나 치료하고자 할 경우 독서자료를 선택할 수 있도록 편성한 목록이다. 이 목록에서 독서가 발달과제 해결에 도움이 될 수 있다고 고려한 영역은 다음과 같다.

1. 개인적 적응

(1) 육체적 건강의 습관

(2) 정신적 건강의 태도

(3) 자주독립의 태도

(4) 자기통제의 태도

(5) 개성신장의 태도

2. 사회적 적응

(1) 애정의 태도

(2) 타인에 대한 태도(애정은 제외)

(3) 사회적 규율의 실천

(4) 민주적 태도

3. 문화적 적응

(1) 인생관, 세계관의 확립

(2) 과학적 태도

(3) 예술적 태도

(4) 종교적 태도

(5) 이상에의 접근[28]

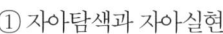

(단)읽기교육의 이론과 실제/정기철[29]

정기철 교수는 독서치료(읽기 심리 요법)를 위한 주제별 읽기 자료의 선정 원칙을 9개 부분으로 나누어 제시했다.

① 자아탐색과 자아실현

'나'에 대한 탐색과 성찰을 바탕으로 어렸을 때부터 자신의 삶을 자신의 것으로 깨닫고 자신의 삶을 사는 훈련을 쌓는데 도움이 될 수 있는 글은 다음과 같은 내용을 담고 있어야 한다.

② 가족과의 올바른 관계

28) 글나라(www.gulnara.net) 홈페이지 독서치료자료

29) 정기철. 역락.

가족과 가정은 영원히 삶의 안식처로 사회생활에서 입은 상처를 치료하는 공간이 되어야 한다. 가족 간의 관계를 회복하고 사랑과 평안을 느낄 수 있는 글은 다음 내용들을 담고 있어야 한다.

③ 친구와 우정 쌓기

아동·청소년 시기에는 친구와의 관계, 또래 집단 속에서의 원만한 역할 행동이 매우 중요하다. 뿐만 아니라 성인이 되어 다시 친구를 찾는 시기에도 아동·청소년 시기에 경험하고 구축했던 친구와 또래 집단과의 관계가 영향을 미친다. 친구, 또래 집단과 우정을 나누기 위해 읽어야 할 자료들은 다음과 같은 내용을 담고 있어야 한다.

④ 이웃과 사랑 나누기

이웃은 우리 삶의 일부분이다. 따라서 이웃과 원만한 관계를 유지하는 방법을 터득하고 사랑을 나누는 마음을 갖는 것도 우리 삶에서 중요한 요소이다. 이웃과 진정으로 사랑을 나누고 그 속에서 '나'의 삶을 풍부하게 하기 위해서 읽는 글은 다음과 같은 내용이어야 한다.

⑤ 성(性)에 대해 이해하기

아동·청소년에게 있어서 신체의 성장이 활발하다는 것은 성 기능이 눈에 띄게 발달하고 활발해진다는 것을 의미한다. 요즘 아이들이 과거의 아이들에 비해 이른 시기부터 성에 대한 관심과 고민을 겪고 있지만 성에 대해 올바르게 이해할 수 있는 기회는 그리 많지 않다. 성을 올바르게 이해하기 위해서는 다음 내용들을 담고 있어야 한다.

⑥ 사회 문제 비판적으로 끌어안기

사회는 개인과 개인들이 모여서 이루기 때문에 인간이 갖는 '사회성'은 곧 사회의 문제이자, 개인의 문제라고 할 수 있다. 자라는 청소년들에게는 사회에 대한 바르고 건전한 시각, 그리고 사회 문제를 비판적으로 이해하면서도 감싸 안는 태도를 길러 줄 필요가 있다. 그리고 사회 문제를 '나'의 문제로 받아들여 적극적이고 합리적으로 사회 문제를 해결하는 자세를 갖추게 할 필요가 있다.

⑦ 국가, 민족, 우리 문화를 지키는 마음

국가와 민족은 세계화 시대에 세계인으로 성장하기 위한 디딤돌이다. 진정한 세계화는 바로 '한국적'인 것이다. 국가와 민족이 없이는 세계화도 이룰 수 없다. 국가와 민족은 '나'를 지켜주는 최후의 보루이자 궁극적인 삶의 단위이고, 삶의 배경이다. 결국 개인이 우수해도 국가와 민족의 뒷받침이 없다면 불안한 삶을 살 수 밖에 없다. 우리 국가와 민족에 대해 자긍심을 가지고 국가와 민족. 우리의 문화유산을 지키고 가꾸어 나가는 의식을 높이기 위해서 읽기 자료는 다음과 같은 내용을 담고 있어야 한다.

⑧ 삶을 위한 지혜 쌓기

삶은 삶에서 겪게 될 어려움을 이겨냈을 때 아름답고 가치 있는 것이다. 그리고 자신의 삶에 대해 애착을 가진 사람은 다른 사람의 삶을 존중하고 서로 협력할 줄 알게 된다. 그러나 자신과 자신의 삶에 대해 애착이 없는 사람은 다른 사람의 삶을 가치 있는 것으로 인식하지 못한다. 결국 개인의 삶에 대한 인식과 삶을 살아가는 태도는 개인의 차원에서 그치는 것이 아니라 공동의 삶을 형성하고 가꾸어 나가는 사회 전체 차원에서 바라보고 가꾸어 나갈 필요가 있는 것이다. 진정한 삶을 이해하고 영위하기 위해, 자라는 아이들에게 삶에 대한 희망과 용기, 지혜를 주기 위해서는 다음과 같은 내용을 담고 있어야 한다.

⑨ 글 읽기를 좋아하게 하는 글

독서 치료를 수행하기 위해서는 먼저 글을 읽는 즐거움을 가져야 할 것이다. 대개 유아들을 위해 쓰여진 글들은 글 읽기의 재미와 언어 능력 발달에 초점을 두고 있다. 그러나 초등학교 3학년 정도가 되어서는 글 읽기를 좋아하는 아이와 싫어하는 아이가 점차 구별되기 시작한다. 아이가 글 읽기를 싫어한다면 아이가 좋아하는 분야에 관련된 글을 대상으로 글 읽기 지도를 시작하면 될 것이다. 예를 들어 컴퓨터 게임을 좋아하는 아이에게 컴퓨터 게임을 하지 못하게 하고 글 읽기를 강요하면 아이는 글 읽기를 더욱 싫어하게 될 것이다.

이러한 때에는 아이가 좋아하는 컴퓨터 게임에 대한 이야기, 컴퓨터 게임을 잘 하는 사람에 대한 글을 읽게 하다가 점차 컴퓨터가 인간에게 미치는 악영향에 관한 글들을 읽게 하면 효과적이다. 뿐만 아니라 아이가 좋아하는 컴퓨터 게임은 어떤 것인지. 그곳에 무엇이 등장하는지를 살폈다가 게임 내용에 관련이 깊은 내용의 글이나 대상에 대해 소개한 글을 읽게 하는 방법도 매우 효과적이다. 가령 우주전투 게임을 좋아하는 아이라면 우주 과학에 대한 글이나, 전투기·우주선에 대한 과학적인 글을 읽게 한다면 아이에게 글 읽기는 즐거운 일이 될 것이다.

(단)공부를 잘하는 아이로 만드는 독서기술/남미영[30)]

이 책의 좋은 점은 후반에 아이들의 눈높이에서 분류한 책읽기 싫어하는 아이들을 이해하고 다가가려는 접근이 눈에 띈다. 또한 학교생활에서 빚어지는 다양한 상황에 그에 따른 적절한 책이 잘 선정되어 있다. 특별히 책읽기를 싫어하는 아이들을 위한 접근과 분류가 필요하다면 좋은 참고가 된다.

Part 1. 책이라면 도망가는 아이들을 책 속에 빠뜨릴 수 있는 책

1. 5분 이상 책을 읽지 못하는 아이들을 위한 책
2. 인터넷에 빠진 아이들을 위한 책
3. 만화책만 읽으려는 아이들을 위한 책
4. 볼 만한 책이 없다고 투덜거리는 아이들을 위한 책
5. 책에서 얕은 재미만을 찾는 아이들을 위한 책

30) 남미영, 아울북.

6. 다른 일은 모두 제쳐놓고 오로지 책만 읽으려는 아이들을 위한 책
7. 독서능력이 낮아 그림책만 보려는 고학년 아이들을 위한 책
8. 글쓰기를 두려워하는 아이들을 위한 책
9. 책 볼 시간이 없을 때 읽는 책

Part 2. 학교생활이 즐거워지는 비법이 담긴 책

1. 학교 가기 싫을 때 읽는 책
2. 숙제하기 싫을 때 읽는 책
3. 성적이 나빠서 고민할 때 읽는 책
4. 선생님이 미워질 때 읽는 책
5. 친한 친구가 없어 외로울 때 읽는 책
6. 우등생이 되고 싶은 아이들을 위한 책
7. 수학이라면 머리가 아픈 아이들을 위한 책
8. 과학, 하면 어렵다고 도망가는 아이들을 위한 책
9. 외국어에 겁먹은 아이들을 위한 책
10. 생각하기를 귀찮아하는 아이들을 위한 책

(단)삶을 향상시키는 독서철학/ 하이부로 무사시[31]

이 책은 에세이풍의 글이다. 무엇보다 목차를 유심히 보면 삶을 위한 분류를 했다는 생각이 든다. 내용 이전에 목차를 잘 활용한다면 분류시 도움이 될 것이다.

[1] 자신을 높이는 책 읽기

1. 책을 읽는 사람이 인간적으로 성장하는 이유
2. 책을 읽지 않는 사람
3. 모든 일에 느낌과 감동이 있는 사람이 되고 싶다

---

31) 삶을 향상시키는 독서철학(本を読む人はなぜ人間的に成長するのか), 하이브로 무사시, 차미호 역, 정우사.

4. 인생은 말이다
5. 성장하는 사람에게 고난이 오는 것은 어째서인가
6. 책을 읽는 사람의 얼굴이 달라지는 이유
7. 회사 간부와 지도자는 책을 읽어야 한다
8. 젊을 때의 독서와 고통스러울 때의 독서
9. 무엇을 읽을 것인가
10. 인생이란 모든 것이 마음가짐에 달렸다
[2] 삶의 보람을 위한 책 읽기
1. 삶의 보람을 찾아서
2. 애국심과 삶의 보람과의 관계
3. 지금은 새로운 개성시대다
4. 삶의 의미
5. 병과 삶의 보람
6. 어머니에게 드리는 편지
7. 이 세상에는 역할 분담 - 겸허하게 책을 읽자
8. 일본 사람에 대하여
9. 인생의 목적을 갖자
10. 지적 독서 생활을 하자
[3] 정열의 책 읽기
1. 행동하는 사람은 반드시 책을 읽는다
2. 곧바로 행동하는 사람이 되자
3. 정보란 무엇인가
4. 회사를 그만 두는 일
5. 사랑하는 사람과 헤어지는 당신에게
6. 용서할 수 없는 사람도 있다
7. 고무로 나오기의 대단함
8. 나는 지지 않는다. 최후에 반드시 이긴다

9. 영웅이 나오는 사회

10. 자기가 가지고 있는 모든 힘을 다하는 데서

[4] 즐거움의 책 읽기

1. 삶의 기쁨을 느끼는 책 읽기

2. 자기를 이해해 주는 사람이 있음의 기쁨

3. 서둘지 않고 멀리 돌아가는 인생도 좋다

4. 사람은 결혼해서 가정을 갖지 않으면 행복해 질 수 없는 것인가

5. 회사에 가는 일

6. 나의 미나미 아오야마 이야기

7. 서비스의 원칙

8. 프로란 무엇인가

9. 기쁘고 즐거운 독서삼매

[5] 감사의 책 읽기

1. 정말 잘난 사람은 뽐내지 않는다

2. 질투하는 나를 인정하고 제어하는 훈련을 하자

3. 인색한 사람은 되고 싶지 않다

4. 다시 한번 새출발 하겠다는 당신에게

5. 친구에게 보내는 편지

6. 멋지고 훌륭한 사나이가 되라! - 아들에게 주는 편지

7. 멋지고 잘난 당신에게

8. 책을 읽자 좀 더 읽자 - 맺는말을 대신해서

(단)내 인생을 바꾼 한권의 책 / 잭 캔필드, 게이 헨드릭스

개인의 삶에서 절대 절명의 시기에 만난 한권의 책이 개인을 얼마나 어느 정도까지 변화시킬 수 있는지를 엿볼 수 있다. 이 책은 책읽기의 간접적 체험과 맛보기를 경험할 수 있다. 또한 목차를 통해 분류를 엿볼 수 있는 좋은 자료의 책이다.

여기서 소개한 책들도 좋지만 내 인생의 책을 만나고 싶다. 또한 영역을 넓혀서 내 인생을 바꾼 한편의 영화, 한편의 시, 한곡의 노래, 한 장의 사진, 그림… 어디 이것 만일까? 어디 하나 뿐 일까? 내 마음의 보석 상자를 찾아내고 만들어 보고 모아보자. 그 얼마나 감격스럽고 그 얼마나 나를 간절케 했는지…

책머리에 : 세계를 움직이는 명사들의 인생을 변화시킨 48권의 책

1장 삶의 나침반

· 인생의 어떤 장벽도 의지의 힘 앞에는 무력하다 - 재클린 미처드(베스트셀러 작가)

· 때로는 한 발 물러서는 것이 앞서가는 지름길이다 - 위랜드(해양 아티스트)

· 남은 것이 좌절뿐이더라도 내일의 행복을 꿈꿔라 - 루 홀츠(동기부여전문가)

· 나를 사랑하는 만큼 타인에게 사랑을 베풀어라 - 존 그레이(〈화성에서 온 남자 금성에서 온 여자〉의 저자)

· 상상을 실현하는 자가 세상을 바꾼다 - 낸시 펄(미국여성도서협회상 수상자)

· 삶은 선택의 연속이고, 옳은 선택은 기회로 이어 진다 - 게리 에릭슨(클리프바 창업자)

· 가난보다 경계해야 할 것은 오만한 우월감이다 - 로이스 캡스(미 하원의원)

· 항상 마지막 순간을 가슴에 새긴 채 시작하라 - 메이너드 웹(이베이 최고운영책임자)

· 눈에 보이지 않는다고 믿지 않는 사람은 어리석다 - 크리스티안 노스럽(여성의학 전문의)

2장 깨달음의 열쇠

· 사랑하지 못한다는 건 죽음보다 더한 고통이다 - 잭 캔필드(〈영혼을 위한 닭고기수프〉의 공저자)

· 머릿속 지혜를 남과 나눌 줄 아는 사람이 어른이다 - 레이프 에스퀴스(교사)

· 가끔은 극렬한 고통 속에서 행복의 길을 찾기도 한다 - 케니 로긴스(대중음악가)

· 힘든 이웃에게 줄 뭔가가 있다면 당신은 이미 부자다 - 론다 번(프라임타임의 책임 프로듀서)

· 가장 치명적인 것은 다시 일어서기를 포기하는 것이다 - 대니 에드워드스콧 카살레누오보(수감자 출신 교육상담위원회 위원)

· 집착을 버렸을 때 멋진 인생이 찾아온다 - 수 엘런 쿠퍼(레드햇 소사이어티 창립자)

· 삶을 대하는 태도가 인생의 성과를 결정한다 - 월리 에이머스(기업가)

· 가면을 벗고 내면의 가녀린 자신과 마주하라 - 케이트 루드먼(기업 컨설턴트)

3장 인생을 살아가는 지혜

· 내일을 걱정하기보다 지금 이 순간에 집중하라 - 셰릴 리치(TV 프로그램 제작자)

· 신념은 내면의 나를 발견하고 존중할 때 생긴다 - 아밀리아 안토네티(소프웍스 창업자)

· 억만금으로도 마음의 가난은 해결하지 못한다 - 파라 그레이(파라 그레이 재단 설립자)

· 한계를 두려워하지 말고 상상하고 노력하라 - 마크 빅터 한센(〈영혼을 위한 닭고기수프〉의 공저자)

· 뻔한 교훈이라고 비난하기 전에 행동으로 옮겨보라 - 팀 페리스(여행가)

· 행복을 가져다주는 특별한 지혜는 자신 안에 있다 - 도린 버추(상담심리학박사)

· 천천히 깊게 생각하면 해결하지 못할 문제는 없다 - 데비 매컴버(베스트셀러 작가)

· 누구의 도움도 없이 혼자 살 수 있는 사람은 없다 - 크레이그 뉴마크(크레이그스리스트 창립자)

4장 최고의 스승

· 꿈의 크기만큼 도전할 세상의 크기도 커진다 - 존 세인트 오거스틴(라디오 토크쇼 진행자)

· 열정적인 사람에게는 비난도 전진의 동력이 된다 - 팻 윌리엄스(NBA올랜도 매직 팀 부사장)

· 한계는 환경을 탓하는 마음 때문에 생긴다 - 스티븐 코비(〈성공하는 사람들의 7가지 습관〉의 저자)

· 마음으로 느끼지 못하는 행복은 불행과 같다 - 마이클 톰스(뉴디멘션스회장)

· 전적으로 공감할 때만 누군가의 유머에 웃을 수 있다 - 데이브 베리(퓰리처상 수상 작가)

· 새로운 일을 시작하기에 너무 늦은 나이란 없다 - 엘린앤 가이젤(에이프런 큐레이터)

· 목표는 인생에 새로운 의미를 부여한다 - 짐 맥칸(1-800-플라워스닷컴 CEO)

· 실행하지 않기 때문에 성공하지 못하는 것이다 - 게리 헤빈(커브스CEO)

5장 끝없는 도전과 용기

· 진정한 용기는 두려움과 싸워 이기는 것이다 - 피어스 오도넬(변호사)

· 도전하는 사람에겐 만족이란 단어가 없다 - 루디 루티거(동기부여 연설가)

· 실패를 극복한 사람은 위험도 자산으로 만든다 - 밥 영(루루닷컴 설립자)

· 때로 옳고 그름의 판단은 결과에 따라 달라진다 - 마크 베코프(동물행동학자)

· 반대의 파고를 넘기 위해서는 독종이 돼야 한다 - 다이앤 윌슨(환경운동가)

· 나이를 탓하며 주저앉기엔 남은 인생의 기회가 너무 많다 - 도리스 해덕(정치 행동주의자)

6장 변화의 연금술

· 격려와 칭찬은 삶을 바꾸는 힘이 있다 - 캐서린 옥센버그(배우)

· 죽음 후에도 기억될 만한 삶을 살아라 - 리사 니콜스(동기부여 연설가)

· 포기와 전진을 구분할 줄 아는 것도 능력이다 - 게이 헨드릭스(헨드릭스 협회 창립자)

· 당당하게 거절할 때 자신을 보호할 수 있다 - 첼리 캠벨(전문 연설가)

· 흘러가는 대로 둔다고 마음이 편해지는 것은 아니다 - 말라키 매코트(베스트셀러 작가)

· 기적을 일으키는 것은 신이 아니라 자신의 의지다 - 버니 시겔(의사)

· 용서로 편해지는 사람은 결국 자기 자신이다 - 막스 에델만(홀로코스트 생존자)

(단)CEO 책에서 길을 찾다 /진희경 비즈니스북스

'대한민국을 움직이는 우리 시대 최고의 CEO 13명'으로 이 책은 특별히 비즈니스인들에게 독서가 성공과 개인의 삶에 어떤 영향을 어떻게 가져왔는지를 이야기하고 있다.

1. Dream 책에서 감동과 꿈을 찾고픈 이들에게

읽고 생각하고 사람을 감동시켜라

- 박동훈 사장(폭스바겐코리아)

좋은 리더는 '설득'이 아니라 '감동'을 준다!

독서를 통해 더 넓은 세상을 깨닫다

독서, 취미가 아닌 '생활'로 즐겨라

박동훈 사장의 추천 도서

책 읽는 저녁의 아름다움

- 김성호 사장(KBSi)

세상에서 가장 정직한 것은 시간과 자연

가슴 속에 새겨진 조지훈 선생

오로지 한길, KBS에서만 36년

김성호 사장의 추천 도서

문장 하나보다 '가슴에 와 닿는 느낌'을 즐긴다
- 정상우 대표(예스24)
많은 책들이 현재의 '나'를 만들었다!
책보다 재미있는 것이 더 많아진 세상
매사에 너무 열심히 살지 말라
정상우 대표의 추천 도서
2. Creative 책에서 아이디어와 발상의 전환을 찾고픈 이들에게
읽을수록 깊고 넓어지는 또 다른 세상을 만나라
- 이승한 사장(삼성테스코 홈플러스)
독서의 세 가지 방법 : 다독, 통독, 정독
돌을 뚫을 수 있는 것이 '물'이다
은퇴 후 남은 인생은 삼분법으로
이승한 사장의 추천 도서
끝없는 '생각의 보물 창고'가 바로 나의 힘
- 배영호 사장(배상면주가)
힘든 일이 있을 땐 책을 읽는다!
발상의 전환을 가져오는 나만의 책읽기
'장인'이 아니라 '예술가'가 되고 싶다
배영호 사장의 추천 도서
세계는 한 권의 책이다
- 이장우 사장(이메이션코리아)
눈으로 보면 '창조'가 나온다
독서를 놀이처럼 즐겨라
나 자신이 업그레이드되는 독서습관
이장우 사장의 추천 도서
3. Challenge 책에서 끝없는 도전을 배우고픈 이들에게
인생의 마지막 날까지, 늘 '처음처럼'을 되뇌며

- 한기선 사장(두산주류BG)
인생의 복병처럼 찾아온 대장암
소주 이름을 시 제목에서 따왔다
남들을 따라 하면 묻혀 버린다
한기선 사장의 추천 도서
독서경영으로 변화의 선봉에 서다
- 강윤선 사장(준오헤어)
변두리 미장원에서 시작해 28년 만에 이룬 꿈
미용실에서 웬 독서경영
독서를 통해 직원들과 같은 꿈을 꾼다
강윤선 사장의 추천 도서
내 인생을 밝힌 가장 위대한 멘토, 책
- 김영모 사장(김영모과자점)
군대에서 읽은 책 한 권, 인생을 바꾸다
'사소한 것'이 가장 중요한 것
책이 내 인생에 중요한 이유
김영모 사장의 추천 도서
4. Innovation 책에서 혁신과 변화를 얻고픈 이들에게
책이 나에게 말을 걸어온다
- 권경현 사장(교보문고)
세상에서 가장 아름다운 장식은 바로 '책'
나의 '존재'를 변화시키는 가장 좋은 방법
목적이 이끄는 삶, 목적이 이끄는 독서
권경현 사장의 추천 도서
읽으면서 마음을 새롭게, 위기를 기회로
- 손욱 상담역(삼성SDI)
책 읽는 가족풍경이 가장 아름답다

역사를 통해 인생의 전략을 수립하라
마음을 새롭게 하는 것이 바로 혁신
손욱 상담역의 추천 도서
내 인생 최고의 투자는 바로 '독서'
- 강창희 소장(미래에셋투자교육연구소)
무소유, '자리'를 버리니 '사람'이 보인다!
책이라는 이름의 값진 자산
책에게 인생의 길을 묻다
강창희 소장의 추천 도서
'책'이라는 배를 타고 '변화의 파도'를 넘어서
- 김창중 회장(대보해운)
책에서 배운 것을 경영에 활용한다
나는 섹시한 여자보다 잘빠진 배가 더 좋다
매사에 '담담한 마음'을 가져라
김창중 회장의 추천 도서
에필로그_성공하고 싶다면 책과 벗하라!

(인)엄지북(홈페이지) / 남미영[32]

앞서 소개한 "공부를 잘하는 아이로 만드는 독서기술"의 저자가 운영하는 홈페이지다. 웹상에 분류된 것이며 아이들의 가장 가려운 부분을 잘 선정했다. 많은 책은 아니지만 웹상에서도 이런 식의 접근과 운용이 가능하며 또한 필요함을 동시에 보여준다.

집단 따돌림 당할 때
남의 물건을 탐낼 때
외모 때문에 고민할 때

32) http://www.umjibook.co.kr/

학교 가기 싫어할 때
성적이 떨어졌을 때
소심하고 용기가 없음
가난한 부모를 원망함
부모님이 이혼했을 때
친구와 싸웠을 때
새엄마를 미워할 때
화를 잘 낼 때

(인) 오픈 키즈[33]
주제별 자료 분류를 했다.

가을에 읽으면 더 좋은 책
가족을 생각하게 하는 책
강물을 따라가면
갯벌 탐사를 떠나자
겨울에 읽으면 더 좋은 책
고마운 핵? 무서운 핵!
고향, 기억의 집
공룡을 찾아서
과학자가 되고 싶어요
궁금한 건 못 참아
그림과 친해져요
꿈을 키우는 책
나는 왕따
나는 집을 나가고 말테야

33) http://www.openkid.co.kr/

나도 사랑을 느껴요
나도 이런 사람이 되고 싶어요
내 몸이 변했어요
더불어 살아요
동화에 담은 한국사
모험을 떠나는 책
미술관 가는 길
바다에 대한 보고서
박물관 가기 전에
벌레들의 일생
법이 뭐예요?
북한 친구들은 어떻게 살까?
비 오는 날 읽기 좋은 책
빨리 어른이 되고 싶어요
산으로 가요
살아 있던 날의 추억
새를 만나 보세요
생각하는 힘을 기르는 책
선생님, 선생님, 우리 선생님
설날 특선
성(性) 이야기
성장, 그 불안의 길
세상엔 할 일이 참 많아요(직업)
세상이 넓어지는 책
세상이 처음 생긴 이야기(신화)
소중한 생명들과 친구해요
수학은 아름답다!

슬픔은 힘이 된대요

신비로운 별들의 세계

심심할 때 펼쳐 보세요

아빠랑 같이 읽고 싶은 책

어, 지구가 움직여요

엄마, 저도 용돈 주세요(경제 활동)

여름에 읽으면 더 좋은 책

예술을 이해해요

옛날에는 이렇게 놀았다

외로울 땐 책과 친구해요

용기를 주는 책

우리 것이 좋아요

우리 땅은 유적 박물관

우리 전통 미술의 맛

우린 다르지 않아요

우린 한 형제, 다투며 커요

이런 취미 생활 어때요?

인터넷에서 만나요

읽고 나면 마음이 넓어지는 책

읽고 나면 마음이 따뜻해지는 책

자신감을 주는 책

자연의 소리를 닮은 우리 음악

재미있는 책, 어디 없어요?

재미있어서 즐거워지는 책

즐거운 학교, 신나는 교실

지구가 아파요(환경)

지혜로운 책

책벌레들을 위한 책다발
책은 뭘까?
청소년을 위한 책
친구 없인 못 살아
크리스마스 특선
평화로운 세상을 위해
환상의 나라로 떠나요.

국내에서 아동 도서자료를 주제별로 나눠 가장 세부적으로 분류했다고 여겨진다. 주제별과 상황별이 함께 섞여 있다. 많은 것, 다양한 것을 포함하다 보니 정작 필요한 것을 찾아 볼 때 전체적으로 살펴야 하는 번거로움이 있다. 분류의 중요한 원칙이 필요함을 다시금 말해 준다. 현미경을 사용할 때는 저배율에서 고배율로 점차적으로 옮겨 가야한다. 처음부터 너무 확대된 것을 보여주면 도대체 무엇을 확대해 놓은 것인지 분간하기가 어렵다. 밤하늘에 별을 관측할 때도 마찬가지다.

(4) 상황에 따른 치료적 접근

이 자료들은 보다 구체적으로 독서치료적인 문제와 상황을 다루는 자료를 묶으려했다. 가장 독서치료적인 목록이라 볼 수 있다. 하지만 여기에도 아쉬움이 있다. 분류와 선정한 자료가 치료적 도서라고 볼 수 없는 경우도 있기 때문이다. 상황에 따른 목록집을 중심으로 접근했다.

(목)성인을 위한 상황별 도서목록/한국도서관협회

한국도서관협회는 최근 『성인을 위한 상황별 독서목록』의 개정본을 발간했다. 1999년도에 처음 출간한 '청소년을 위한 상황별 도서목록'과는 많은 차이가 있다. 미디어 자료도 포함했으며 특별히 상황에 대한 설정이 분명하고 쉽게 접근해갈 수 있도록 개선했다.

<u>성격과 정서</u>

1 슬픔/상실감

2 화/분노/증오

3 우울증

4 대인공포증

5 강박증

6 성인아이

7 인터넷 중독

8 용서

9 사랑

10 자아 찾기

11 자기존중

12 마음의 평화

<u>건강과 질병, 죽음</u>

1 나이듦

2 삶과 죽음

3 장애

<u>가정/부부관계</u>

1 여자와 남자

2 가정위기

3 가정폭력

4 독신

<u>가정/가족관계</u>

1 아들과 딸

2 부모

3 가족 일반

<u>직장/사회</u>

1 슬럼프

2 스트레스

3 성공/자기계발

(단)초, 중학생을 위한 상황별 도서목록/랭기지 플러스

이 책의 특징은 독서교육 연수 과정에 참석한 초, 중등 독서담당과 교사와 예비교사, 사회교육원을 수료한 독서 지도사들, 독서지도과정에 참석한 학부모 등을 대상으로 한 조사를 해 그것을 기초로 청소년의 문제 유형을 정리했다. 독서치료를 위한 문제! 유형 주제를 알아보기 위하여 문제 유형에 응답한 101개의 항목을 유사한 것끼리 묶어 보았다. 제 나이에 할 일과 규범을 벗어난 행동을 하는 경우(19), 주변을 의식하지 않고 멋대로 행동함(12), 적응하지 못함(11), 자아 정체감 부족(9), 기존의 질서를 거부함(9), 정서적 불안(6), 쓸데없는 자존심(6), 집중력 부족 및 산만함(4),가정문제(4), 피해망상적 생각(3), 집단행동에서 일탈(2), 지능문제(2), 게임중독, 열등감, 이성문제, 이기적, 불량함 등으로 나타났다.

가장 빈번한 사례로 조사된 제 나이에 할 일과 규범을 벗어난 행동을 하는 경우에는 평범한 아이들과는 동떨어진 사고와 행동을 하는 경우, 자신의 문제를 해결 못하는 경우, 학교일과에 적응하지 못하는 경우, 자신의 행동이 기준에서 벗어나는 경우, 자신의 행동이 기준에서 벗어나는 것을 느끼지 못하는 경우 등이 정서적 불안 요인과 함께 많이 언급되고 있다. 또한 주변을 의식하지 못하고 멋대로 행동하는 것과도 일맥상통하고 있다. 설문조사에 의한 독서치료 주제로서는 잘 어울리지 못하는 부적응의 문제, 자아정체감의 문제, 정서적 불안, 주의 집중력 부족 및 산만함, 가정문제 등을 중심 주제로 삼고 초등 및 중등 학생들의 독서치료 문제를 접근하는 것이 좋을 것으로 생각하였다. 주의집중력 부족은 가장 보편적인 학생문제로 보고 있으며, 주의집중력 부족이 학습부진 문제, 문제해결능력 부족문제, 과다한 행동문제 등 또 다른 문제를 가져온다(Sridhar, 2).[34)]

또한 저자는 읽기능력의 향상과 교정을 위한 접근인 독서클리닉 개념을 중요하게 생각하며 분류와 자료선정에 임했다는 것을 발견할 수 있다. 특별히 독서 장애 유형을 보다 세밀하게 접근했다.

독서 장애에는 어떤 것들이 있는가에 대하여 조사한 결과 편향적 독서습관을 가지고 있다든지, 책읽기를 싫어한다든지, 단순한 책만 읽는다든지, 독서습관이 부족하다든지 등의 답변이 나왔다. 이러한 답변들은 독서지도의 필요성을 입증해준다. 또한 독서치료의 필요성을 보여주는 응답으로 이해력과 집중력이 부족하다든지, 읽기장애가 있다든지, 주의가 산만하다든지, 수준에 맞는 책을 모른다든지 하는 문제들은 독서수준 테스트를 통한 독서지도의 필요성을 입증하는 것들이다.

문제아의 유형을 적어 달라고 한 설문에 응답한 내용을 살펴보면 응답내용을 ①사회적(환경적) 요인, ②개인적(내면적) 요인, ③기타로 나누어 정리하였다. 좀 더 심층적인 분석이 필요한 내용도 있었지만 응답자들의 표현 내용을 필자가 주관적으로 구분한 것이다. 이러한 작업은 계속되어야 한다.

(목)『마음 아픈 이들을 위한 자가치유 도서목록』 1, 2, 3호[35)]

울산남부도서관은 제39회 도서관 주간을 맞이하여 〈마음 아픈 이들을 위한 자가치유 도서〉를 선정하게 되었으며, 목록을 인쇄·배부하고, 해당 책은 종합자료실에 별도 비치하여 이용할 수 있도록 했다.

목록에 소개된 책은 254종으로 도서관 소장 도서를 중심으로 작성하였으며, 마음의 상처를 이해하는 책과 마음의 상처를 치료하는 책으로 구분하였다.

---

34) 한복희 외, 『초중학생 독서지도를 위한 상황별 도서목록』 (서울: 랭기지플러스, 2006) p 19.
35) 울산남부도서관. 2003년 4월, 2003년 9월, 2004년 4월 발행.

이들 책을 읽으면 우리가 그동안 금기시했던 마음과 정신적 문제들을 스스로 진단할 수 있고, 그 문제를 해결하는 방법을 찾을 수 있어 이를 통해 행복한 가정을 꾸리고 원만한 사회생활을 하는데 도움을 얻을 수 있다고 소개한다.

1호
- 마음의 상처를 이해하는 책
- 마음의 상처를 치유하는 책

2호
- 아픈 마음을 이해하는 책
- 아픈 마음을 치유하는 책
- 어린이의 아픈 마음을 치유하는 책(가족문제, 친구문제, 자신감)

현재 6호까지 나왔으며 청소년들을 위한 목록도 함께 추가해서 자료를 확장해가고 있다. 도서관에서 이런식의 목록 작업을 시도해 이용자들의 편리를 도모했다는 점을 높이 사고 싶다. 초기에는 주로 계몽적인 목적에서 시작되었다면 점차적으로 구체적이고 세밀하게 들어가야 할 것이다. 다만 이해하는 것과 치유하는 것에 대한 이해를 어떤 식으로 해야 하는지에 대한 설명이 함께한다면 좋겠다. 이해하면 치유의 다리를 놓을 수 있기 때문이다.

(목)상황별 도서를 활용한 독서치료 길잡이 / 대전 교육정보원[36)]

1. 심리적 상태/욕구에 따른 상황
2. 자아성숙고민·고민해결과 관련된 상황
3. 지적인 관심·호기심과 관련된 상황

- 명절에 대해 궁금해 하는 학생
- 한자에 대하여 관심이 많은 학생
- 미술을 어려워하는 학생

36) 대전교육정보원. 2004년 12월 28일 발행.

- 갯벌에 관심이 많은 학생
- 국사에 관심이 많은 학생
- 성교육이필요한학생
- 수학을 어려워하는 학생
- 과학적 호기심이 많은 학생
- 세계사에 관심이 많은 학생
- 국어를 어려워하는 학생
- 경제교육이 필요한 학생
- 호기심이 많은 학생
- 식물에 관심이 많은 학생
- 음악에 관심이 많은 학생
- 일기쓰기에 어려움을 겪는 학생
- 글쓰기에 어려움을 겪는 학생
- 여성위인이 궁금한 학생
- 직업의 세계가 궁금한 학생
- 북한에 대해 궁금한 학생
- 독도에 대해 궁금한 학생
- 더 읽으면 좋은 책

4. 시간·공간적 외부환경에 따른 상황

본 자료는 다른 분류방법과 구별되는 점이 3가지 정도 있다. 첫째, 교과목에 대한 흥미를 불러일으키기 위한 과목별 분류 항목을 추가한 점이다. 둘째, 문제 상황을 이해하기 위한 짤막한 이야기가 있어 어떤 경우인지를 쉽게 이해할 수 있도록 했다. 또한 문제 행동의 일반적인 특징을 기술함으로써 아이들의 행동을 보다 쉽게 이해할 수 있도록 했다. 셋째, 문제 상황별로 선정된 책들에 대한 발문이 함께 있어 적용이 쉽게 되어 있다.

한 가지 아쉬운 것은 상황별 독서치료목록이지만 독서지도를 위한 자료집과 차별성이 없다는 점이다. 이것은 비단 이 자료집만의 문제는 아니지만 자료 선정을 위한 끊임없는 질문을 통해 보다 심도 있는 분류가 이뤄져야 할 것이다.

(단)책읽기를 통한 치유/이영애

성신성회라는 모임의 대표를 맡고 있는 이영애 씨의 이 책은 저자가 15년간 독서모임을 하면서 이를 통해 이루어진 상담과 치유의 이야기를 사실적으로 기록한 글이다. 무엇보다 실제 독서 소그룹의 결과물이며, 실제로 읽어본 자들, 맛본 자들이 선정한 자료들이기 때문에 현장감을 느낄 수 있다.

이 책의 가장 큰 특징은 부록에 있다. 부록이라고 부르기 어려울 만큼 방대한 분량의 자료들이 있다. 다만 한 가지 아쉬운 것은 비소설이 대부분이고 신앙서적 위주라는 점이다. 최근에 와서는 자료의 범위를 조금씩 넓혀가고 있다.

남편이 정신질환을 가진 경우
자녀가 정신질환을 가진 경우
남편이 일중독자인 경우
남편이 외도한 경우
성폭행을 당한 경우
이혼한 여성의 경우
남편에게 구타당하는 아내의 경우
자기 수용 · 인간관계
대인관계 · 대화법
상담 · 심리학
내적 치유
우울증
성인아이 · 알코올중독
정신분열증

그 밖의 정신병

혼전 상담·배우자 선택

행복한 가정생활

성 문제·이혼

부모의 역할·자녀 교육

심신장애아를 둔 부모

기타

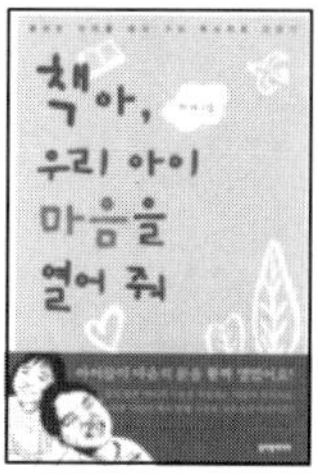

(단)책아 우리아이의 마음을 열어줘 / 하제[37)]

1. 자아를 찾아 가는 길

아이들이 자신을 올바르게 인식하는 과정을 살펴보면서, 자신에게 닥친 어려운 일을 스스로 해결할 수 있도록 용기를 주려고 했다. 무엇보다 자신을 사랑하는 어린이가 되어야 자신의 꿈을 키우고 실천하는 마음을 지닐 수 있다. 이 때 중요한 것은 아이, 가정, 그리고 학교가 서로신뢰의 삼각끈을 잃지 않고 유지하는 것이다.

2. 사랑으로 만든 울타리, 가족

아이와 가장 가깝고 친근한 가족 이야기이다. 여러 가족의 모습을 통해 다양한 가족 안에서 아이들이 스스로 자신을 찾기 위해 노력하는 모습을 살펴보고, 자기 이외의 가족에 대해 배려하는 마음을 키울 수 있도록 하였다. 또한 부모, 형제만 있는 가족이 아니라 더 넓은 범주의 가족도 존재한다는 것을 깨우칠 수 있도록 다양한 모습을 담고자 했다.

3. 왕따 없는 즐거운 학교

자신과 가족을 넘어서 아이들에게 중요한 공간은 학교다. 그 곳에서 만난 친구들과 행복하게지내기 위해서는 외톨이가 되거나 외톨이 친구를 만드는 행동은 하지 말아야 한다. 처음부터 외톨이가 되려고 노력하는 아이들은 없다.

37) 하제, 청어람미디어.

그 나름대로 마음속의 문제점을 해결하지 못하기에 외톨이가 되는 것이다. 또한 친구를 외톨이로 만드는 아이들도 마찬가지다. 그런 문제점들을 슬기롭게 풀어 가면서 아이들은 진정한 친구를 만날 수 있고,즐거운 학교생활에 적응해 나가며 건강하게 자랄 수 있을 것이다.

4. 더불어 사는 삶

자신을 사랑하고 내 주변의 가족과 친구를 사랑하는 마음을 키운 아이들은 더 넓은 세상의 사람들과 자연을 만나게 된다. 이때 나와 조금 다르다는 이유로 상대를 미워하는 게 그릇되었다는 것을 깨우쳐 주고, 자연은 사람과 공존하는 터전이기에 소중히 여겨야 한다는 것을 깨달을 수 있도록 이야기를 배치했다. 함께 어울려 살아가는 생명 공동체로서 모두가 행복해질 수 있는 세상에 대해 생각해 보고, 아이들이 세상에 대해 배려하는 마음을 키울 수 있도록 도와준다.

단행본 자료임에도 나름의 기준을 가지고 분류를 시도했다. '자아 〉 가족 〉 학교 〉이웃' 순으로 작은 개념에서 점층적으로 넓혀가는 방식의 분류를 했다. 또한 책을 먼저 읽고 아이들과의 상담이라는 교류과정을 거친 결과물이라 책과 대상에 대한 정보와 따뜻한 관심이 고스란히 잘 표현되었다.

(단)독서치료의 실제 / 김현희 외

한국독서치료학회(김현희 외)에서 발간한 단행본이다. 초기 학회에 함께 참여한 회원들이 공동으로 만들어낸 자료이기도 하다. 일단 이런 자료가 나왔다는 점에서 기념할 만하다. 또한 개인문제에서 시작해서 크게 사회문제까지 확장해 가는 접근이 그림을 그리기에 좋다. 한 가지 아쉬운 것은 발문에서 통일을 이루기위해서 하다 보니 각각의 주제나 참여하는 선생님들의 특징이 살아나지 못한 점이다. 상황별 도서를 유아, 초등학교 저학년, 초등학교 고학년으로 나누어, 도서별로 저자소개, 책 내용(줄거리), 관련 질문 및 활동을 구체적으로 예시하고 부록에 추가 독서치료 자료를 수록하였다.

1. 나

- 자아 존중감

- 다른 사람과 관계 맺기

- 성취감

2. 가족

- 일반 가족-어머니/아버지/형제/조부모

- 특수 및 위기가족-맞벌이 가족/입양 가족/이혼(홀부모) 가족/재혼 가족/학대 가족/알코올 중독 가족

3. 친구삼기

- 새로운 환경에서 친구사귀기

- 아름다운 우정 쌓기

- 친구가 없는 아이

4. 나와 다른 사람들에 대한 이해

- 신체적인 특징 - 외모/신체장애

- 정서적 특징 - 불안과 두려움/정서장애

- 문화적 특징

5. 질병과 죽음 그리고 생명

- 생명의식 - 생명존중/환경보존

- 질병

- 죽음

6. 사회문제의 이해

- 정치

- 경제

- 성 편견

- 직업의식

(프)강좌: "자아성장을 위한 체험형 독서대학" / 황금숙

강의대상 : 자기이해와 자아성장에 관심이 있는 서울/경기권 지역주민

교육시기 : 2006. 9. 20 ~ 12. 6. 주 1회 10주(매주 수요일 10:00 ~ 13:00)

교육장소 : 과천 정보과학도서관 세미나실

교육자 : 황금숙(대림대학 문헌정보학과 교수)

강좌목적 : 독서치료(bibliotherapy)는 '책읽기를 통한 마음의 치유'라 할 수 있다. 개개 참여자들이 '성숙을 위한 책읽기'을 통해 인간을 귀납적으로 이해하고, 아픈 마음을 어루만지고, 상처를 치유하고, 장애를 극복하는데 도움을 주고자 한다. 즉, 현재의 마음의 고통이나 상처의 근원을 인식할 수 있는 상황에 맞는 책읽기를 통해 그 상처가 완화되거나 치유되는 경험을 유도하며 또한 살아가면서 부딪칠 수 있는 문제 상황에 맞는 책읽기를 통하여 내면적 성숙을 도모하고자 한다.

강좌방향 : 강의 진행방식은 상황에 설정에 지정도서를 읽고(치유적 책읽기), 때론 일기, 편지, 수필식으로 글쓰기(치유적 글쓰기)를 하며, 이를 토대로 자유스럽게 대화함으로써(치유적 말하기) 참여자들이 상호교감을 통하여 독서치료를 체험할 수 있도록 한다.

회차	날짜	강 좌 내 용
1	9.20	오리엔테이션
2	9.27	우리의 정신보건 현황과 독서치료
3	10.11	마음의 상처는 어디에서 오는가?
4	10.18	독서치료 실제 1 - 과거의 나(과거 내 자아)
5	10.25	독서치료 실제 2 - 자아실현
6	11.1	독서치료 실제 3 - 자녀관계에서의 마음 상함
7	11.8	독서치료 실제 4 - 부부관계에서 오는 마음 상함
8	11.15	독서치료 실제 5 - 친지관계에서의 마음 상함
9	11.22	독서치료 실제 6 - 일상에서 오는 마음 상함
10	11.29	종강 : 아직도 가야 할 길, 독서치료용 자료 소개

〈1회〉

주제 : 오리엔테이션

목표 : 참여자간의 친밀한 인간관계 형성 및 교육 동기부여

활동 : - 인사하기, 독서치료란?, 프로그램 소개

- 수강생 대상 설문(정신문제유형, 수강동기 등)

〈2회〉

주제 : 우리의 정신보건 현황과 독서치료에 대한 이해

목표 : 독서치료에 대한 개괄적인 지식 습득을 통해 독서치료의 중요성에 대해 인식시키기

활동 : 우리 주변의 정신보건 현황 돌아보기, 독서치료에 대해 이해하기

〈3회〉

주제 : 마음의 상처는 어디서 오는가?

목표 : - 마음의 상처와 장애의 원인이 가정에 있음을 인식시키기

- 마음의 병 이해하기

활동 : - 책 내용에 대한 느낌 나누기

- 참가자들이(주부) 겪는 일상적 심리적 고통에 대해 이해하고 이야기하기 (가장 상처를 많이 받은 이와 준 사람에 대한 글쓰기)

지정도서 : -이훈구. 미안하다고 말하기가 그렇게 어려웠나요. 이야기, 2001.

-김정일. 이런 부모가 자식을 정신병자로 만든다. 박영률, 2002.

〈4회〉

주제 : 과거의 나 - 역기능 가정

목표 : 자신의 심리적 및 정서적 문제의 근원에 대해 통찰하기

활동 : -책 내용에 대한 느낌 나누기

-참가자들의 과거의 모습에 대해 이해하고 그 과거 내 재아가 현재의 삶에

어떤 영향을 주고 있는지에 대해 이야기하기(자기 자신에게 편지쓰기)

-주변의 역기능 가정에 대해 이야기 하기

지정도서 : -최현주. 위장된 분노의 치유. 규장, 1995.

-W. 휴 미실다인. 원만한 정서생활을 가로막는 몸에 밴 어린시절.

〈5회〉

주제 : 자아실현

목표 : 주부직으로서 오는 마음상함 치유하기

활동 : -책 내용에 대한 느낌 나누기

-주부직으로서 오는 마음 상함에 대해 이야기 하기

-자아존중감 및 자아실현 방법에 대해 이야기 하기

지정도서 : -진 시노다 볼린. 우리들 속에 있는 여신들. 조주현·조명덕 역. 또 하나의 문화, 1992.

-마샤 그래드. 동화 밖으로 나온 공주. 김연수 옮김. 뜨인돌, 2002.

- 기타 서사자료 : 엄마의 일생(첨부 1)

〈6회〉

주제 : 자녀관계에서의 마음상함

목표 : 자녀에 대한 집착의 심리적 및 정서적 문제에 대해 치유하기

활동 : -자녀 집착의 심리적 및 정서적 문제에 대해 통찰하기

-선정도서를 통해 치유하기

-자녀에게 편지 쓰기 및 자녀의 심리상태 체크해 보기(물고기, 가족화, 가족에 대한 상징적 표현을 통해)

지정도서 : -이호철. 학대받는 아이들. 보리, 2001.

-이희경. 마음속의 그림책. 미래M&B, 2000.

-기타 서사자료 : 내가 만일 다시..외 4편(첨부 2)

〈7회〉

주제 : 부부관계에서의 마음상함

목표 : -남·녀간의 근원적 성격차이와 성문제에 대하여 이야기하기.

-이혼을 고려할 때 오는 마음 상함 치유하기.

활동 : -책 내용에 대한 느낌 나누기

-남 녀 간의 근원적 차이로 인한 심리적 및 정서적 문제에 대해 이야기하기

-심각하게 이혼을 고려한 이유와 그 상황을 극복한 방법에 대하여 이야기

지정도서 : -존 그레이. 화성에서 온 남자 금성에서 온 여자. 김경숙 역. 친구미디어, 1999.

-알리스 슈바르처. 아주 작은 차이. 김재희 역. 이프, 2001.

-이영애. 책읽기를 통한 치유. 홍성사, 2000.

-기타 서사자료 : 저 오늘 꽃 받았어요(첨부 3)

〈8회〉

주제 : 친지관계에서의 마음상함

목표 : 친지간의 관계로 인한 심리적 및 정서적 문제에 대해 치유하기

활동 : -책 내용에 대한 느낌 나누기

-친지(시집, 친정, 동서)간의 관계로 인한 심리적 및 정서적 문제에 대해 통찰하기

지정도서 : -전인권. 남자의 탄생. 푸른숲, 2003.

-KBS 2 TV 사랑과 전쟁(시어머니, 친정식구, 시누 · 시동생, 동서.)

〈9회〉

주제 : 일상에서 오는 마음상함

목표 : 일상에서 오는 문제(경제적, 친구, 이웃...)에 대해 치유하기

활동 : -책 내용에 대한 느낌 나누기

-경제적, 친구, 이웃 등 일상에서 오는 문제에 대해 통찰하기

지정도서 : -리차드 칼슨. 우리는 사소한 것에 목숨을 건다. 정영문 역. 창작시대, 1998.

-베르벨 바르데츠키. 따귀 맞은 영혼. 장현숙 역. 궁리, 2002.

〈10회〉

주제 : 아직도 가야 할 길

목표 : -삶이 고통임을 인식하기

-독서치료에 도움을 줄 수 있는 책 소개 및 평가

활동 : -책 내용에 대한 느낌 나누기

-참여자의 삶의 고통들에 대해 다시 한번 통찰하기

-참여자들의 강좌 이수 전과 후의 삶의 변화된 모습 적기,

또한 본 강좌에 대한 느낌(건의사항 포함) 적기

지정도서 : -스캇 펙. 아직도 가야할 길. 신승철·이종만 역. 열음사, 2002.

-류시화 엮음. 사랑하라 한번도 상처받지 않은 것처럼. 오래된미래, 2005.

(첨부 4)

(프)강좌: "독서로 치유하는 내 안의 그림자" / 김영아

강좌: 독서로 치유하는 내 안의 그림자

강사명 : 김영아

교육기관: 한겨레 문화센터

교육기간 : 2007/10/11 ~ 2007/11/29

수강시간 : 목요일 19시:00분 ~ 21시:30분 (총8회)

수강정원 : 20명

8권의 책을 통해 마음속의 그림자를 치유한다.

건강한 자아를 되찾고 타자와의 관계를 회복해가는 독서치유 과정.

세상이 삭막하다고 합니다. 인간 소외현상, 노령화 문제, 저 출산 문제, 도

덕성 결여 등에 대한 주제가 자주 논술 문제에 오르내리는 것은 그만큼 현재 우리가 살아가는 세상이 밝고 건강하지 못하다는 반증입니다.

'내'가 존재하나 관계 속에서 배재된 허울만이 있을 뿐입니다.

진정한 나와의 만남이 왜 불가능한 걸까요?

그것은 내 안에 내가 어쩌지 못하는 '괴물' 하나가 자리하고 있기 때문입니다. 때로는 포악하게 나를 물어뜯고, 때로는 거침없이 관계 맺고 있는 소중한 상대를 할퀴고, 끊임없이 나를 벼랑으로 몰아넣어 정신을 차리지 못하게 하는 그림자!

그러나 이제는 가녀린 숨을 몰아쉬고 가다듬어 그림자를 어루만지고 달래어 내안에서 길들여야 합니다. 힘들었다고 위로해 주고, 몰랐었다고 사과도 하고, 웅크리고 있지 말고 펼쳐보라고 격려도 해주며 그렇게 만나서 쓰다듬어주어야 합니다. 그 힘겨운 조련의 길을 풍부한 책을 통해 헤쳐 가려합니다.

그래서 이 강좌는 누구에게나 열려있습니다. 이 강좌를 통해 여러분이 힘들어 하는 문제가 여러분만의 문제가 아니고 우리 모두의 문제임을 알고 함께 할 때 결코 여러분은 혼자가 아님을 느끼실 겁니다.

여러분의 건강한 자아를 되찾은 날!

어느새 여러분은 또 누군가를 향해 손을 내밀고 있을 겁니다. 건강한 자만이 남을 도울 수 있습니다. 건강한 자만이 남을 품을 수 있습니다. 그래서 맺어가는 관계가 건강하게 회복되어야 합니다.

책과 더불어 치유된 나를 찾는 그 날을 향해 한걸음을 내 디뎌 봅시다.

· 매주 지정된 독서를 통해 수강생들 간 자유로운 토론과 이야기가 진행

· 수강 추천 대상

- 독서를 통해 스스로를 치유하고 싶은 사람
- 독서를 통해 아이들과 치유하고 싶은 사람
- 독서 치유를 배우고자 하는 사람

· 매주 진행될 주제와 독서 목록

1주. 나는 왜 아름다운가? - 나이듦의 즐거움 (김경섭)

2주. 무의식의 횡포에서 놓여나자 - 유진 과 유진 (이금이)

3주. 열등감은 극복하라고 있는거야 - 외딴방 (신경숙)

4주. 유년에 갇힌 나를 자유롭게… - 괭이 부리말 아이들 (김중미)

5주. 타인과의 소통 : 사랑, 배려, 용서 - 박사가 사랑한 수식 (오가와 요코)

6주. 가족사로부터 홀가분하게 - 그 많던 싱아는 누가 다 먹었을까 (박완서)

7주. 우울모드를 전환하자 - 내 나이 서른 하나 (야마모토 후미오)

8주. 희망은 네 선택을 기다린다 - 누가 내 치즈를 옮겼을까 (스펜서 존스)

(프)강좌: "비블리오테라피,자기/타자에게 말 걸기 / 이병훈

2007/09/05 11:24 강사명 이병훈

기관 : http://www.kpaf.org/ 문예아카데미과정.

기간 : 2007.10.09 ~ 2007.11.27 대상 누구나

시간 : 화 19:00

정원 30명

비블리오테라피는 문학작품의 독서를 통해 인간의 상처받은 마음을 치유하는 심리치료법을 말한다. 우리는 문학작품을 읽으면서 자신의 마음속을 드려다 볼뿐만 아니라 여러 가지 사회적 현상에 대해 심리적, 정서적 관계를 형성하고, 타인에게 관여하는 방법을 배운다. 이 과정에서 문학작품을 읽는 사람은 〈동일시〉, 〈자기인지〉, 〈비교하기〉, 〈타인에게 말 걸기〉 등과 같은 심리적 체험을 경험한다. 비블리오테라피는 이런 고차원적인 정신적 체험을 통해 평상심을 회복하는 심리치료의 하나라고 할 수 있다. 문예아카데미에서는 이번 가을 학기에 최근 관심이 고조되고 있는 비블리오테라피에 대한 심도 있는 특강을 마련하였다. 이 강의는 문학치료에 관심을 갖고 있는 전문가들뿐만 아니라 문학작품을 새롭게 읽고자 하는 일반인에게 흥미로운 지적체험을 제공할 것이다.

1 마음치유법으로서의 문학치료(10/9)

〈자기 들여다보기〉와 〈자기 밖으로 나가기〉

2 이야기와 〈동일시〉(10/16)

솔제니친, 〈암병동〉

3 주제와 〈자기인지〉(10/23)

알리세르 파우즈, 〈약〉

4 플롯과 〈비교하기〉(10/30)

톨스토이, 〈세 죽음〉

5 가치평가와 〈타인에게 말 걸기〉(11/6)

헤밍웨이, 〈인디언 부락〉

6 상징과 은유, 시를 통한 마음의 치유(11/13)

신경림, 〈강 저편〉 외

7 연극적 체험과 카타르시스(11/20)

8 총평(11/27)

(프)강좌: "책과 함께하는 자기를 찾는 여행" / 박연식

패치아담스 독서치료과정

주제: 책읽기를 통한 자기를 찾아가는 여행

대상: 일반인 주부

기간: 10월 11일~ 12월 20 까지

시간: 매주 목요일 오전 9:30~12:30

장소: 의정부어린이 도서관

강사: 박연식 http://blog.naver.com/nicebook

· 참여자들이 꼭 약속해야할 사항들

프로그램 참여시 서명을 받는다.

1. 결석이나 지각을 하지 않는다

2. 주어진 자료나 책을 읽어온다.

3.빌려 읽기가 아닌 구매된 자기책으로 읽는다.

4.과제물(밑줄쳐오기 및 기록하기)을 빠짐없이 수행한다.

5.타인의 이야기를 경청하며 자신의 이야기를 나눈다.

6.조를 편성한 뒤 조별로 활동(나눔과 토론)을 한다

1. 오리엔테이션과 독서치료(이해와 맛보기)

주제: 알고 싶어요

목표: 인도자와 참여자 알아가기

참여자와 참여자들 간의 알아가기

간단한 자료를 통해 독서치료 맛보기.

자료: 그림과 시(무지개)를 통한 자연스러운 나눔.

준비물: 이름표 인터넷과 빔프로젝트 그리고 화이트보드

2. 읽기의 회복과 이해

주제:what vs how

목표: 책 읽는 즐거움과 기쁨 다시금 회복하기.

자료: 문학의 숲을 거닐다/샘터

준비물: 자신의 책에 밑줄쳐오기

3. 누가(상담자의 자질과 역할)

주제: 상담의 알파와 오메가

목표: 무엇을 어떻게 준비하며 어떤 역할을 요구하는지를 엿보며 점검해보기

자료: 한편의 시(목공)와 함께.

· 비밀의 화원/ 시공주니어.

준비물: 자신의 책에 밑줄 쳐오기

4. 누구에게(대상자 이해/진단과 평가)

주제: 아는 만큼 보이며 보이는 만큼 이해하며 이해하는 만큼 사랑할 수 있다.

목표: 내담자에 대한 이해(읽기능력, 성향...)로부터 출발하는 독서치료.

자료: 진단을 위한 접근으로 다양한 책들과 텍스트를 활용한다.

준비물: 도서관과 협조해서 자료를 활용하도록 한다.

5. 뭘가지고(자료의 역할과 기능)

주제: 독서치료의 꽃

목표: 다양한 자료를 접하며 맛보기.

어떤 자료가 바람직한 자료인가 체험해보고 찾아보기

웹에서 찾아보기, 책에서 찾아보기

자료: 준비한 다양한 자료(그림, 사진, 동영상, 노래 등.......)

· 그대 스스로 고용하라/김영사

준비물: 빔프로젝트

6. 미디어(영화)읽기

주제: 영화읽기 vs 책읽기

목표: 영화읽기를 통한 회복과 읽기 영역의 확대, 치료적으로 영화 보기.

자료: 패치아담스 비디오테잎

준비물: VTR. 빔과의 연결.

7. 언제(문제 상황의 이해)

주제: 때에 맞는, 상황에 맞는

목표: 때와 상황을 이해하며 보는 안목을 키운다.

타이밍에 대한 이해.

자료: 텍스트 자료 활용

· 모리와 함께한 화요일/세종서적

준비물: 자신의 책에 밑줄 쳐오기

8. 어떻게(독서치료과정과 발문과 질문)

주제: 구슬이 서 말이라도 꿰야 보배.

목표: 진행과정을 이해하고 그려보기

총체적인 준비와 상황을 맛보기

자료: 문제 상황의 텍스트를 활용한다.

준비물: 집에서 구독하는 신문 한부씩 가져오기

9. 미디어(영화) 읽기

주제: 엿보기와 체험하기

목표: 내담자로써 바라보기

상담자로써 바라보기

무엇이 맘을 오픈하게 만드는지 체험하기

진정한 치료자가 갖춰야할 것이 무엇인지 체험하기

자료: 굿 윌 헌팅

준비물: 준비된 마음

10. 삶을 위한 책읽기

주제: 나를 찾기 위한 여정으로서의 읽기

목표: 나를 돌아보기

내가 가지고 있는 재료 알아보기

나의 소명 찾아보기, 그리고 준비하며 맞이하기

자료: · 삶이 내게 말을 걸어올 때/한문화

준비물: 자신의 책에 밑줄 쳐오기

(분)모어, 닉슨, 빅커스

모어, 닉슨, 빅커스는 초등학교 교사들로서 어린이들을 위한 독서치료 자료 목록에 생활의 대처, 죽음, 이질성, 이혼, 가난, 관계, 자아관, 이야기하기와 낭독이라는 여덟 가지의 주제를 포함하였다. 분류라기보다는 초창기에는 도서 목록을 만들기 위한 간단한 나눔 정도로 생각해야 할 것이다. 독서치료를 오래

전부터 시행해온 서구에서는 실제 어린이 독서치료 과정에서 쓰일 수 있는 독서치료 목록이 많이 나와 있다.

(분)파르덱 부부

파르덱 부부는 『Young People With Problem Greenwood Press』[38]라는 저서에서 알코올과 약물 중독, 부모의 이혼과 별거, 감정 및 행동의 문제, 이사, 신체장애, 임신과 낙태, 질병과 죽음, 성 인식, 형제관계 및 계부모라는 열한가지의 주제로 분류하였다. 특히 감정 및 행동의 문제라는 장에서는 문제 부모와 문제 아동이라는 두 가지 측면으로 나누어 부모와 자녀 사이의 많은 문제들을 구체적으로 다루고 있다.

(분)Bibliotherapy: A Clinical Approach for Helping Children

이들은 『Bibliotherapy: A Clinical Approach for Helping Children』[39]에서 변화하는 역할 모델, 복합가정, 이혼과 별거, 아동학대, 대리보육, 입양 및 아동기의 두려움 등을 주제로 다루고 있다. 스티븐스는 초, 중, 고등학생을 대상으로 한 목록에 가족관계 ,책임, 이기심, 성격과 개성, 자율성, 용기, 새로운 가정과 친구들 적응, 병과 신체장애의 인정, 입양아, 두려움, 타인의 용납, 자아의 용납, 신체적 특성 및 죽음이라는 14가지의 주제를 포함시켰다.

(분)Classroom Teacher's Manual For Bibliotherapy

『Classroom Teacher's Manual For Bibliotherapy』[40]에서는 외모(체격, 장애, 성장 및 발달), 감정 및 성격(수줍음, 자아개념, 남을 돌보기, 행동, 거짓말, 두려움, 협동, 우정, 죽음), 가족관계(가정 내 문제, 별거와 이혼, 세대차, 사랑과 관심) 및 사회, 경제적 문제(인종 및 민족 관계, 전쟁과 평화, 이사, 부적응, 마약과 알코올) 등의 주제를 포함하고 있다.

---

38) Greenwood Press, 1984.
39) Gordon and Breach Science Publishers, 1993.
40) Benet Learning Center, 1978.

(분)얀 필팟

얀 필팟의 『Bibliotherapy For Classroom Use』[41]에서는 학대, 적응, 어른과의 관계, 죽음, 이혼, 약물과 알코올 남용, 도덕 · 문화의 차이, 가정생활, 두려움, 입양아, 성장, 고아, 질병, 발달장애, 정신장애, 압박, 신체장애, 선입견, 종교 차이, 가출, 학교생활, 고정관념, 복합가정, 윤리도덕의 주체를 포함하고 있다.[42]

이상에서 제시된 주제들은 매우 주관적이며, 선정되는 도서들도 연구자들의 자의에 의한 것이므로 다소 주관적이라고 할 수 있다. 따라서 문화, 사회, 학교의 환경과 제도 등에서 차이가 있는 한국에서는 이와 같은 주제들이나 각 주제에 포함된 도서들을 그대로 빌려오기는 어렵다. 그러나 한국에서도 이혼, 청소년 흡연, 음주, 약물, 사용, 학원폭력, 성 관념의 개방 등이 불과 몇 년 사이에 큰 사회문제로 등장하고 있고, 각종 사회비리와 악성 범죄의 증가(예를 들어 유괴, 아동의 성적학대 등), 대형사고(예를 들어 삼풍백화점 붕괴, KAL기 추락 등)의 빈발 등으로 어린이들이 성장과정에서 죽음, 재해 등을 직접 혹은 간접적으로 겪게 되는 경우도 많아졌다. 따라서 독서치료에 있어 문제 해결 및 예방차원에서 그러한 주제들을 반영하지 않을 수 없다.[43]

2. 자료의 현황분석

국내 도서 분류는 이제 시작하는 단계이기 때문에 조심스러울 수밖에

---

41) Incentive Publications, 1997.
42) 김민주. 「어린이의 상한 마음을 돌보기 위한 독서치료 서비스 방안 연구」(석사학위 논문, 부산대학교대학원, 2003) pp 71-72.
43) 윤정옥. 『독서요법의 이론과 적용』(도서관) 제346호 (1998)

없다. 그러기에 의료적인 치료 목적의 분류보다는 방치하면 문제가 될 수 있는 증상에 초점을 맞춘 분류에 치중하고 있는 상황이다. 향후 우리나라에서도 서양(미국, 영국)처럼 독서치료의 영역이 심리치료의 한 형태로 뿌리를 내리게 되면 달라질 것이다. 증상이 아닌 병이나 질환별로 드러나게 될 것이다. 또한 과거의 주제별 도서목록에서 상황별 도서목록 형태로 보다 세밀한 접근을 시도하고 있는 것을 볼 수 있다.

이러한 분류를 위해서는 무엇보다 독서치료로써 가능한 치료의 영역과 어느 정도까지 가능한지에 대한 진지한 논의가 있어야 한다. 그렇게 하면서 다룰 수 있거나 가능한 영역을 두고 분류함으로 자료 선정에 있어 보다 구체적이고 실제적으로 접근할 수 있다.

국외의 경우 이미 독서치료에 대한 기본 이해와 토대가 마련되어 있어 아마존의 독서목록 중에서 살펴본 것처럼 정신질환 영역과 자기조력서 분류코너가 있다. 특히 도서를 판매하는 이들 조차 주문서 양식에 분류된 목록에 체크를 해서 도서를 주문하도록 하고 있다. 이런 것들을 보면 독서치료가 그들의 생활 속에 깊숙이 자리를 잡았다는 것을 짐작할 수 있다.

미국의 공공도서관에서는 참고봉사적인 접근으로 1차 서비스를 하고 있으며 2차적으로 도서관에 독서치료를 위한 프로젝트가 있다. 또한 독서 소그룹모임을 위한 많은 노력을 하고 있는 것을 볼 수 있다. 이미 다양한 형태로 독서치료적인 서비스가 이루어지고 있는 것이다. 우리나라처럼 '상황별 도서목록' 같은 식의 분류는 없다. 있다 하더라도 국내처럼 자세하게 나뉘어져 있지 않다. 이런 식의 분류는 사서들이 매일 접하는 서비스와 참고봉사영역에 이미 포함되어 있기 때문이다.

서양에서는 구체적인 상황과 문제원인, 질환에 따른 자료 분류를 많이 하고 있다. 이것은 주류사회에서 독서치료가 심리치료의 한 장르로 인정을 받고 있다는 것을 말해준다. 그렇기에 분류한 것을 자세히 보면 의료용어나 질병에 대한 전문용어들이 많다. 국내에서는 예방적 접근을 시도하는 시기이기에 의료적인 접근을 하기에는 아직은 시기상조라는 생각이 든다. 특이하게도 영어권의 대부분 자료는 빨리 찾기 위함인지 알파벳순으로 정리를 하고 있다. 앞으로 국내에서 도서목록이 만들어 진다면 참고를 해야 할 것이다.

이 책에서는 상황별과 더불어 목적에 따른 자료 분류를 시도해 보았다. 이 또한 예방적 접근이다. 그럼에도 결과적으로 치료적인 효과가 나타날 때도 있다. 전방향 독서법에 따른 자료 분류는 기존의 상황별 분류와 매우 다른 방식이다. 여기에 소개한 자료들의 책 또한 독서치료사의 관점과 기준에 따라 또 다른 분류를 통해 재구성할 수 있으며 그렇게 되어야한다.

국내 자료들은 대체적으로 문제 상황에 따른 자료 분류를 하고 있다. 다양한 문제들에 빠르게 접근하고 해법을 제시하기 위한 것이라고 생각하지만 한국인의 소위 '빨리빨리문화'가 영향을 미치는 게 아닌가 생각된다. 대부분의 자료들은 지나치게 세분화 된 분류를 시도하고 있다. 예를 들면, 화장실에서 보면 좋은 책, 누군가를 기다릴 때 읽기 좋은 책 등의 경우 흥미로운 분류이긴 하지만 과연 그 분류에 맞는 적절한 책을 객관적으로 생각하면서 선정할 수 있을까? 그리고 이런 식의 분류가 과연 독서치료 목록을 위한 분류에 적절할까? 라는 의문을 가질 수 있다. 물론 예전 보다 훨씬 다양하고 폭넓은 분류이기에 가치가 있다. 책을 그토록 다양하게, 유용하게 활용할 수 있다는 측면에서는 긍정적이다. 하지만 이제는 그와 같은 분류방식이 갖는 한계와 문제점에 대해 진지하고 검토해야 할 때다.

한국 도서관 협회가 발간한 목록의 경우에도 1999년도 처음 나온 아동과 청소년 목록에는 굉장히 다양한 상황들을 설정해 놓은 것을 볼 수 있다. 다양한 상황, 장소, 시기에 따라 자료를 분류한 것 자체만으로도 좋은 시도였다. 그 분류에 따라 소개된 책들의 적절성은 제외 하고라도 2007 개정판이 나오기까지 여러 가지 면에서 개선된 것을 확인할 수 있다. 그럼에도 불구하고 상황별 도서목록의 제한점을 생각해 보면 다음과 같다.

1. 너무 세분화된 분류로 분류된 항목을 찾기 쉽지 않다.
2. 너무 세분화되었기에 자료 구하기가 쉽지 않다.
3. 너무 세분화된 자료는 문제에 직접적으로 접근하기에 거부감이 생기기 쉽다.
4. 문제의 근원이나 원인으로 접근하기보다. 드러난 현상에만 집중하기 쉽다.
5. 상황에만 맞춘 자료는 즐거움을 맛보기가 어렵다.
6. 상황에 집중한 자료를 선정하다보면 비문학 중심이 되기 쉽다.

단행본 자료의 목차를 유심히 읽게 되면 좋은 참조가 될 수 있는 분류정보와 자료를 동시에 얻을 수 있다. 최근까지 자료와 목록을 모으면서 알게 된 것은 목록은 불완전할 수밖에 없다는 사실이다. 자료는 대상이 선정되기 전에는 불완전할 수밖에 없으며 또한 자료는 내담자와 상담자의 관계가 먼저 성립될 때 그 가치를 발할 수 있다. 또한 적절한 타이밍에 적절한 질문이 주어지기 전까지는 그 어느 누구도 한권의 책이 어떻게 분류되며 어떻게 사람을 변화시킬지 알 수가 없다. 그럼에도 불구하고 우리가 분류와 목록작업을 하려는 것은 최소한의 수고와 경비를 통해 필요한 이들에게 적절한 책을 만나게 해주기 위한 시도이다. 불완전할 수밖에 없는 작업이지만 일정한 기준과 원리들을 최대한 개발해 나가는 것이다. 전체적인 그림을 그려가며 삶의 근원과 기본적인 질문이 함께하는 분류와 목록이 우리 모두에게 필요하다.

제5장 전방향 독서법

전방향 독서법: ORA(The art of Omnidirectional Reading)

지난 2002년 KTV방송의 기획특강[44])을 준비하면서 책(독서)에 대한 것을 어떻게 설명할 수 있을까를 고심하다 그림 하나를 떠올리게 되었다. 처음 하는 방송강의라 무척 부담스럽고 어색하긴 했지만 전방향 독서법에 대해 소개하는 시간을 통해 평소 갖고 있던 나만의 독서철학을 정리하는 계기가 되었다.

전방향 독서법을 한마디로 말하면 '목적이 이끄는 읽기'다. 조금 더 구체적으로 풀어 설명하면 삶으로의 읽기, 꿈으로의 읽기, 앎으로의 읽기, 쉼으로의 읽기다. 이 모든 것이 전방향 독서법에 포함되어 있다. 우리 모두는 한권의 책을 뽑아 들 때 나름대로의 목적과 의도를 가지고 있다. 전방향 독서법은 지식과 정보의 습득 또는 축적에만 치우치기 쉬운 현대인들에게 총체적인 독서의 풍요로움과 대안을 제시해주는 독서법이다.

1. 전방향 독서법에 대한 정의

44) KTV(한국정책방송) 기획특강 27회('책 권하는 사회' 책 읽는 사람들)를 2002년 11월 7일 방영.

전방향 독서법은 목적이 이끄는 읽기다. 우리의 삶은 선택의 연속이며 그 선택은 나름대로의 가치를 표현하고 있다. 그 가치의 중심에는 각자의 가치관이 숨어 있다. 또한 자신이 설정한 삶의 목적도 담겨져 있다. 전방향 독서법은 인간의 갈망과 추구, 그로 인한 좌절과 갈등을 총체적으로 이해하며 돌봄과 치료를 함께 경험하는 독서법이다. 한권의 책을 집어 들어 읽는다는 것은 의미있는 선택이다. 따라서 어떤 책을 선택하는데 있어 그 기준과 폭을 좀 더 다양화하고, 통합적 관점에서 접근하는 것이 중요하다.

지금까지의 독서법들은 방법과 기술적인 측면에 치중해 있다. 전방향 독서법은 기존의 독서법과 달리 방법보다는 무엇을, 왜 읽어야 하며, 누가 읽어야 하는지에 관해 진지한 질문을 던지고 나름의 방향과 해법을 찾아가는 독서다. 그래서 전방향 독서법은 '삶을 위한 독서법'이라고 말할 수 있다.

2. 전방향 독서법의 원리

원리에 대해 설명하기 전에 먼저 전방향 독서법의 구성 요소를 살펴보자. 이해를 돕기 위해 하나의 그림으로 나타냈다. 어떤 추상적인 개념을 설명할 때 도표나 그림은 밑그림을 그리고 이해하는데 많은 도움을 준다. 하나의 수레바퀴를 그려보자.

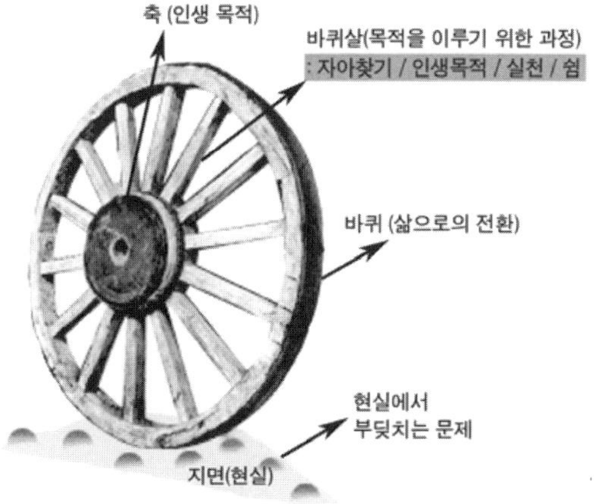

여기에는 네 가지로 간단하게 구성되었다.

(1) 수레바퀴 축

바퀴의 축은 힘이 한곳으로 모여지는 부분이면서 힘을 발산하는 곳이다. 축은 수레바퀴가 굴러가도록 하는 여러 가지 요소 중에 핵심이라고 할 수 있다. 그림에서 수레바퀴 축은 인생의 목적을 나타낸다. 따라서 수레바퀴의 축은 전방향 독서법의 가장 중요한 축을 이룬다. 앞에서 전방향 독서법을 목적이 이끄는 독서법이라고 설명했다. 인간이면 누구나 살아가면서 추구하는 나름대로의 삶의 목적이 있기 마련이다. 축이 탄탄하고 제 역할을 다할 때 바퀴가 잘 돌아가며 앞으로 나갈 힘을 얻는 것처럼 삶의 목적이 분명하게 정립되면 앞으로의 삶의 여정을 어떠한 외부 변수를 만나도 흔들리지 않고 걸어갈 수 있다.

(2) 수레바퀴의 살

목적으로부터 받은 힘은 사방으로 발산되며 밖으로 고르게 힘이 분산되어 축을 지탱해준다. 또한 바퀴에 힘을 전달해준다. 실제 바퀴의 살은 여러 개지만 여기서는 편의상 네 가지 방향의 수직 살만 있다고 가정한다. 이 네 수직 살은 전방향 독서법의 핵심적인 원리를 보여준다. 즉, 목적을 따라가는 삶을 보여주며 목적이 이끄는 삶을 설명하는 부분이다.

첫 번째 살은 안으로 향하는 살이다. 상징적으로 표현하면 '거울 같은 읽기', '거울 같은 삶'이다. 자기를 돌아보며 자기를 찾아가는 과정을 의미한다.

두 번째 살은 위로 향하는 살이다. 상징적으로 말하면 '나침반 같은 읽기', '나침반 같은 삶'이다. 자기를 찾은 이가 인생의 목적에 따라 가야할 바를 정하는 과정으로 비전과 소명을 찾고 정립하는 과정을 의미한다.

세 번째 살은 밖을 향하는 살이다. 상징적으로 말하면 '시계와 같은 읽기', '시계와 같은 삶'이다. 나에게 주어진 일들을 부지런함과 성실함으로 해나가며 스스로의 능력을 개발하기 위해 열심히 뛰는 과정을 의미한다.

네 번째 살은 아래로 향하는 살이다. 상징적으로 말하면 '소파와 같은 읽기', '소파와 같은 삶'이다. 일중독에 걸린 우리들에게는 소파에서의 쉼과 회복이 필요하다. 쉼 없이 달려오느라 지나온 길을 되돌아보지 못한 이들이 겪는 정신적 스트레스와 육체적 소진의 문제를 풀어가는 과정을 의미한다.

(3) 바퀴

우리가 살아가는 데는 위에서 말한 네 가지 모두가 필요하다. 어떠한 과제가 한 순간에 해결되거나 끝나는 것이 아니라 매일의 삶에서 부딪히면서 풀어가야 하는 것이 우리의 인생 여정이다. 바로 여기에 다음 요소인 바퀴가 우리에게 필요한 것이다. 축과 살로 이어진 힘은 결국 바퀴를 통해서 돌아간다. 여기서 한 가지 중요한 사실은 바퀴살의 길이가 같아야 한다는 것이다. 이것은 균형과 조화의 중요성을 말해 준다.

전방향 독서법(The art of Omnidirectional Reading: ORA)을 영어로 표기할 때 독서법을 Art라고 한 이유가 여기에 있다. 균형과 조화를 이룬 네 가지 방향의 균형 잡힌 읽기가 이뤄져야 바퀴는 제대로 굴러갈 수 있다. 바퀴는 현실 삶으로의 전환이다. 이것은 네 번째 요소인 우리가 딛고 사는 대지(지면)인 현실의 삶과 만나는 부분이다.

(4) 대지(지면)

제대로 된 바퀴는 지면과 지속적으로 접촉하며 앞으로 나간다. 그 진행 과정에서 다양한 마찰이 따른다. 마찰은 아픔을 수반하기 때문에 우리 모두에게 인내를 요구한다. 아픔을 느끼며 걸어가는 과정은 한순간에 끝나는 것이 아니다. 살아있는 동안 매순간 우리는 걸어가야 한다. 인생을 보통 '여정'이라 표현한다. 이 여정에는 기쁨이, 때로는 고난이 함께 한다. 그러나 우리에게 목적축이 튼튼하게 자리 잡고 있다면 전방향 독서법과 함께하는 여정은 우리에게 의미 있게 다가온다.

그러나 우리의 삶이 이처럼 단순하지만은 않다. 거울에서 나침반으로, 나침반에서 시계로, 시계에서 소파로 그렇게 순차적으로 이어진다면 좋겠지만 삶은 조각그림을 짜 맞추듯 순서가 일정하지 않다. 따라서 우리의 출발은 현재의 내가 서있는 곳에서 하는 것이 가장 바람직하다. 나의 상황과 필요, 문제에 따라 출발은 각기 다를 수밖에 없다. 중요한 것은 출발은 다르지만 모두에게 모든 방향으로의 과정은 꼭 필요하다는 사실이다. 어느 방향으로 출발할 것인가는 나를 진단한 후에 결정해야 한다. 지금까지 어떻게 살아 왔는지, 지금까지 어떤 책을 읽어왔는지 등을 분명히 알아야한다. 전방향 독서법은 진단과 처방이 동시에 이뤄진다. 진단 결과에 따라 출발하는 방향이 결정된다.

3. 전방향 독서법과 독서치료의 관계

(1) 전방향 독서법은 독서치료를 위한 독서법이다

지금까지 독서법에 대한 책들이 수없이 출간되었고, 그 책에는 다양한 독서법 관련 이론들이 제시되어 있다. 대부분 책은 좀 더 빠른 속도를 요구하는 세상 흐름에 발맞추기 위한 독서법에 치중되어 있다. 또한 패턴 리딩, 실용서를 읽는 방법 등 기능 위주의 독서법들이 대부분이다. 거리에서 가끔씩 볼 수 있는 속독법 학원 간판에 광속독이라는 말까지 생겨나는 것을 보면 그러한 경향을 짐작할 수 있을 것이다.

기존의 독서법 관련 책 가운데 고전으로 꼽히는 모티머 J. 애들러의 『생각을 넓혀주는 독서법: How to Read a Book』도 그 대표적인 책이다. 이 책은 다양한 장르의 책을 보다 빠르고 정확하게 이해할 수 있는 방법과 함께 장르에 따른 독서법을 소개하고 있다. 또한 같은 주제의 다양한 책을 동시에 읽어가는 한 차원 높은 책읽기도 소개하고 있다. 다른 책들에 비해 유익한 내용이 많지만 여전히 부족함을 느낀다.

전방향 독서법은 기존의 독서법과는 조금 다른 접근을 시도한다. 전방향 독서법은 독서의 구체적인 방법보다 다른 요소를 더 중요하게 여긴다. 첫째, '누가 읽을 것인가'에 대한 진지한 질문을 던진다. 둘째, 누가 읽을 것인가라는 문제가 해결되면 다음으로 '무엇을 읽을 것인가'라는 질문이 자연스럽게 따라 온다. 독서치료의 꽃은 바로 '어떤 책을 읽느냐'이다. 하지만 여기에는 위의 두 가지 질문이 해결 되어야만 그 효과를 최대한 발휘할 수 있다. 셋째, 우리들이 흔히 독서법에서 강조하는 '어떻게 읽을 것인가'에 대한 질문을 던진다. 물론 독서치료적으로 읽기는 일반적인 읽기 방법과는 많이 다르다.

(2) 전방향 독서법은 독서치료를 위한 분류법이다

전방향 독서법의 원리와 목적을 이해하고 전체적인 그림을 그릴 수 있게 되면 자연스럽게 나름대로 분류를 해가며 어느 한쪽에 치우치지 않는 독서를 할 수 있다. 전방향 독서법은 읽는 방법만을 알려주는 독서법이 아니다. 전방향 독서법은 이미 삶의 목적을 염두에 둔 분류를 기초로 하고 있기 때문이다.

전방향 독서법은 4분법으로(4가지 범주로) 자료를 나눈다. 여기서 자료는 읽을 수 있는 모든 것이 대상이 된다. 목적이 이끄는 읽기에 등장하는 '거울, 나침반, 시계, 소파'라는 네 가지 물건은 네 가지 질문이며, 네 가지 주제이다. 또한 네 가지 삶의 영역이다. 각각의 영역은 다시 4개의 영역으로 좀 더 세분화되어 총 16개가 만들어진다. 분류에 대한 구체적인 설명은 6장에서 만날 수 있다.

(3) 전방향 독서법은 독서치료를 위한 진단법이다

진단이란 개인이 나타내는 어떤 조짐이나 징후로부터 문제의 원인이나 강, 약점을 식별해 내는 행위로써 진단은 상황이나 문제의 원인에 대한 조사 또는 분석을 포함한다.[45] 독서치료 대상자의 진단에는 다양한 검사도구, 측정도구, 사정 및 평가도구들을 사용한다. 여기서 심리진단은 제외한다. 독서진단의 경우 우선 내담자를 위한 적절한 자료를 선정하기 위해 이전까지 어떤 형태의 매체(책, 신문, 영화 등)를 선호했는지에 대한 진단이 필수적이다. 예를 들면, '지금까지의 자료 중에 가장 인상적인 것을 10가지 적어 보라'고 주문하거나, 미리 적어둔 영역별(인문, 사회, 자연, 실용 등)이나 소설·비소설로 나눠 대표적인 책들을 적어둔 체크리스트(check-list)를 보완해 만든 진단지를 제시해서 간단하게 알아볼 수 있다. 이를 통해 전방향 독서법의 네 가지 수레바퀴살 중 어느 살(영역)이 강하고 어느 살이 약한지 확인할 수 있을 것이다. 내담자의 독서성향을 먼저 알아야 적절한 처방을 내릴 수 있다. 좋아하는 주제, 장르, 매체 등에 대한 정보를 많

45) Rubin, D. 1977.

이 수집 할수록 정확한 자료를 바탕으로 적절한 책을 선정할 수 있기 때문이다. 물론 독서치료에서는 이것만으로 진단이 충분히 이루어질 수 있는 것은 아니다. 비록 자료를 선정하기 위한 진단이지만 심리진단도 수반되어야 보다 포괄적이고 정확한 진단을 내릴 수 있다.

(4) 전방향 독서법은 독서치료를 위한 처방전이다

진단 없는 처방은 없다. 진단이 제대로 이뤄지면 자연스럽게 그에 따른 자료 선정이 뒤따른다. 내담자가 좋아하는 장르나 주제로부터 시작해서 내담자의 문제를 고려한 자료까지 순차적으로 준비할 수 있다. 처방전이면서 여러 개의 자료를 순차적으로 준비하고 진행한다면 그것이 독서치료를 위한 프로그램으로 발전할 수 있다.

처방전에는 각 자료에 다음과 같은 것들이 함께 주어진다.

첫째, 독서연령(reading age): 자료의 난이도(나이, 학년 등)

둘째, 핵심어(key word): 자료의 제목보다 더 중요하다.

셋째, 문제 상황(problem situation): 어느 경우에, 어떤 사람에게 적절 할지에 대한 것이다.

넷째, 더불어 읽기(another reading) 함께 읽으면(보면) 좋은 자료들을 말한다.

(5) 전방향 독서법은 독서치료를 위한 질문법이다.

거울: 나는 누구인가?

나침반: 어디로 가야하는가?

시계: 무엇을 어떻게 준비할것인가?

소파: 참된 쉼과 회복이란?

제6장 전방향 독서법에 따른 분류

세상에는 수없이 많은 자료들이 있다. 또한 이것들은 나름의 다양한 기준을 갖고 만들어지기 때문에 각각의 특징을 갖고 있다.

어떤 특정한 분류방식이 완벽할 수는 없다. 전방향 독서법에 따른 분류 역시 하나의 방법일 뿐이기 때문에 불완전하다. 그럼에도 불구하고 독서치료적으로 자료를 분류하는 하나의 창의적 접근인 것은 확실하다.

1. 전방향 독서법에 따른 분류의 필요성

본 분류는 기존의 분류와 접근 방법이 상이하다. 4가지로 나누어 보면 다음과 같다.

첫째 전방향 독서법 분류는 '도서관에서의 실효적 통정'을 가능케 한다.
둘째 전방향 독서법 분류는 '목적중심의 자료 분류'이다.
셋째 전방향 독서법 분류는 '이용자 중심의 자료 분류'이다.
넷째 전방향 독서법 분류는 '참고봉사서비스 중심의 분류'이다.

(1) 전방향 독서법 분류는 도서관에서의 실효적 통정을 가능케 한다

페트릭 윌슨(Patrick Wilson)은 서지통정을 일종의 힘으로 인식하였다. 그는 사뮤엘 존슨(Samuel Johnson)의 지식의 종류에 대한 개념 즉 주제 그 자체에 대한 지식과 주제에 대한 정보를 어디서 입수할 것인지에 대한 지식이라는 인식을 출발점으로 하여 문헌을 이용하려는 사람과 수없이 많은 문헌들 사이의 관계를 고찰하면서 서지통정에 대한 종래의 입장과 그의 철학적 사상을 융합하여 새로운 인식을 발전시켰다.

윌슨의 주장에 의하면 도서관에서의 서지통정에는 기술적 서지통정과 실효적 서지통정이 있다. 기술적 서지통정은 지금까지 도서관에서 일상적으로 해오던 것들이다. 예를 들면 텍스트를 기술하고, 기술항목 중에서 저작의 중요한 속성이라고 생각되는 저자명, 서명, 주제명 등을 접근점으로 추출하여 그것을 배열, 색인, 상호참조 등에 의하여 검색 가능한 상태로 만드는 통상적인 서지통정이었다. 반면에 사람들이 문헌을 읽을 때의 목적과 그 텍스트가 읽는 사람에게 미치는 가치까지 염두에 둔 서지통정을 실효적 통정이라고 한다. 사람들이 문헌을 읽을 때는 그들 나름대로의 목적이 있다. 무엇인가를 알고 싶다. 무엇인가를 하기 위하여 예비지식 또는 노하우를 얻고 싶다는 등의 목적의식이다. 이 목적을 실현하는데 가장 좋은 텍스트를 제공하고자 하는 것이 바로 실효적 통정이며, 이것은 도서관이나 서지작성자가 전통적으로 행하여 온 기술적 통정에 비하여 독자에게 미치는 효과가 훨씬 크다. 왜냐하면 기술적 통정이 완전히 가치중립적인 것에 반하여 실효적 통정에는 가치판단 과정이 포함되기 때문이다. 다시 말하면 기술적 통정은 독자보다는 텍스트의 기술적 특성과 서지학적 특성, 내용 및 그들 텍스트간의 관계를 기계적으로 기술하는데 치중하지만 실효적 통정에서는 개개 이용자의 목적을 알고 제공하는 텍스트가 그 목적에 적합한지의 여부를 알지 않으면 안 되기 때문이다. 나아가, 그 텍스트가 정확한지, 신뢰할 수 있는지,이해하기 쉬운지 등을 그 특정이용자의 상황에 비추어 평가해야 하고, 이러한 평가를 하기 위해서는 개별 이용자가 놓여 있는 특정 상황을 알아야 하기 때문이다.[46)]

이러한 윌슨의 실효적 통정의 기본적 접근과 맥을 같이 하는 것이 전방향 독서법 분류다.

좀 더 쉽게 이야기한다면 도서관에서 뭔가 찾고 싶은 책이나 자료가 있는 경우에 불행하게도 서명이 기억나지 않는 경우나 궁금한 문제에 대해서 알고 싶을 때가 있다. 기술적 서지통정 접근은 책 제목이나 저자 출판사 등 최소한 하나를 알아야 자료에 접근해서 찾아갈 수 있으며, 이것은 도서관 사서에게나 이용자에게도 굉장한 인내를 필요로 하는 작업이다. 그럼에도 점점 나아질 것이다. 이때 진정으로 필요한 것은 참고봉사적 접근이다. 삶의 문제를 직접적으로 거론하며 이런 경우에 어떤 자료에 어떻게 접근할 수 있으며 어떤 자료가 좋겠느냐는 질문을 할 것이다. 무리한 질문이지만 거꾸로 생각한다면 이것을 해결해주는 것이 사서의 사서됨을 말해주는 가장 큰 요소라고 생각된다. 물론 수없이 많은 책의 내용과 정보를 알 수 는 없겠지만 그렇다고 병원의 약사가 자기 뒤편에 있는 약을 모르며 조제할 수 없으며 또한 달라고 다 줄 수도 없다. 전방향 독서법 분류는 이런 상황에 대처할 수 있는 방식 중에 하나이며 이것이 위에서 언급한 실효적 서지 통정이라 할 수 있다. 이를 위해 좀 더 구체적으로 이야기를 한다면 문헌을 이용하고자 하는 사람의 목적과 필요에 맞는 것을 제공하고자 하는 실효적 통정은 인적 원조로서의 참고봉사의 역할이다. 이것은

---

46) 네모도 아키라 저, 조재순역, 『문헌세계의 구조』(서울: 한국도서관 협회, 2003) pp 82-94.에서 재인용.

서지를 이용함으로써 요구자에게 필요한 문헌을 제공하는 '서지적 원조자'(bibliographical aid)와는 구별되는 '서지 컨설턴트'(bibliographical consultant)의 역할을 의미한다. 즉 전자는 서지에 관한 지식은 갖고 있지만 저작이 어떤 유용성을 갖는지, 누구에게 가치가 있는지에 대한 지식은 없다. 반면에 후자는 서지적 질문에 대하여 질문자의 상황에 적합한 답을 제공하려고 한다는 점에 차이가 있다. 서지 컨설턴트에게 있어서는 많은 것을 읽고 그렇게 해서 얻어진 서지적, 주제적 지식을 질문자의 관심, 목적, 능력에 맞추어 제공하는 것이 가장 중요한 일이다.[47]

전방향 독서법 분류는 독서치료과정에서 서지컨설턴트로서의 역할을 할 수 있도록 정제된 분류이다. 이것은 인간이 궁극적으로 추구하고자하는 것을 기본으로 하고 있으며 삶의 여정에서 만나는 갈등과 문제, 그리고 희망을 근간으로 하고 있기 때문이다.

인간은 다양한 욕구와 수없이 많은 문제를 안고 있지만 크게 분류한다면 네 가지로 단순화할 수 있다.

첫째, '나는 누구인가'에 대한 질문이다. 이 질문에서 자기와의 관계가 시작되며 바른 자존감을 형성하느냐 낮은 자존감을 형성하느냐가 결정된다.

둘째, '나는 어디로 가고 있느냐'에 대한 질문이다. 제대로 가고 있는지, 어떤 길로 가야만 하는지에 대한 물음이다. 다르게 표현한다면 가치관과 세계관에 대한 것이다. 이 질문에 대해 나름대로 정리가 되지 않으면 인생의 목적과 의미가 희미해질 수밖에 없기 때문에 자신의 삶에 대한 무의미함을 토로하게 된다.

셋째, '나는 무엇을 할 수 있으며(소질), 무엇을 어떻게 개발할 수 있을

47) 네모도 아키라 저, 조재순역, 『문헌세계의 구조』 (서울: 한국도서관협회, 2003) pp 105-107.

까?'에 대한 질문이다. 자기개발에 대한 욕구와 이에 따른 일(직업)에 대한 탐구과정을 의미한다. 잘못하면 준비만 하다, 혹은 찾기만 하다가 허송세월을 보낼 수도 있다.

넷째, '현실 속에서 겪는 어려움과 스트레스를 어떻게 해결할 것인가?'에 대한 질문이다. 쉼 없이 앞으로 달려가는 현대인들 참된 쉼이 필요하다. 회복을 통해서 다시금 시작해야한다. 위의 네 가지는 모든 사람에게 삶의 여정 가운데 단계적으로, 때로는 갑작스럽게 찾아오는 질문들이다. 분명한 것은 하나의 문제는 또 다른 문제를 야기시키며 하나를 해결하면 또 다른 해결책을 찾을 수 있다는 것이다.

서지 컨설턴트나 독서치료사의 역할을 제대로 수행하기 위해서는 적어도 내담자의 상황을 깊이 이해하는 것이 전제되어야 한다. 거기에는 모든 인간이 겪는 문제와 그 사람만이 갖고 있는 문제(상황)를 바르고 정확하게 파악하는 것이 중요하다. 그렇기 때문에 전방향 독서법에서 제시하는 분류법은 서지 컨설턴트적이라고 할 수 있다.

(2) 전방향 독서법분류는 목적이 이끄는 읽기다

여기서 목적(目的)을 국어사전에서 찾아보면,

① 실현하려고 하는 일이나 나아가는 방향.

② 〈심리〉 실현하고자 하는 목표의 관념. 또는 목표로 향하는 긴장.

③ 〈철학〉 실천 의지에 따라 선택하여 세운 행위의 목표.

④ 〈철학〉아리스토텔레스의 형이상학에서, 사실이 존재하는 이유.

전방향 독서법은 문제의 현상보다는 삶의 궁극적인 목적에 초점을 둔다. 자기 인생의 목적을 명확히 알고 그것을 따라갈 때 온전한 삶으로의 여정이 시작된다. 전방향 독서법은 근본적인 질문을 던지는 독서법이다.

"목적이 없는 사람은 키 없는 배와 같다. 한낱 떠돌이요, 아무것도 아닌, 인간이라 부를 수 없는 사람이다"라는 토마스 칼라일(Thomas Carlyle)의 말처럼 모든 사람은 무엇인가에 이끌려 살아가고 있다. 대부분의 사전에서는 이끌다(drive)라는 동사가 '길을 인도하다, 통제하다, 또는 방향을 제시하다'라고 정의되어 있다. 자동차를 운전하든, 못을 박든, 골프공을 치든 우리는 그 순간 그것을 통제하며 일정한 방향을 제시하는 것이다. 그렇다면 우리의 삶의 원동력은 무엇인가? 우리는 지금 특정한 문제로 인해 중압감에 시달리고 있거나 혹은 마감시간에 쫓겨 허둥지둥 달려가고 있는지도 모른다. 과거의 아픈 기억이나 계속 떠오르는 두려움, 혹은 입 밖으로 드러내지 못한 잘못된 믿음에 의해 끌려가고 있는지도 모른다. 수백 가지의 상황과 가치, 그리고 감정이 우리의 삶을 이끌어가고 있는 것이다. 그 가운데 가장 보편적인 다섯 가지를 살펴보자.

첫째, 많은 사람들이 '죄의식'에 의해 끌려 다닌다.

죄의식에 의해 끌려 다니는 사람은 후회에서 벗어나고 수치심을 감추기 위해 몸부림치느라 결국 삶 전체를 허비하게 된다. 죄의식에 끌려 다니는 사람들은 기억에 의해 조작된다. 그들은 과거가 미래를 지배하도록 내버려둔다. 우리는 과거의 산물이지만 과거에 갇힐 필요는 없다.

둘째, 많은 사람들이 '원한과 분노'의 쓴 뿌리를 씹으며 살아간다.

많은 사람들은 상처를 입은 순간으로부터 벗어나지 못한 채 살아가고 있다. 용서를 통해 고통에서 벗어나는 대신 머릿속에서 고통의 순간들을 계속 되뇌인다. 원한을 품고 사는 사람들은 여러 가지 형태로 분노를 표현한다. '침묵'으로 분노를 내면화하는 사람도 있고, 자신의 감정을 폭발시켜 다른 사람들에게 그 분노를 '표출'하기도 한다. 두 가지 반응 모두 바람직하지 않으며 자신에게도 도움이 되지 않는다. 분노하는 것은 우리는 자신을 화내게 한 그 사람보다 우리 자신을 더 아프게 한다. 우리에게 상처를 입힌 사람은 이미 자기가 한 일을 잊어버렸는데, 정작 본인은 과거를 붙잡고 계속 고통 속에서 괴로워하고 있다. 우리가 원한을 품고 상처를 계속 싸매고 있는 한 우리의 상처는 계속 남고 그 상처는 결코 아물 수 없다는 사실을 기억해야 한다.

셋째, 많은 사람들이 '두려움'에 이끌려 살아간다.

두려움이란 매우 충격적인 경험과 비현실적인 기대, 그리고 엄격한 가정환경 등으로 인해 생긴다. 또한 유전적인 요인으로 생겨나기도 한다. 그 원인에 상관없이 두려움에 의해 이끌려 살아가는 사람들은 종종 좋은 기회를 놓친다. 그들은 모험을 두려워하기 때문에 기회가 찾아와도 선뜻 잡지 못한다. 대신 그들은 최대한 안전한 것을 선택하고, 위험을 회피함으로 현재 상태를 유지하려고 한다. 두려움은 스스로를 가둬놓는 감옥이다.

넷째, 많은 사람들이 '소유'에 이끌려 살아간다.

무언가를 획득하고자 하는 욕구가 삶의 목표가 된다. 항상 더 많은 것을 얻고자 하는 이 욕구는 더 많이 가지면 더 행복해지고, 더 중요한 사람이 되며, 더 안전할 것이라는 잘못된 생각에서 생겨난다. 하지만 이러한 생각들은 모두 잘못된 것이다. 소유물은 일시적인 행복만을 줄 뿐이다. 우리는 금세 그것에 싫증을 느끼고, 보다 새롭고 더 크고 더 좋은 것을 갖고 싶어 한다. 더 많은 것을 가지면 더 중요한 사람이 될 것이라는 잘못된 믿음을 간직한 채 살아간다. 자아가치(self-worth)와 소유가치(net-worth)는 결코 동일하지 않다.

다섯째, 많은 사람들이 '타인의 인정'에 이끌려 살아간다.

많은 사람들은 부모나 배우자 혹은 자식이나 스승 또는 친구들 그리고 수많은 다른 사람들의 기대가 그들의 삶을 주관하도록 내버려 둔다. 성인이 된 후에도 도저히 만족하지 않는 부모를 만족시키기 위해 쉼 없이 달려가는 사람들이 많다. 어떤 사람들은 주변의 압력에 끌려 살아간다. 다른 사람이 자신에 대해 어떻게 생각하는지를 항상 걱정한다. 불행하게도 군중을 따라가는 사람은 군중 속을 헤매며 길을 잃게 된다. 모든 사람을 만족시키려고 노력하는 것은 실패로 가는 지름길이다.

목적이 없는 삶을 보상해줄 수 있는 것은 아무것도 없다. 성공이나 부, 명성, 쾌락이 삶에 의미를 부여해주지 않는다. 목적 없이 사는 삶은 의미 없는 행동과 방향 없는 활동, 그리고 이유 없는 행사들의 끊임없는 연속일 수밖에 없다. 목적 없이 사는 삶은 무의미한 삶이다.

그렇다면 목적이 이끄는 읽기는 어떤 유익이 있는가. 릭워렌 목사의 '목적이 이끄는 삶'이라는 책에서는 목적이 이끄는 삶에는 다섯 가지 유익이 있다고 말한다. 그 중 중요한 관점을 시사해주는 네 가지를 소개하면 다음과 같다.

첫째, 목적을 아는 것은 삶에 의미를 부여해준다.

인간은 삶의 의미를 갖고 살도록 만들어졌다. 그렇기 때문에 사람들은 점성학이나 심령술사와 같은 모호한 방법들을 통해서라도 삶의 의미를 찾으려고 한다. 삶의 의미가 있다면 인간은 거의 모든 것을 견딜 수 있지만,

반대로 삶의 의미가 없으면 그 어떤 것도 참을 수 없다. 한 20대 청년이 이렇게 썼다. "나는 무엇이 되려고 발버둥치고 있지만 진정으로 무엇이 되려고 하는 줄 모르기 때문에 실패자임이 틀림없다. 오직 내가 할 줄 아는 것은 대충 살아가는 것뿐이다. 언젠가 내 삶의 목적을 발견할 때에야 비로소 나는 살기 시작한다고 느낄 것이다."

둘째, 목적을 알면 우리의 삶은 단순해진다.

목적이 정확하면 우리가 무엇을 해야 하고 무엇을 하지 말아야 할지가 명확해지기 때문에 단순한 삶을 살아갈 수 있게 된다. 명확한 목적이 없으면 우리는 왜 그런 결정을 내렸으며, 어떻게 시간을 투자하고 자원을 활용할 것인지에 대한 근거를 잃게 된다. 그저 주변 상황이나 압력, 그 순간의 기분에 따라 결정을 내릴 뿐이다. 자신의 목적을 알지 못하는 사람들은 너무 많은 것을 하려 하기 때문에 스트레스와 피로를 느끼고, 관계에 있어서 갈등을 겪게 된다. 목적이 이끄는 삶은 더 단순한 삶의 방식을 선택하고 분별 있는 계획을 세우도록 한다.

셋째, 목적을 알면 초점을 맞춘 삶을 살아간다.

목적은 우리의 노력과 에너지를 중요한 것에 집중하게 해준다. 우리가 선택적으로 살게 되기 때문에 모든 것이 효율적으로 이루어지게 된다. 사소한 일들로 마음이 산란해지는 것은 인간의 본성이다. 우리는 삶에서 사소한 것들을 추구한다. 헨리 데이빗 소로우(Henry David Thoreau)는 사람들이 '조용히 자포자기 하는 삶'을 산다고 말했지만, 더 적합한 설명은 '목적 없는 산만함'이다. 목적이 있고 초점이 맞춰진 삶만큼 강력한 것은 없다. 삶이 영향력을 갖기 원한다면 첨벙거리는 것에서 벗어나 초점을 맞춰야 한다. 모든 것을 하려는 것을 멈추어야 한다. 자신이 보기에 유익하다고 생각되는 활동도 과감하게 정리해야 한다. 활동과 생산성을 혼동하지 말라. 무엇 때문에 목적 없이 바쁘게 살고 있는가에 대해 진지한 질문을 던져야 한다.

넷째, 목적을 알 때 삶의 동기가 유발된다.

목적은 열정을 낳는다. 뚜렷한 목적만큼 힘이 되는 것은 없다. 반대로 목적이 없으면 열정은 소멸된다. 침대에서 일어나는 것도 엄청난 부담이 될 수 있다. 의미 없고 별것 아닌 일들이 우리를 지치게 하고, 우리의 기운을 빼앗으며, 기쁨을 앗아간다. 목적이 이끄는 읽기 역시 마찬가지다.

(3) 전방향 독서법 분류는 이용자 중심의 자료 분류이다

도서관의 자료는 보관도 중요하지만 그 자료를 필요로 하는 사람들이 쉽게 접근할 수 있도록 하는 것이 더 중요하다. 책을 뽑기에 적절한 높이의 서가 등 물리적 접근이 용이해야한다. 그러나 무엇보다 중요한 것은 이용자가 원하는 항목의 내용을 정확하게 빨리 찾을 수 있어야 한다. 지금도 작은 서점을 가보면 문학, 잡지, 참고서, 경제·경영 등으로 구획을 나눠놓고 각 구획안에는 다시 출판사 별로 분류해 놓은 것을 확인할 수 있다. 예전에 비해 지금은 많이 달라졌지만 여전히 이러한 분류방식을 크게 벗어나지 못하고 있는 실정이다.

이용자들은 삶의 다양한 문제를 가지고 도서관이나 서점을 찾아오기 때문에 기존의 분류방식과 함께 목적에 따른 분류를 시도하는 노력이 필요하다. 물론 간단한 작업은 아니다. 그러나 이러한 작은 시도가 도서관과 사서의 존재 이유와 자긍심을 키워줄 것이다. 물론 도서관 현장은 이

외에도 다양한 문제들을 안고 있지만 이러한 분류 방식을 시도해 보는 것은 분명 가치있는 작업이라고 생각한다.

(4) 전방향 독서법 분류는 참고봉사서비스 중심의 분류이다

한국의 현재 상황에서 독서치료가 제대로 정착되기 위해서는 도서관이라는 공간과 사서의 역할이 그 무엇보다 중요하다. 김두선은 참고봉사를 "이용자의 잠재적인 욕구를 참작해서 직원이 이용자와 면담을 통하여 특정 질문에 해답을 제공하거나 필요로 하는 자료와 정보를 찾는 과정을 도와주는 직접적인 봉사"라고 정의 했다.[48)]

참고봉사는 이용자, 사서, 자료(정보)라는 세 가지 요소의 역학관계로 구성된다. 참고 봉사자는 정보를 수집, 분류, 보관, 유통하는 것과 관련된 일을 총체적으로 담당한다. 만약 독서치료 사서제도가 도서관에 있다면 나름대로의 참고 정보원을 끊임없이 탐구하고 계발해야 할 것이다. 여기저기 흩어져 있는 정보원들을 수집하고 나름대로 체계를 세워 분류하여 언제든지 활용 가능한 상태로 유지하는 것은 매우 중요한 작업이다. [49)] 도서관은 일반도서를 비롯해 오디오북, 각종 미디어 자료, 점자책 등 독서치료의 최대 보고인 양질의 자료를 소장하고 있다. '약은 약사에게, 병은 의사에게, 책은 사서에게'라는 자연스러운 등식이 만들어질 수 있다. 현재의 서비스 방식과 다른 접근을 시도한다면 주제별 사서를 넘어선 책사(약사처럼 책을 조제해주는)에 준한 서비스가 가능할 것이다. 문제는 이러한 준비와 서비스를 위해서는 기존의 분류에 전방향 독서법에 따른 분류가 병행 되어야 한다는 점이다. 참고봉사는 면대면(面對面)으로 이용자의 물

---

48) 김두선(2000), 「공공도서관 참고봉사의 실태및 이용자들의 인식수준에 관한 연구」 석사학위논문, 신라대학교 교육대학원 도서관 교육 전공
49) 이영식(2006), 『독서치료 어떻게 할 것인가』, 서울: 학지사.

음과 관심, 그리고 문제에 반응하는 접근이다. 이를 위해서는 상당한 시간의 훈련과 경험이 요구된다.

2. 전방향 독서법에 따른 분류의 기준과 특징

목적 앞에 책을 붙이면 책 읽는 목적, 인생을 붙이면 인생의 목적이 된다. 그 어떤 행위를 하든지 목적이 분명하다는 것은 결정과 행동에 영향을 미치게 마련이다. 목적은 전방향 독서법의 중심축이며 원동력이다. 한권의 책을 선택하는 것이 작은 행위처럼 여겨질 수 있으나 그 많은 책 중에 어느 특정한 한 권의 책을 뽑는다는 것, 또한 삶의 여정에서 수많은 순간이 있지만 바로 지금 뽑는다는 것은 중요한 의미를 담고 있다.

요즘은 소위 '정보화시대'라 정말 정신이 없다. 얼마 전 퇴근길 지하철에서 공교롭게도 양쪽에 앉은 사람과 그 옆에 앉은 사람까지 네 명이 모두 휴대폰으로 TV를 시청하고 있었다. 그 외의 대부분 사람들은 무가지 신문을 보거나 벽에 걸린 모니터에 시선을 고정하고 있는 것을 쉽게 목격한다.

독서의 형태와 방법도 여러 가지다. 핸드폰에 다운 받아 읽는 사람, PDA에 저장된 글을 읽는 사람 등 참으로 다양하다. 문제는 속도를 강조하는 시대적 분위기 속에서 책읽기에 있어서도 시간을 절약하는데 관심이 많다. 그렇다 보니 읽기에 쉬운 글이나 정보가 될 만한 글에만 집중한다. 또한 자료를 책보다는 인터넷을 통해서 얻어내려고 한다.

미국 국무장관을 지냈던 헨리 키신저는 보스턴 대학교 졸업생들에게 '끊임없이 배워라'라는 제목의 축사를 통해 책을 통한 배움과 컴퓨터를 통한 배움의 차이를 다음과 같이 설명한다.

"요즘 같은 세상에 책에서 무언가를 배운다는 것은 많은 시간이 걸리는 일이고, 모든 책을 다 읽는다고 해서 모든 지식을 다 얻을 수 있는 것은 아닙니다. 컴퓨터는 우리의 지식의 지평을 놀라울 만큼 확장시켜서 우리는 이전 세대보다 더 많은 정보를 알게 되었습니다. 한편 우리는 이러한 정보를 너무 쉽게 얻기 때문에 그 사실의 의미 보다는 사실 자체를 더 많이 알고 있습니다. 책을 읽을 때는 그 책에 포함된 지식을 어느 정도 머리에 각인 시켜야 합니다. 매번 책을 다시 뒤적거리기는 힘들기 때문입니다. 그러나 컴퓨터로 배울 때는 대충 훑어볼 뿐입니다. 언제라도 다시 똑같은 사실을 찾을 수 있다는 것을 알기 때문이지요. 그런데 이런 일이 역설적인 결과를 초래했습니다. 즉 우리의 지식은 확장되었지만, 우리의 관점은 축소되었다는 것입니다."[50] 이 얼마나 핵심을 뚫어 보는 이야긴가 전방향 독서법은 목적을 두고 읽기에 의미와 관점의 확대를 가져올 수 있다. 좀 더 우리가 하는 행위를 세밀하게 볼 필요가 있다.

유명한 미래학자 앨빈 토플러(Alvin Toffler)는 『미래 쇼크(Future Shock)』에서 "모든 사람은 자기 머릿속에 외적인 실재에 대한 주관적인 표상, 즉 세계에 대한 정신적인 모델을 가지고 있다"고 말한 바 있다. 토플러에 의하면, 이 정신적인 모델은 서류를 보관하는 거대한 캐비닛과 같다. 캐비닛 안에는 우리에게 전달되는 정보들의 고유한 자리가 있다. 뿐만 아니라 지식을 체계화하고 논쟁의 장을 마련해 주기도 한다. 슈마허(E. F. Schumacher)는 이렇게 말한다. "우리는 생각을 할 때, 그냥 생각만 하는 것이 아니다. 어떤 관념을 가지고 생각하는 것이다. 우리 마음은 백지 상태,즉 '타불라 라사'[51]가 아니다. 사고하기 시작하는 순간 이미 마음에는 그것을 가능하게 하는 온갖 종류의 관념들이 가득 들어 차 있기 때문에 생각할 수 있는 것이다" 이처럼 사고의 도구가 되는 '얼마간의 관념들' 이 모여 세계에 대한 개인의 정신적인 모델을 구성하는데, 이를 다른 말로 표현해 세계관(world view)이라고 한다. 그렇다면 그 캐비닛 안에는 무엇을 넣을 수 있는 자리들이 마련되어 있을까? 전방향 독서법

---

50) 공병호, 『핵심만 골라 읽는 실용독서의 기술』 (서울: 21세기북스, 2004) pp 229-230.
51) tabula rasa, 존 로크의 철학에서 말하는 정신적 백지 상태.

은 이 본질의 기본 개념을 갖도록 도와준다. 달리 말하면 세계관은 실제(reality)를 나타낸 지도와 같다.[52]

전방향 독서법은 삶의 기본적이면서도 근본적인 것에 대해 진지하게 질문하며 그것을 해결하기 위한 과정으로 이끌어간다.

첫째 나는 누구인가? 우리는 누구인가?

둘째 나는 어디로 가고 있으며, 어디로 가야만 하는가?

셋째 나는 무엇을 할 수 있으며 어떻게 개발하며 준비해야하는가?

넷째 나의 문제는 무엇이며 어떻게 해결하며 회복할 것인가?

(1) 분류의 기준

전방향 독서법의 네 개의 상징적인 물건에 대해 구체적으로 설명하면 다음과 같다. 첫째, 거울은 나는 누구인가라는 간단한 질문을 우리에게 던지고 있다. 둘째, 나침반은 당신은 어디로 가는가를 묻고 있다. 셋째, 시계는 당신은 무엇을 할 수 있으며 해야 하는가를 묻고 있다. 넷째, 소파는 삶의 고난과 문제를 어떻게 하며 스트레스는 어떻게 할 것인가를 묻고 있다. 네 가지 방향은 곧 네 가지의 기준이다.

첫째, 거울과 같은 독서(읽기)

이것은 내면으로 향하는 독서다. 나를 돌아보기 위한 독서다. 많은 이들이 거울을 볼 때 얼굴은 보지만 자신의 내면을 들여다보지는 못한다. 아니 외면하기가 쉽다. 우리는 수시로 거울을 보지만 어느새 나를 잊어버린

52) 제임스 사이어 저, 이나경 역,『어떻게 천천히 읽을 것인가』(서울: 이레서원, 2004) pp 23-24.

다. 여기에 해당하는 책은 정체성을 찾거나 자아를 돌아보게 하는 책들이다. 거울 같은 책은 때때로 가슴을 아프게 하는 경우가 많기에 의도적으로 선택하지 않으면 읽기가 쉽지 않다. 거울 같은 독서는 관계를 회복하는 읽기이기도 하다. 관계 회복은 자기 자신을 있는 그대로 보는 것에서 시작된다. 낮은 자존감으로부터 벗어나 자기를 찾아 감으로 자신감을 회복할 수 있다.

둘째, 나침반과 같은 독서(읽기)

나침반처럼 방향을 알기 위한 독서다. 거울을 통해 나 자신을 새롭게 발견하고 바라보게 되면 뭔가 하고 싶은 욕구가 서서히 생겨난다. 이때 삶의 가치와 의미를 찾는데 도움을 주는 책을 찾아 읽는 것이 중요하다.

불과 몇 년 전만 해도 서점에 가면 교통지도가 많이 판매되었는데 얼마 전부터 내비게이션 제품이 쏟아져 나오면서 그 판매량이 급속하게 줄었다. 목적지를 찾아가는 것처럼 우리 삶에도 내비게이션이 있다면 얼마나 좋겠는가? 바로 그와 같은 역할을 해주는 책이 필요하다. 나침반과 같은 독서는 지금까지의 삶에 대해 되돌아 볼 것을 요구하기 때문에 결코 만만한 독서는 아니라고 할 수 있다.

셋째, 시계와 같은 독서(읽기)

앞을 향해 빠르게 달려가기 위한, 생존경쟁에서 살아남기 위한 독서다. 하루의 시작을 위해 시계를 보며 열심히 앞만 보며 달려가는 모습을 그려볼 수 있다. 시계와 같은 역할을 하는 책은 구체적인 방법과 기술, 요령을 습득하는데 도움을 준다. 학교를 졸업하고 직장생활을 시작하면서부터는 대부분의 독서가 그러한 종류의 책에 치우치기가 쉽다. 많은 사람들이 보통 독서해야 한다고 할 때 가장 쉽게 떠올리는 실용서들이 이 범주에 속한다고 할 수 있다. 목적과 방향 없이 무작정 열심히 달려가는 것은 모래위에 집을 짓는 것과 같을 수밖에 없다.

자신의 성격과 재능, 관심사 등을 제대로 알고 그 토대 위에 분명한 소명을 깨달아 비전을 세운 이에게는 시계와 같은 독서가 달리는 말에 채찍을 가한 것처럼 실제적인 도움을 준다. 즉, 진정한 의미의 자기개발 여정을 시작하는 것이다. 나에게 없는 것보다는 이미 나에게 주어진 재능을 찾아 개발하는 것이다.

넷째, 소파와 같은 독서(읽기)

편안한 소파에 누워 쉬는 것과 같이 스트레스를 해소하고 쉼을 통해 에너지를 충전하는 독서다. 미장원에 가면 가장 눈에 띄는 책이 여성잡지라는 것에 누구나 공감할 것이다. 독서가 주는 유익 중에 하나는 즐거움이다. 소파와 같은 읽기는 즐거움을 통해 스트레스를 해소하고 그러한 쉼을 통해 재창조의 기회를 갖도록 한다. 따라서 비교적 가볍게 보며 잠깐 생각할 수 있는 자료들이 이 범주에 속한다.

앞에서 설명한 것처럼 전방향 독서법은 두 가지로 활용할 수 있다. 부족한 곳이 무엇인지를 찾는 것은 물론 그 부족한 것을 채우며 해결하도록 돕는다.

먼저, 전방향 독서법을 통해 본인의 독서성향을 진단할 수 있다. 또한 진단을 통해 알게 된 성향을 바탕으로 책을 선정하는데 도움을 얻을 수 있다. 구체적인 방법을 예로 들면, 지금 당장 나에게 감동과 좋은 인상을 안겨준 좋았던 책이 있다면 생각나는 대로 적어보도록 유도한다. 이때 본인이 지금까지 읽은 책 중 적어도 5권 이상을 기록하되 그것이 힘들다면 시간이 있을 경우 꼭 읽어보고 싶은 책을 적도록 하면 된다. 이미 만들어진 목록이 있다면 이 목록 중에서 전방향 독서법의 관점에서 볼 때 거울, 나침반, 시계, 소파 중 어느 영역에 많이 포함되어 있는지를 살펴볼 수 있을 것이다. 물론 어떤 책들은 명확하게 구분하기가 쉽지 않을 수도 있겠지만 가장 근접하게 여겨지는 곳을 선택하면 된다.

이러한 조사(진단)을 통해 나온 결과에서 만약 시계(자기개발 서적류)에 많이 몰려있다고 판단이 되면 균형과 조화를 위해 다른 영역의 책을 찾아 읽도록 유도하면 된다. 다만 주의해야 할 것은 일방적으로 부족한 부분의 책을 읽도록 종용하는 것이 아니라 좋아하는 영역에서 부족한 영역으로의 징검다리 과정을 설정해 접근하는 섬세함이 필요하다.

전방향 독서법을 다른 말로 풀어본다면 목적이 이끄는 읽기 또는 목적 중심의 읽기라 할 수 있다. 기존의 주제별 도서목록, 상황별 도서목록처럼 굳이 이름을 붙인다면 전방향 독서법에 따른 도서목록은 '목적별 도서목록'이라 할 수 있다. 전방향 독서법은 인간의 궁극적인 갈망과 바램 그리고 어쩔 수 없는 갈등과 고통을 함께 생각하는 분류방법이라고 할 수 있을 것이다.

(2) 전방향 독서법에 따른 자료 분류의 특징

첫째, <u>삶의 목적을 보여주는 분류다.</u>

기본적이면서도 근본적인 것이 무엇보다 중요하다. 공기의 소중함을, 물의 소중함을 잊고 지내듯 사람들은 삶에 대한 근본적인 질문을 회피하거나 어렵게 생각하며 살아간다. 나의 존재 이유를 생각하며 찾아가야 한다. 전방향 독서법 분류는 삶의 근간을 이루는 근본적인 것들에 대해 질문을 하게 한다. 삶에 있어 소위 키워드를 찾아가도록 이끈다.

둘째, 삶의 여정을 보여주는 분류다.

삶의 전체적인 그림을 그리며 지도를 갖도록 돕는다. 또한 내가 현재 어느 곳에 와있는지를 확인하게 하고, 어디로 가야하는지를 보여준다.

가장 이상적인 여정은 자기를 찾아(거울) 비전과 소명을 깨닫고(나침반), 주어진 달란트를 찾아 개발(시계)하며, 삶의 여정에서 쌓인 스트레스를 해소(소파)하는 것이다. 가장 바람직하고 희망적인 과정이라고 할 수 있다. 어디서 시작하든 현재 내가 직면한 곳에서부터 시작해 움직이면 된다. (ex) 말뚝이 하나일 경우에는 별의미가 없으나 두 번째부터는 이미 방향성을 갖기 마련이다.)

셋째, 삶의 문제를 보여주는 분류다.

네 가지 방향은 추구해야 하는 것이면서도 좌절을 느끼게 하기도 한다. 내가 누구인지 확신이 없는 가운데 거울을 들여다보며 자신의 실체와 직면한다는 것은 고통스러운 일이다. 리트머스 시험지처럼 현재 나의 상태를 드러나게 하기 때문이다. 그것은 곧바로 문제해결의 단계로 자신을 이끌어 간다.

넷째, 삶의 해결책을 제시해주며 보여주는 분류다.

문제가 드러나고 그 원인이 밝혀지는 것은 진단을 통해서 뿐만 아니라 꾸준하게 참석해 유대가 형성된 소그룹 독서모임을 통해서도 가능하다. 또한 자기조력 독서를 통해서도 가능하다.

영역 \ 전방향	거울	나침반	시계	소파
메시지	삶	꿈	앎	쉼
핵심가치	관계	가치	개발	회복
영역 구분	내면세계	가치세계	지식세계	여가세계
독서의 영역	치료의 독서	의미의 독서	준비하는 독서	쉼과 회복의 독서
영역의 도구	용서와 사랑	성찰과 깨달음	선택과 집중	회복과 창조

한 눈에 보는 전방향 독서법 테이블

3. 전방향 독서법에 따른 분류의 체계와 분류지

(1) 1차 분류(4분법—네 개의 큰 줄기)

The art of Omnidirectional Reading Classify(ORAC)

전방향 독서법에서는 4분법을 사용한다. 먼저 네 가지로 크게 분류한 뒤 그 네 개의 큰 줄기에서 또 다른 작은 가지 4개가 만들어져 총 16개의 항목이 만들어진다.

16개의 분류는 온전한 삶으로의 여행을 위한 키워드다. 본 분류법의 출발은 목적으로부터 출발한다. 그 목적을 이루기 위한 기준으로 4가지의 물건과 함께 시작한다. 이것은 삶을 영위하는 우리 모두에게 필요한 도구들이다. 본 분류의 1차 분류는 삶의 목적을 이루는 근본이며 온전한 삶을 이루기 위한 기본 요소들이다. 충족이 될 경우에는 안정적인 삶의 토대를 이루지만 어느 것 하나가 부족하게 되면 다양한 문제들이 나타나게 된다. 각 영역별로 살펴보기로 하자.

첫째, 거울 영역에서 예상되는 문제는 낮은 자존감, 우울증, 소통의 단절, 두려움, 불안 등이다. 그러한 문제들이 해결되지 않으면 결국 정신질환으로 나타나게 되고, 그것이 심화되어 육체적인 질환으로 드러나기도 한다.

둘째, 나침반 영역은 거울영역과 밀접하게 연결되어 있다. 사람은 자기를 찾게 되면 뭔가 가치 있는 일에 대한 관심이 생기며 뭔가를 하고 싶어 한다. 이 단계에서 뭔가 부족하다면 삶이 무의미하다고 생각하게 된다. 외견상 일이 잘 풀리는 것 같은데도 이유 없는 불안함을 느끼는 것을 볼 수 있다. 존재와 가치에 대한 질문에 분명한 답을 얻지 못하는 것에서 오는 답답함이 숨겨져 있다. 이러한 상태가 지속되면 삶에 회의를 갖게 되기도 한다. 너무 극단적인 이야기일 수 있다. 하지만 내가 어디로 가야하며, 어디로 가고 있는지 모른다면 끊임없는 문제들이 삶에 깊숙이 개입해 자신을 힘들게 할 것이다.

신화적인 야구선수로 알려진 요기배라는 사람은 "만일 가려고 하는 곳이 어디인지 모른다면 필시 어딘가 알 수 없는 곳에서 인생을 마치게 될 것이다."라고 말했다. 우리에겐 나침반이 필요하며 구체적으로 이것을 위한 지도(map)가 필요하다.

셋째, 시계가 없다면 즉, 구체적인 발견과 개발을 위한 노력이 없다면 어떤 문제들이 생겨날까? 꾸준한 독서를 통해 자기개발을 하지 않는다면 개인이나 기업은 성장을 기대하기 어렵다. 물론 이러한 주장은 기업인이나 직장인에게만 해당되는 것은 아니다. 이 순간을 살아가는 모든 사람에게도 적용된다.

주어진 자신의 달란트를 찾아야하며 찾은 재능을 개발해 나가는 것이 무엇보다 중요하다. 원석이 아무리 좋아도 상품이 되기 위해서는 가공과정이 필요한 것처럼 자신의 재능을 찾고 개발하는 작업(노력)을 소홀히 하게 되면 결국에 가서 깊은 좌절을 경험할 것이다. '꿈은 이루어진다'는 아름다운 구호 속에서 '개발하며 준비하는 자에게 주어진다'는 보이지 않는 문장을 읽어 내야 한다. 자기를 사랑하며 소명을 찾은 이들은 이 과정을 열정을 갖고 기쁜 마음으로 거쳐갈 수 있을 것이다.

넷째, 소파에서의 편안한 쉼이 없다면 어떤 문제가 발생할까? 누구나 하루 일과를 마치면 쉬고 싶어 한다. '열심히 일한자여 떠나라'라는 TV 광고 카피가 한동안 유행한 적이 있었다. 소파는 쉼과 회복을 상징한다. 현대인들은 여러 가지 중독증세를 보이지만 그 중 하나가 일중독이다. 마치 일에 중독된 사람처럼 쉬지 못하는 증상이다. 한꺼번에 많은 일을 가장 빠르고 정확하게, 정해진 시간 안에 마무리한다는 것은 쉽지 않다. 꿈을 이루기 위해 준비하며 치열하게 살아가다보면 누구나 일에 대한 중독증세를 보이며 지쳐있는 자신을 발견하게 된다. 이민자들의 경우를 보면 초기 정착을 위해 건물 청소를 하거나 세탁소를 운영하면서 힘겹게 일해 겨우 기반을 잡고 아이들도 어느 정도 성장해서 조금 여유를 갖고 살아가야겠다고 생각할 때 예상치 못한 일들이 발생하는 경우가 많다. 건강하던 몸에 고장신호가 나타나고 마음 한켠에는 무력감이 찾아오는 것이다. 우리에겐 분명 적절한 쉼이 필요하다. 육체적, 정신적 쉼을 통해 회복될 때 건강한 몸과 열정을 가지고 새롭게 출발할 수 있고, 재창조 할 수 있다.

(2) 2차 분류(16분법–16개의 작은 가지)

The art of Omnidirectional Reading Classify(ORAC)

2차 분류는 1차 분류의 기본 요소들을 온전하게 이루는데 필요한 핵심 요소들이다. 여기에는 각각의 기본영역의 부족한 부분을 보충하며 그 기본영역을 어떻게 유지해 나갈 수 있는지를 알려주고 있다.

첫째, 거울을 통해 봐야 할 대상은 나를 시작으로 해서 가까운 가족과 학교, 직장, 공동체 등으로 확장되어 간다. 이 모든 것의 출발은 자신과의 관계 회복이다. 그것이 전제될 때 나의 시선은 다른 이들에게로 향할 수 있다. 우리 모두는 서로에게 영향을 주고 받으며 살고 있기 때문이다.

둘째, 인생을 항해로 비유한다면 순항을 위해 꼭 필요한 것들 중 하나가 나침반이다. 모든 여행에는 목적이 있다. 그것은 가치로 드러난다. 항해에는 무엇보다 선장이 중요하듯 삶의 여정에서 누가 나를 이끌어 가는지는 무척 중요하다. 목적지를 가기위해서는 나침반과 더불어 암초나 등대의 위치 등을 알려주는 세부적인 지도가 필요하다. 모든 필요한 것이 갖춰질 때 올바르고 안전한 항해를 할 수 있는 것처럼 모든 것이 조화롭게 갖춰진 인생의 나침반이 있을 때 올바른 방향으로, 비교적 안전하게 삶의 여정을 걸어갈 수 있다.

셋째, 시계는 개발을 위한 구체적 지침이나 도구와 같은 것들을 상징한다. 중요한 것은 바른 지식을 소유해야 한다는 사실이다. 올바른 지식을 가질 때 지혜를 얻을 수 있으며 시간을 효율적으로 관리하며 돈 사용의 바른 원리를 배울 수 있다. 여기에는 자기 몸을 건강하게 관리하는 것까지 포함된다.

넷째, 소파는 해소와 회복을 위한 휴식 공간을 상징한다. 각자의 성격과 취향에 따라 휴식의 방법도 다르다. 음악을 통한 쉼, 그림 감상이나 공연 관람을 통한 쉼, 스포츠 경기를 통한 쉼 등 쉼의 수단은 일일이 열거하기 어려울 정도로 다양하다. 자연도 모두가 부담 없이 쉼을 누릴 수 있는 대상이다.

이와 같이 전방향 독서법 분류는 1차 분류와 2차 분류를 통해서 문제에 대한 진단과 함께 해결책을 찾아볼 수 있는 분류법이다.

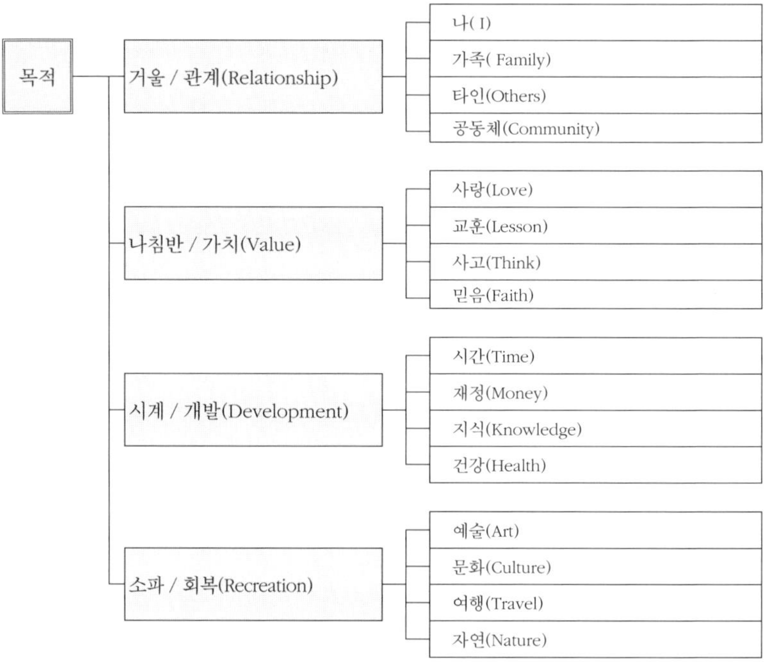

전방향 독서법 분류(ORAC)

독서치료는 접근 방법에 따라 치료적(임상)적 접근과 발달적 접근(예방) 두 가지로 나눠볼 수 있다. 전방향 독서법 분류는 예방과 치료가 함께 이뤄지는 분류방법이지만 굳이 구분하자면 예방적 접근에 가깝다. 나침반(가치)과 시계(개발) 영역은 예방(care)에 가깝고 거울(관계)과 소파(쉼) 영역은 치료(cure)에 가깝다고 볼 수 있다.

이해를 돕기 위해 전방향 독서법에 따른 도서 분류의 예를 들어보기로 하자. 분류와 더불어 각 자료에 대한 선정이 동시에 이뤄질 경우 각 자료에 대한 전방향 독서법의 분류를 위한 처방이 이뤄져야 한다. 앞서 이야기한 것에서 조금 덧붙여 설명하자면 각각의 자료에 다음과 같은 처방이 추가 된다면 분류와 도서관에서의 참고봉사를 통한 상담시, 개인의 자기변화를 위한 책읽기 등에 활용할 수 있을 것이다.

거울	나침반
· 너는 특별하단다 /고슴도치 · 비밀의 화원/시공주니어 · 5가지 친밀한 관계 /이레서원 · 삶이 내게 말을 걸어 올 때/ 한문화	· 세 가지 질문 /달리 · 앵무새 죽이기/열린책들 · 죽음의 수용소에서 /청아출판사 · 프레임/ 21세기북스

시계	소파
· 그대 스스로 고용하라 /김영사 세 개의 잔/살림어린이 · 생각을 넓혀주는 독서법 /멘토 · 성공하는 사람들의 7가지 습관 /김영사	· 누구에게나 우울한 날은 있다 /바다출판사 · 모네의 정원에서/미래사 · 내가 혼자 여행하는 이유/걷는나무 · 산책자를 위한 자연수업/이케이북스

전방향 독서분류 예시

전방향 독서법에 따른 분류 처방전

① 독서연령(reading age)

독서력(readability)을 염두에 두고 처방전을 만들 수 있겠지만 능력에 따른 접근 보다는 연령이나 학령에 따른 분류를 한다. 예를 들면, 몇 세부터 몇 세까지로 하거나 몇 학년부터~성인까지 등으로 표시할 수 있다. 이것은 자료의 난이도와 형태를 선정하는데 중요한 역할을 한다.

② 핵심어(key word)

우리는 보통 책의 제목을 가장 먼저 떠올리기 마련이다. 아니면 그 책의 저자가 누구인지에 대한 관심이 많다. 하지만 독서치료에서는 그렇게 표면적으로 드러나 있는 것 보다는 그 책의 핵심어가 훨씬 더 중요하다.

전방향 독서법은 네 개의 핵심영역을 각각 다시 네 개로 나누어 총 16개의 핵심어로 나눠 접근한다.

③ 문제 상황(problem situation)

핵심어를 잘 뽑아내면 다음 단계인 문제 상황 설정하기가 보다 쉬워진다. 무엇이 부족하거나 혹은 넘쳐서 생기는 문제, 관계로 인한 문제 등으로 구체적인 묘사가 가능하다.

④ 더불어 읽기(another reading)

모든 자료에는 짝이 있게 마련이다. 유사한 내용의 짝도 있지만, 어떤 책은 원인을, 어떤 책은 결과를, 어떤 책은 해결책을 보여준다. 여기서는 책만 제시하지만 다양한 미디어 자료도 좋은 짝이 될 수 있다. 예를 들어 '비밀의 화원'을 문자로만 구성된 책으로 읽었다면 만화책이나 비디오를 통해 더불어 읽기와 계속읽기를 할 수 있다.

이와 같은 네 가지 항목에 대한 처방전이 제대로 만들어지면 전방향 독서법에 따라 책을 분류한 코너에 부착하고 서가 배치도 이에 맞게 이뤄질 수 있다.

제7장 결론 및 제언

책머리에서 밝혔듯이 이 책은 본인의 석사 학위 논문을 토대로 전방향 독서법과 전방향 독서법에 따른 자료 분류를 개괄적으로 소개하기 위해 쓰여진 것이다. 이러한 목적을 달성하기 위해 기존의 독서치료에서의 자료 분류는 어떤 기준으로 어떻게 되어 왔는지 전체적으로 살펴보았고, 국내 · 외의 독서치료적 관점에서 볼 때 참고할 만한 분류 방식, 단행본 자료, 목록집, 프로그램 등을 소개하고 나름대로 분석해 보았다.

첫째는 상황별 분류와 상황별 도서목록에 대한 조사였고, 둘째는 자기조력서 분류이다. 그러나 현재 독서치료에서 가장 많이 사용되고 있는 것은 상황별 도서목록이며 이와 유사한 다양한 형태의 목록들이 만들어지고 있다. 상황별 도서목록의 경우 표면에 드러난 문제와 상황에만 집중하기 쉽고, 내담자로 하여금 문제를 직면케 함으로 부자연스럽거나 거부감을 가져오는 제한점이 있다. 또한 그렇기 때문에 자료에 흥미를 갖기 어려우며 도서목록도 비문학 중심일 수 밖에 없다.

자기조력서 분류는 상황별 도서목록에 비해 분명한 기준과 원칙을 찾기 힘들다. 보통 읽으면 좋겠다 싶은 책들을 특별한 기준 없이 개인의 기호에 따라 분류하는 경우가 많은 것이 사실이다. 따라서 엄격하게 따지면 분류라기보다는 인위적 나눔이라고 볼 수 있다. 또한 상황별 도서목록과 자기조력서가 서로 뒤섞여 있는 것을 확인할 수 있다. 문제는 이것을 어떻게 구별하며 독서치료 자료에 포함시키느냐는 점이다. 또한 대부분 개인의 실용적 필요와 개발을 위한 책인 실용서 위주로 선정되어 비소설이 대부분이라는 단점을 갖고 있다.

이러한 문제의식에서 출발해 전방향 독서법에 따른 분류를 시도해 보았다. 전방향 독서법 에 따른 분류 기준은 '삶의 목적'이다. 그 목적을 이루기 위한 일련의 과정과 요소를 4가지 구분했다.

- 거울(관계) — '나는 누구인가?'
- 나침반(가치) — '나는 어디로 가고 있는가?'
- 시계(개발) — '나는 무엇을 가지고 있으며 어떻게 개발할 것인가?'
- 소파(쉼과 회복) — '나의 문제는 무엇이며 어떻게 해결 할 것인가?'

위의 네 가지 질문은 인생여정에서 누구나 품게 되는 근원적인 질문이며 이러한 질문들은 기쁨의 요소가 되기도 하지만 자주 고뇌와 갈등의 요인이 되기도 한다.

전방향 독서법 분류는 기존의 상황별 도서 분류와는 출발을 달리해 문제에 접근하는 방식을 취했다. 현재의 상황별 분류는 드러난 문제와 현상에만 집중하기 쉽다는 한계점을 갖고 있는 만큼 문제의 근원에 접근하는 방식을 함께 고려하는 것이 필요하다. 또한, 지나치게 세분화시켜 분류를 하게 되면 너무 직접적이기에 거부감을 가질 수 있다는 사실을 인식해야 한다. 사람에겐 문제와 직접적으로 만나기 전 적당한 거리에서 그 문제를 바라보는 것이 필요하며 때론 잠시 동안 숨을 곳이 필요하기도 하다. 또한 너무 세분화된 분류는 그것에 맞는 자료를 찾고 분류하는 일도 결코 쉽지 않다. 물론 자신과 유사한 상황을 만나면 쉽게 동일시하며 마음을 여는 계기가 되기도 한다. 그 나름대로의 유익은 있지만 보완이 필요한 것이다.

전방향 독서법은 연역적인 접근으로 삶의 근원적인 문제에 대한 질문을 던지는 것에서 시작해서 구체적인 상황에 접근한다. 물론 이때 잘 만들어진 상황별 도서목록을 참고해 적절한 타이밍에 관련 자료를 제시한다면 유익할 것이다.

모든 인간은 분명한 목적(소명)을 가지고 살아갈 때 보다 온전한 삶을 살아갈 수 있다. 그 목적을 이루기 위해서 꼭 갖추어야 할 것들과 거쳐야 할 과정들이 있다. 크게 보면 네 가지이며 그것을 보다 세밀하게 삶 가운데서 풀어가기 위해서는 각 네 개의 과정에서 각각 또 다른 네 개의 과정이 필요하다. 그렇게 해서 삶의 핵심어 16개가 만들어 진다. 출발점과 종착점은 개인의 성향과 상황에 따라 다를 수 있다. 1차 분류는 목적이라는 키워드에서 시작한다. 출발을 어디에서(어떤 질문을 던지며) 하느냐가 어디에 도착하느냐를 결정한다. 전방향 독서법 분류는 삶의 목적을 이루는 근간이 되는 것에서 시작해 그 근간을 제대로 이뤄가기 위한 구체적인 접근을 2차 분류에서 시도한다.

전방향 독서법에 따른 분류는 표면에 드러난 문제 자체가 아니라 문제의 근원에 관심을 집중한다. 그러기에 삶의 근원적인 문제에 대해 질문을 던지고 점검할 수 있도록 유도하는 분류방식이다. 그래서 '목적이 이끄는 읽기 분류'라고 부를 수 있다.

마지막으로 유의할 부분을 언급하는 것으로 결론을 맺기로 한다. 독서치료에서 자료의 중요성이 크다는 것은 누구나 공감할 수 있는 사실이다. 하지만 자료가 아무리 중요하다고 해도 독서치료에서 자료가 차지하는 비중은 일부분일 수밖에 없다. 자료에게는 보이지 않는 3가지 요소가 맞아떨어져야 한다. 강의 현장에서 '어떤 자료가 좋은지'에 대한 질문을 가장 많이 받는다. 그 자료가 객관적으로 더 없이 좋은 것이라고 할지라도 대상이 정해지지 않은 상태에서는 불완전한 것일 수밖에 없다. 자료는 만나야 할 대상이 있다. 그것은 마치 칼이 의사에게 주어졌을 때 사람을 살리는 도구처럼 상담자와 내담자 사이에 관계성(라포)이 형성되어야 하며, 더불어 적절한 타이밍이라는 요소까지 합쳐져야 한다. 그러한 정교한 메커니즘을 깊이 이해한 토대 위에 자료를 선택하고 활용하는 것이 중요하다. 자료 이전에 대상을 알아가는 것이 중요한데 자료에 집중하다 보면 대상을 놓치기 쉽다. 내담자가 상담자에게 마음을 열지 않으면 상담자가 소개한 책에도 마음을 열지 않는다. 고민하며 선택한 자료가 별 의미가 없게 되는 것이다. 분명한 것은 자료만큼이나 관계가 중요하다는 사실이다. 이 부족한 책이 독서치료적 관점에서의 새로운 분류와 새로운 자료집이 쏟아져 나오는 계기가 되었으면 하는 바람을 가져 본다. 그 누구도 완벽할 순 없지만 현재에 머무르지 않고 끊임없이 도전하는 동안 이전 보다 한층 나은 결과를 얻을 수 있을 것이다.

제8장 독서 소그룹 상담에서 질문의 역할과 기능 — 전방향 4C를 중심으로

Ⅰ. 서론

최근 들어 점점 도서관의 인식도 달라지며 도서관의 숫자도 이전과 달리 빠르게 늘어나고 있다. 기차에 레일처럼 기초 작업이 진행되고 있으며 이제는 점차 그 레일위에서 무엇을 싣고 어디로 향해야 할 것인가를 진지하게 고민할 때가 되었다.

멋지게 디자인되어 최신 설비로 구축이 된 건물에 이제는 무엇이 함께 해야 할까? 개인적으로는 무엇보다 도서관 마다 다양한 독서 소그룹이 만들어져야 한다고 생각한다. 그리고 그것을 위해서는 독서소그룹 리더를 키워야하는 과정이 선행되어야 한다. 또한 그 리더를 키우는 과정중에서 핵심역량은 바로 질문을 생성하고 발현해가는 리더의 자질에 의해서 좌우된다고 볼 수 있다. 그렇다면 독서 소그룹 상담에서 이 질문을 어떻게 바라 봐야 할 것인가 살펴보면서 시작한다.

공공도서관에서든 학교도서관에서든 독서 소그룹 상담(reading group

therapy)을 진행하려 한다면 기본적으로 그룹을 구성하고 인도할 인도자(상담가)가 무엇보다 정해져야 한다 그리고 당연한 이야기지만 함께 참여하는 참여자(내담자)가 있으며 그 다음으로는 적절한 자료(다양한 매체)가 필요하다. 한 가지 더 첨부한다면 적절한 타이밍을 추가 할 수 있다.

여기서 타이밍이라 하면 두 가지 관점이 있다. 참여자 상황의 타이밍이 있고 인도자가 적절하게 개입을 하는 타이밍이 있다. 이 두 타이밍이 적절하게 맞아 떨어진다면 이미 변화를 위한 여정이 시작된다고 볼 수 있다. 이러한 기본적인 요소들이 적절하게 구비될 때 독서 소그룹 상담이 구축된다고 볼 수 있다.

한가지 제안을 한다면 용어에 대해서 좀 더 유연하게 바꿔보면 좋겠다. 독서 소그룹 상담 이라하면 왠지 커다란 문제를 안고 있는 이들에게 행해지는 심도 있는 과정처럼 여겨질 수 있기에 서로에게 부담이 있다. 편안하게 일상의 변화를 꿈꾸는 독서 소그룹 이 정도로 부드럽게 표현하면서 내부적으로는 독서 소그룹 상담을 염두에 두고 진행하는 것이 가장 이상적인 접근이라 할 수 있다. 이럴 경우 참여자나 인도자 서로 간에 쉽게 시작할 수 있다. 지금부터는 좀 더 가볍게 시작하기 위해서 독서소그룹이라고 칭한다. 이렇게 기본 셋팅이 되고 난후에 다시금 두 가지의 중요한 것을 생각해보라고 한다면 . 첫째는 어떤 자료를 가지고 할 것인가와 어떤 질문과 함께 할 것 인가 이다.

사실 이 두 가지는 대상이 정해지기 전에는 알 수가 없다. 대상이 정해지고 그의 문제 상황이나 기호 주제나 장르가 구체적으로 정해질 때 이에 따라 자료가 정해지며. 그리고 이 논문의 중심에 있는 질문도 함께 할 수 있다.

Ⅱ. 독서 소그룹에서 질문의 역할과 기능

2-1 독서 소그룹이란 무엇인가

그림을 그려 본다. 둥근 탁자 때로는 직사각형의 탁자에 빙 둘러 앉는다. 시끌벅적 안부이야기 하며 가방에서는 한권의 책을 꺼낸다. 다 읽었느니 못 읽었느니 정말로 감동적인 부분이 있었다며 새처럼 노래한다. 또 한편에서는 독서 소그룹하면 열띤 발언과 공방이 떠오른다. 누구 생각이 누구 주장이 더 호소력 있다. 맞다, 틀리다 라고 외치는 소리가 들리는거 같다. 이런 토론과 논쟁에서 이기는 힘을 위한 독서소그룹이라면 내게는 관심이 없다.

내가 꿈꾸는 독서소그룹은 누구나 참여가능하며 정답을 찾아가기보다는 각자의 생각과 개성을 드러내며 내적 반응력을 키워가는 과정의 독서 소그룹이었으면 좋겠다. 자기를 찾고 꿈을 발견하며 그 꿈을 키워가는 과정이고 싶다.

독서 소그룹은 일정 공간에서 소수의 인원(4~10)이 모여 특정 목적을 갖고 목표를 이루기 위해 인도자와 참여자가 함께 읽고 나누는 모임이다. 책읽기 좋아하는 이들은 내가 읽은 이 책이 다른 사람에게는 어떻게 읽혔을까? 에 관심을 가지게 마련이다. 나와 다른 이의 생각과 마음을 읽어가며 나를 객관적으로 바라보며 거울 같은 것을 마주하게도 된다. 또한 책읽기를 좋아하는 이들은 자연스럽게 서점이나 도서관에 연결되기 쉽다. 학교 도서관 가까이 있으면서도 친숙해지는 것이 그리 쉽지 않다. 빌리거나 반납할 때 잠깐 들리는 곳으로 생각하기 쉽다. 달라져야 한다. 가까운 곳에 있는 나만의 비밀의 화원 같은 곳이 될 수 있음을 말이다. 이 글은 학교라는 공간에서 사서중심으로 진행되는 독서 소그룹과 일반 도서관에서 시행하는 독서소그룹을 염두에 두고 적어본다.

기존에 대부분의 소그룹모임이 학습능력을 신장하기 위한 연장으로 많이 진행되었다. 개인적으로는 다양한 성격의 모임이 공존한다면 좋겠다. 추리소설을 좋아하는 아이들과 함께하는 모임(명 탐정 홈즈).또는 사람공부(열정모델),나도 작자, 등 자연스럽게 모임이 만들어지면 좋을 텐데 이를 위해서는 시간확보를 적절히 잘해야 할 것이다. 특기적성과 취미반, 교과 연계를 적절하게 연결해도 될 것이다. 학교 학부형들과 함께하는 과정 또는 사서 선생님이 직접 할 수도 있고 아니면 교과 선생님들이 할 수 있도록 분위기와 여건을 만들어 주는 것도 한 방법이다.

왜 독서소그룹이 우리에게 요구되는가? 특별히 학교라는 공간에서는 대부분의 수업이 학습위주이며 수직적인 관계이며 답을 찾아가는 과정이다. 창의적이며 독창적인 사고를 위해서는 기존의 틀에서 벗어난 공간이 필요하다. 많은 이들이 아니라 소수의 팀으로 나누는 것이 필요하며 각 개인만의 사고와 개성이 드러날 수 있어야 한다. 기존 독서소그룹의 한계와 아쉬움은 지식과 정보 그리고 시험 대비 논술을 위한 공유와 나누는 것에만 집중하는 거 같은 생각이 들게 한다. 물론 예전에 비하면 다양함과 독특함으로 이동 중에 있다. 지식과 정보는 하루에도 끊임없이 생산되고 엄청난 양으로 축적되는 가운데 있다. 이때 주어진 정보를 보다 창의적으로 바라보며 사고 할 수 있어야 한다. 지식을 넘어 감성과 삶의 목적과 목표로 이어지는 변화와 성숙의 독서 소그룹을 그려본다. 몇 가지 생각해보면

첫째 수직적인 구도 관계를 넘어 수평적으로 관계를 맺으며 선생님과 사서와 함께 할 수 있는 자연스러운 기회를 가질 수 있다.

둘째. 소수의 인원이 함께 하기에 구체적이며 자연스럽게 주고받을 수 있는 여건이 형성될 수 있다.

셋째. 독서 소그룹만큼은 성적순이나 어떤 특정 기준이 아니라 희망하고 함께하고 자는 이들이 이라면 누구라도 할 수 있는 곳이어야 한다

넷째. 학습을 떠나 진지하게 자기 자신과 진로와 적성 그리고 꿈을 나눌 수 있는 곳이어야 한다.

다섯째. 독서소그룹이 좀 더 진지하며 세밀하게 운영이 된다면 집단상담의 한 과정으로도 진행이 될 수 있다.

상담실이 부담 된다면 도서관에서의 소그룹이 더 자연스러울 수 있으며 학교상담실과 연계되어 좀 더 심화된 과정은 그곳에서 진행되는 것도 한 방법일 수 있다. 교실과 상담실의 중간에서 완충 작용을 할 수 있는 자연스러운 역할이 될 수 있다.

독서 소그룹을 달리 보면 집단상담의 또 다른 모습을 보여준다. 얄롬에 의하면 치료를 경험케하는 11가지 요인을 이야기한다. 희망의 고취, 보편성, 정보전달(교수적 강의, 직접적인 충고),이타주의, 초기가족의 교정적 재현, 사회화 기술의 발달, 모방행동, 대인관계 학습, 집단응집력, 정화, 실존적 요인들 등. 물론 이 모든 것을 독서 소그룹에서 경험하거나 진행하는 것은 쉽지 않지만 진지하게 맞이한다면 참여자를 이해 할 수 있는 새로운 창구가 될 수있을 것이다. 적어도 독서소그룹이 온전하게 잘 진행된다

면 그 기간 안에 자연스럽게 자기이해, 타인이해, 사회이해, 자기소명, 등 이해의 폭을 넓혀갈 수 있다. 또한 지식과 정보를 넘어선 인생의 목적과 의미를 추구하게 되며 자연스럽게 공부와 일에 대한 의미를 깊이 깨닫는다. 책 읽기는 또 다른 여행이며 이를 위해서는 준비가 중요하다. 자기의 삶에 고난과 힘겨움 그리고 위험에 놓여있기에 사람들은 모임이 필요하다고 한다. 또한 사람들은 자신이 고난가운데 있고 너무 고통가운데 있기에 모임에 참석 할 수 없다고 한다. 안전한 공간이 필요한 바로 그 상황이 그들로 하여금 그 필요한 것을 얻지 못하게 하는 역설이 있다.

2-2 질문(법)이란

질문의 역할과 기능을 이야기하기 전에 질문(법)과 발문에 대해서 알아보고자. 질문, 질문법이 무엇인지 사전적인 의미를 보면 다음과 같이 이야기하고 있다. 질문법 [質問法, questionary techniques][1] 이것은 강의법과 함께 오랜 역사를 가지고 있는 교수법의 하나이다. 특히 소크라테스 시대부터는 질문법이 수업의 기법으로 많이 사용되어 왔다. 질문법은 교사의 질문에 대한 학생의 답변, 학생의 질문에 대한 교사의 답변이라는 과정을 거친다. 질문법은 현대에서도 모든 지도형태에서 중요한 위치를 차지하고 있다.

오늘날은 질문이 학습자의 인지적 수준과 학습의 효과에 밀접한 관계가 있다고 믿고 있다. 문법의 본질이나 기능에 비추어볼 때 질문의 기술은 결코 쉬운 것이 아니다. 사실에 대한 기억이나 학습한 내용을 암송시키는 질문이 아니라, 학습자가 교재를 분석하고 비판적으로 평가하는 능력

1) 교육심리학용어사전, 한국교육심리학회, 2000.1.10, 학지사

을 양성하는 등 다면적인 기능을 내포하고 있기 때문이다. 따라서 질문법을 개선하기 위해서는 교사 질문의 수준과 학생 학습효과 등에 대한 체계적인 연구가 필요하다.

또한 질문과 비슷한 발문[發問, questioning][2)]어떤 내용을 알고 있는 사람이 모르는 사람에게 질문을 하여 그에 대한 대답을 다양한 생각해 보도록 함으로써 스스로 정답이나 깨달음을 얻게 하는 질문기법이다. 발문의 주요한 목적은 학생(참여자)들의 능동적인 활동과 적극적인 사고를 유발하는 데 있다. 발문의 원칙은 간단하고 명료하며, 개괄적이면서 사고를 자극할 수 있어야 하고, 뚜렷한 목적을 내포하고 있어야 한다. 또한 학습자의 경험과 지식의 범위 내에서 이루어져야 하며, 개인별 특성을 최대로 고려하여야 한다.

이렇듯 질문과 발문 비슷하면서도 다르다. 수업시 학생과 교사들 간의 중요한 만큼 상담에서도 역시나 중요한 요인이다. 한편으로는 이것이 배움과 훈련으로 가능할까라고 생각이 들기도 한다. 그럼에도 간단하면서도 총체적인 모형을 그려가며 진행한다면 균형과 조화를 이뤄갈 수 있다.

인도자의 질문만이 아니라 주워진 다른 질문도 함께 이해하며 나눌 수 있어야하며 만들어진 질문을 넘어 만들어가는 질문이 살아있으며 함께하는 이들에게 더 유익할 수 있다.

2-3 독서 소그룹에서의 질문의 역할과 기능.

질문을 언제 하느냐 어떻게 하느냐 누구에게 하느냐에 따라 다 다를 수 있다. 특별히 독서 소그룹에서 이뤄지는 질문이라면 적어도 4개의 과정을

2) 교육심리학용어사전, 한국교육심리학회, 2000.1.10, 학지사

두고 질문의 역할과 기능이 조금씩 달라져야한다고 생각한다.

우리는 하루에도 수없이 많은 질문과 대답을 하면서 살아간다. 사람을 찾을 때나 물건을 찾을 때 그리고 먹어본 음식에 대한 느낌이나 정보를 알기위해서 물어 보기도 한다. 또한 어떤 때는 질문을 회피하기 위해서 질문을 사용하기도 한다.

도로시 리즈는 그의 책 "질문의 7가지 힘" 에서 다음과 같은 7가지를 이야기한다.

첫째 질문을 하면 답이 나온다.
둘째. 질문은 생각을 자극한다.
셋째. 질문을 하면 정보를 얻는다.
넷째. 질문을 하게 되면 통제가 된다.
다섯째. 질문은 마음을 열게 한다.
여섯째. 질문은 귀를 기울이게 한다
일곱째. 질문에 답을 하면 스스로 설득이 된다. 고 말한다.

모든 것을 포함한 이야기는 아니지만 정말 질문의 힘은 크다. 직면케하고 만나게 하고 말하지 않고는 견딜 수 없게도 한다. 문제는 이 질문을 어떻게 하면 질문 같지 않은 질문처럼 할 것인가 이것이 큰 문제다. 잘못하면 취조 같은 느낌을 가져 올 수도 있다. 이러한 기본적이 생각과 더불어 독서 소그룹을 위한 질문을 이야기 한다면 개인적으로는 시간의 흐름인 프로그램 과정에 따른 질문의 모습들이 달라져야 한다고 생각한다.

질문의 4가지 기능

첫째. 독서 소그룹 시작시 구성원들간의 관계와 책과의 관계 그리고 인도자와의 관계를 위한 질문들로 관계를 조성하기 위한 기능과 역할을 하고 있다. 이것은 초기의 분위기 조성을 위한 작업으로 전체적인 흐름과 여건을 형성하는 과정이기에 도입부분의 중요성은 참으로 중요하다. 사람과의 만남에서 첫인상이 중요하듯 이 책과도 또한 그렇다.

둘째. 질문의 역할과 기능은 이야기와 자료 속으로의 초대장이다. 이야기속에서 잘 만나고 이해하기 위한 질문이다. 내용이 무엇인지 알기위한 질문의 잔치다. 적어도 책에서 무엇을 말하는지 어느 시절 이야기며 어느 곳에서 벌어지는 이야기인지 배경도 알아가며 함께하기 위한 것이다.

셋째 질문의 역할과 기능은 두 번째가 나무를 보는 것 같고 현미경 같은 나눔이었다면 이번에는 숲과 같고 망원경 같은 아니 더 나가 밑에 있으면서도 밖을 보는 잠망경 같은 역할의 질문이 요구된다. 이야기 속에서만 있는 것이 아니라 이야기 밖 세상과 만나는 접촉점을 위한 질문과 만나야 한다. 자료의 무대에서 벗어나야한다.

넷째는 머리에서 가슴으로 가슴에서 손발로 삶과 직면하고 실천케하는 것이 질문의 최종적인 중요한 기능이라 생각된다. 다른 이를 바라보기 전에 나의 변화가 무엇보다 중요함을 깨닫는 질문이 필요 하다. 또한 지금 당장 실천하는 것의 중요성도 질문으로 언급해야 한다. 그렇다면 거꾸로 무엇 때문에 그토록 실천하는 것이 어려운 것인지를 질문과 더불어 직면하며 만나게 하는 것이 질문의 기능이며 역할이라고 생각한다.

Ⅲ. 전방향 4C의 질문 모형

4C란. 4개의 영어단어로 만들어졌다. 질문을 생성하는 요소로 이야기 하려고 하지만 달리 보면 독서 소그룹이 구성되는 기본 요소 이기도하다. 이 기본 요소들이 만들어가는 질문을 심도 있게 살펴보자. 모든 질문들은 듣는 질문과 표현하는 질문으로 나눠생각할 수 있다. 보통 질문하면 표현하는 질문으로 만 생각할 수 있지만 독서 소그룹에서는 지식과 정보만을 나누는 것이 아니기에 보다 세심함이 함께 가야한다. 인도자가 말하지 않아도 참여자 마음속에서 속삭이는 질문들이 있다. 이런 것을 말없이 책이 하는 질문, 말없이 삶의 맥락이 내게 하는 질문이 있다. 또한 참여자는 그냥 자기의 생각과 느낌을 나눈것인데 말없이 내게 질문으로 다가온다. 이렇게 말없는 질문은 민감하기에 무엇보다 분위기가 중요하다. 마치 야생동물을 관찰하고 촬영하는 것과도 흡사하다. 조용하게 때를 기다리며 천천히 두려워하지 않을 정도로 익숙해지며 다가 가야한다. 내가 원하는 때에 원하는 요구들 들어주지 않는다.

전방향 4C 질문법 특징

1. 소그룹 구성요소가 곧 질문 요소이다.
2. 만들어진 질문(발문)보다 만들어가는 질문이 중요하다.
3. 말 없는 말에는 말없는 질문 말없는 대답이 있다.
4. 모든 문장에는 어떤 물음에 대한 답이다.

3-1 소그룹 구성요소가 곧 질문 요소이다.

첫째. 컨텐츠(contents)

이것이 어떻게 질문이 된다는 말인가 라고 생각할 수 있겠지만 우리들 대부분은 경험 했을 만한 것들이 있다. 누군가로부터 한권의 책을 선물 받을 경우 상대방에게 직접적으로 물어 볼 수도 있지만 마음속으로 질문을 하기 시작한다. 이 책을 왜 나에게 준거지 그리고 지금 네게 준 나름의 이유가 있을까 라고 스스로 질문을 해본다. 이미 한권의 책을 받는다는 것은 질문을 받는 것이다. 이래서 책을 잘 골라야한다. 그 많은 책 중에서 왜 이 책을 나에게 아니면 이번 소그룹에서 정했을까 라고 질문을 한다. 책 스스로가 참여자에게 질문을 한다. 표지가, 제목이, 머리말이 또는 목차가 아니면 삽화가 본문이 질문하기 시작한다.

그래서 이때 인도자는 단순하게 자료(책)가 어떤가요, 느낌은요. 최대한대로 단순 명료하게 표현하는 것이 좋다. 왜냐 내가 묻기 이전에 책이 묻고 있기에 그렇다. 이것이 듣는 질문 이라고 말하고 싶다. 참여자가 책을 통해서 스스로에게 던지는 질문을 감지하고 읽어 내기 위해서는 기다림과 적절한 반응이 무엇보다 중요하다. 이때 긍정적인 질문이 생성되느냐 부정적인 질문이 생성되느냐 그리고 잘못된 질문이 생성되느냐가 중요한 것이 아니다. 왜냐하면 이 소그룹은 학습과 정답을 찾는 토론이 아니기 때문이다. 어떤 반응을 보이던지 인도자에게는 다 정보가 되며 다음에 하는 질문의 거름이 된다.

잘 고른 한 권의 책은 참여자에게 계속적인 질문을 가슴에 품게 한다. 하지만 여기에는 커다란 변수가 있다. 누가 소개하느냐와 언제 소개하느냐 라는 변수다.

적어도 그 책과 진지하게 만나본 이가 소개해야할 것이다. 제목에만 의존해서 추출하다보면 낭패이기가 쉽다. 다시금 말하지만 적절한 한 책은 좋은 질문을 품고 있는 책이다.

아래 4가지 요인에 대한 참고가 더욱 요구된다.

1. 서명과 표지는 책으로 들어가는 입구이다.
2. 저자는 책을 풀어가는 이야기꾼이며 이야기다
3. 출판사는 이야기를 잘 다듬어주는 사람이며 집을 만들어준다
4. 장르는 이야기의 억양이며 풀어가는 형식이다.

텍스트를 접하기 전에 이런 것을 민감하게 감지한다면 이야기 여정이 한층 더 흥미진진하리라. 컨텐츠가 우리에게 하는 가장 대표적인 질문은 아래와 같다

책이 오늘 나에게 뭐라 말하는가?

둘째. 컨텍스트(context)

맥락 또는 문맥이라고 말한다면 제일 먼저 생각할 수 있는 것은 지금 현재 참여자 각각의 상황이 질문한다는 것이다. 자신의 상황 (만남, 관계, 경제상황, 사고등…) 가족의 상황 그리고 학업의 상황, 직장의 상황, 어떤 공동체의 상황 이라고 표현 했지만 이러한 상황들은 만남으로 시작되었으며 결국은 관계로 발생하는 상황이 대부분이다. 여기서 때로는 기쁨과 슬

픔으로 우리들을 웃게하며 잡아 흔들기도 한다. 이러한 모든 상황이 또한 우리가 자료를 접하면 자연스럽게 질문을 접하게 한다.

타인이 질문하기 전에 이미 내가 안고 있는 상황이, 힘겨움이, 문제가 스스로 질문을 한다. 때로는 소리치고 말하기도 한다. 공교롭게도 기쁠 때 보다 슬프고 힘겹고 분노와 두려움이 엄습할 때 더 질문을 안고 와서 속삭이기 시작한다. 곧 상황이 내 삶의 터전이 내게 질문을 한다. 가장 직접적으로 나에게 말한다.

요즘에 교도소와 군부대에 가서 소그룹으로 책과 영화를 보면서 재소자들과 장병들과 함께한다. 이들이 처한 장소 처한 상황이 이들에게는 곳 질문의 시작이다. 전에는 경험해보지 못한 상황이 책을 접할 때 질문으로 다가 온다는 것이다. 역설적이게도 가장 통제되는 이들이며 개인적인 시간을 갖는 것도 쉽지 않은 상황에서 맞이하는 책들은 이들에게는 너무나도 한 결처럼 다르다고 한다. 이렇기 때문에 그냥 단순히 책이 어땠어요 라고만 물어봐줘도 술술 고치에서 실이 풀려 나오듯 시작한다. 이것은 책이 참여자와 만나는 가운데서 만들어 내는 화학 반응이다.

때로는 거울처럼 때로는 나침반처럼, 때로는 시계처럼 그리고 소파처럼 다가오기도 한다. 이것은 참여자 내면에서 이뤄지기에 기다림이 필요하다. 개인의 문제와 타인과의 문제 그리고 공간에서의 문제 등 내부적인 질문요인으로 우리들에게 이야기 할 것이다.

여기에서 대표적으로 수면에 떠오르는 질문을 생각해 본다면 이런 것이다.

삶(**인생**)은 내게 책을 통해서 뭐라고 말하는가?

셋째. 컴퍼니(company)

동료, 친구, 교제, 친교의 의미로 많이 쓰이고 있다. 라틴어 com (together)과 panis(bread)가 합해져 만들어진 말이다. 즉 빵을 같이 먹을 수 있는 사이가 companion 이라는 것이다. 동료, 구성원, 멤버의 자연스러운 반응과 나눔이 하는 질문.

집단 상담이 주는 대표적인 역동성은 여기에 있다. 동료들과 함께 하는 가운데서 오는 안정감이다. 다른 이에게도 그런 일이 그런 감정이 일어난다는 가운데서 오는 안정감이다. 보통 동일시라고 한다. 질문의 영역에서 본다면 함께하는 동료들의 나눔이 내게 말없는 질문으로 다가 온다. 같은 책 같은 부분을 보면서도 얼마나 다를 수 있는지 또는 얼마나 같을 수 있는지가 질문으로 내게 다가온다. 굳이 인도자가 질문을 하지 않아도 안정되고 진정 함께하는 소그룹이라면 참여자들은 다른 사람의 이야기를 듣고 자연스럽게 이야기 할 것이다. 꼭 질문을 받은 사람같이 사실은 나 역시도 그랬어 라며 나는 사실 더 했지 라면서 말을 건네며 시작 한다. 이렇듯 그룹이 다이나믹하게 움직이는 경우는 동료들 간에 자연스럽게 질문들이 오고간다. 말없는 질문들이 이어지기도 한다

사실 독서소그룹은 집단 상담의 가장 대표적이면서도 일반적으로 적용할 수 있는 구성이기도하다. 일대일에서 볼 수 없는 다양한 장점을 지니고 있기에 여기 잠시 살펴보고자 한다.

집단상담의 대표적인 전문가인 얄롬은 그의 대표적인 저서"집단정신치료의 이론과 실제"에서 치료적 요인들을 언급하며 다음과 같이 이야기했다. 치료적 변화란 인간 경험의 난해한 상화작용을 통해 일어나는 대단히 복잡한 과정이다.

단순한 것에서부터 시작하여 복잡한 것으로 접근해 들어가는 데에는 , 즉 그 기본적인 구성과정들을 통하여 총체적 현상으로 접근하는 것은 상당한 이점이 있다. 여기에는 다음과 같은 11가지의 중요 요인들이 있다고 한다. 앞서 언급했지만 조금 더 자세히 적어보면 다음과 같다.

1. 희망을 심어주기. 타인의 문제해결과 변화되는 것들이 내게 희망을 안겨준다
2. 보편성. 나만이 갖고 있는 문제가 아니며 같은 배를 타고 있다고 알게 될 때
3. 정보전달. 사실과 바른 정보를 주고받는 창구
4. 이타주의. 타인을 돌아보며 그들의 삶에 중요한 사람되어보기
5. 초기가족의 교정적 재현. 집단에서 내가 성장한 가정, 나의 삶을 다시 체험하고 이해
6. 사회화 기술의 발달. 그룹을 통해 행동의 변화로 이어 진다
7. 모방행동. 참여자나 텍스트의 주인공을 언급하며 자신도 그리하고 싶어 한다.
8. 대인관계 학습. 소그룹에서 더불어 사는 삶, 나누는 삶을 직간접으로 관계를 통해서.
9. 집단 응집력. 집단에 소속되고 수용된다. 더 이상 혼자라는 느낌을 가지지 않는다
10. 정화. 마음속에 있는 것을 털어놓는다, 나 자신이나, 구성원에 대한 긍정적인거나 부정적인 것을 표현한다.
11. 실존적 요인들. 현실을 현실로 인정하고 받아들이는. 인생이 부당하고 공평치 않고 또한 죽음은 피할 수 없으며, 함께하는 이가 있어도 여전히 혼자이어하는 등

집단심리상담에서의 치료적인 요인을 보여주는 부분들이지만 일상에

서 누구나 쉽게 경험하고 있으며 고개를 끄덕일 수 있는 것들이다. 위의 열한가지 요인들이 일대일이 아니라 집단으로 할 때 더욱 자연스럽고 쉽게 경험할 수 있다. 특별히 참여자와 인도자를 자연스럽게 연결해주는 책이라는 매체이자 촉매자 더 나아가 치료의 요인이기도한 적절한 자료가 함께할 때이다. 앞에서 나열한 것들이 보다 더 활발하게 일어난다. 이 모든 요인들이 개별적으로 일어난다기보다는 동시다발적으로 서로 유기적으로 일어나는 화학적 작용처럼 일어난다. 민감하게 깨어있으며 관찰하며 적용한다면 치료적 요인으로부터 말없는 질문을 읽어내며 찾아낼 수 있다.

이 때 함께 할 수 있는 대표적인 질문으로는

참여자(동료, 내담자)들의 이야기를 통해서 내게 뭐라고 말하는가?

넷째 카운슬러 (counselor)

인도자, 리더의 의도적인 질문들. 마지막으로 나눌 요소는 결국은 인도자의 민감함이 무엇보다 중요하다고 볼 수 있다. 위 3가지가 결국은 인도자에 의해서 전달되며 표현되고 드러나기 때문이다. 소그룹의 분위기가 무엇을 말해도 경청해주고 용납할거 같은 분위기가 될 경우에는 속 깊은 질문이나 속 깊은 답으로 표현을 할 것이다. 때론 침묵으로 표정으로 몸같은 비언어를 통해서 말할 것이다. 두려움과 분노가 가슴을 짓누르고 있는 경우가 많다. 언제 어떻게 무엇을 통해서 말할지 모르기에 민감함으로 반응하며 경청해야 한다. 질문하는 것만이 질문이 아닌 것을 명심해야할 것이다. 인도자는 흡사 지휘자 같다. 악기 하나씩 연주하는 개인과 악기에 대한 이해 그리고 악보를 잘 읽어가는 수고 그리고 다른 악기와의 조화가 함께 해야 한다. 문제는 악보를 어떻게 해석하고 지휘하느냐에 따라 전혀 다른 음악이 연출 된다는 것이다.

여기서 대표적으로 한 가지 질문을 말한다는 것은 쉽지도 안고 적절하지 않지만 적어본다면 **인도자**는 오늘 내게 뭐라고 말했는가?

그 많은 질문 중에 나를 가장 기쁘게 하고 슬프게 하고 힘들게 한 것이 무엇인지 생각해보자 그곳에서 새로운 것을 만날 수 있는 계기가 되는 것이다.

3-2 만들어진 질문보다 만들어가는 질문

인도자가 의도적인 목적을 가지고 만들어진 질문은 아무리 좋다고 해도 그것은 불안전한 상태이다. 대상과의 만나지 못한 상태이기에 그렇다. 이 질문에는 인도자의 바람과 조작이 자기도 모르는 사이에 포함될 수 있다. 만들어진 질문은 소그룹을 준비하기 위한 최소한의 준비이다. 만남의 상황을 맞이하기 전까지 우리 알 수 없다. 누구로부터 어떤 상황을 어떻게 맞이 할런지 말이다. 나누는 가운데 참여자의 자연스러운 질문에 귀를 기울이자. 눈으로 하는 질문, 몸으로 하는 질문 등 이것에 대해서는 뒤에서 이야기 할 것이다. 무엇보다. 독서소그룹에서 나눠지는 것에는 틀린 질문과 잘못된 질문이 없다는 것이다. 이 독서 소그룹은 정답을 추구하거나 논리만을 위한 시간이 아니기 때문이다. 물론 수학이나 과학처럼 답이 떨어지는 것도 있지만 놀라운 것은 수학과 과학의 발전에도 상상력과 엉뚱함에서 획기적인 문제해결과 발전을 거듭했다는 것이다.

오히려 교실이나, 상담실이나 공간에서 어떤 질문을 해도 괜찮다라는 분위기가 무엇보다 중요하며 이럴 때 다양한 질문들이 나올 수 있다. 질문에 답을 하며 왜 그렇게 생각했는지 물어봐준다면 질문하는 이의 마음의 빗장을 열고 들어가는 계기가 될 것이다. 제발 내가 만들어진 질문에 신경 쓴 나머지 참여자들의 눈빛과 질문을 가볍게 여기고 놓쳐버리는 과오를 범하는 일이 없어야 한다. 만들어가는 질문이 활발하게 일어나기 위해서는 소그룹의 분위기가 무엇보다 중요하다. 여기에는

전방향 4대 분위기 규칙이 무엇보다 기본이 되어야 한다.

하나. 다 안 읽어도 괜찮아.

다 안 읽거나 책을 미처 챙기지 못한 경우라도 환영하자. 그럼에도 참여하고자해서 왔으니 말이다. 용납함을 받을 때 그 시간에 비록 다 읽지 못했으며 가져오지 않았지만 더 열심히 귀를 기울이는 시간이 될 것이다. 그리고 다음에는 달라질 수도 있을 것이다.

둘. 읽고 말 안 해도 괜찮아.

읽었지만 제대로 이해를 못했을 수도 있으며, 이야기하기가 낯설어서 그럴 수 도 있다. 기다려 주자 다른 이들이 하는 걸 지켜보며 배우며 자신감을 가질 때 까지 읽었다면서

셋. 안 읽고 말해도 괜찮아.

읽지 않았지만 관심 있는 주제이며 비슷한 책을 읽었기에 말할 수 있다. 그리고 사람들이 이야기하는 것 들어보니 책이 이해가 되면서 나눌 수도 있다.

넷. 뭐든지 말해도 괜찮아.

누구에게든 커다란 배려가 함께하는 분위기라면 그곳이 책을 촉매로 하는 만남의 장이 될 것이다. 물론 가이드라인이 적절하게 필요는 하다. 그날의 책과 주제와 관련된 이야기로 집중되어야함은 맞지만 누가 알겠는가 어느 한사람에게는 그토록 중요한 사항이기에 질문을 했을지...배제하기 전에 들어보자 그리고 왜 그것이 궁금했는지 그것에 대한 당신의 생각은 무엇인지를… 라는 배려가 함께 해야 한다.

두려움과 배움은 함께 춤 출 수 없다는 말처럼 두려움과 질문은 함께 갈 수 없다. 괜찮아 라는 우리 모두가 듣고 싶고 우리 모두가 해줘야 할 말이다. 일본의 미즈타니 오사무가 그의 책 "얘들아, 너희가 나쁜게 아니야" 에서 보여주는 마음의 짤막한 글이 구호처럼 가슴에 들려온다.

"저, 도둑질 한 적 있어요."
괜찮아.

"저, 원조교제 했어요."
괜찮아.

"저, 친구 왕따시키고 괴롭힌 적 있어요."
괜찮아.

"저, 본드 했어요."
괜찮아.

"저 폭주족이었어요."
괜찮아.

"저 죽으려고 손목 그은 적 있어요."
괜찮아.

"저 공갈한 적 있어요."
괜찮아.

"저, 학교에도 안가고 집에만 처박혀 있었어요."
괜찮아.
어제까지의 일은 전부 괜찮단다.
"죽어버리고 싶었어요."
하지만 얘들아 , 그것만은 절대 안 돼.
우선 오늘부터 나랑 같이 생각을 해보자.

이 얼마 간절하며 간곡한 이야기인가 우리가 제일 듣고 싶은 말 그리고 제일 나눠야 할 말

괜찮아……

3-3 말없는 말에는 말없는 질문, 말없는 대답이 있다.

우리가 알다시피 언어로 표현하는 부분은 대화에서 차지하는 비율은 생각보다 아주 적다. 특별히 소그룹에서 좀 더 깊은 대화를 하게 되면 더욱 더 그렇다. 대화시 종종 우리는 이런 말을 들을 경우가 있다. "꼭 말을

해야 아니" 알아 달라는 항변이다. 민감한 이들은 말없는 말을 읽어 낼 수 있다. 여기에는

첫째. 침묵이 있다.

고민하기도하며 나름의 또 다른 의사 표시이기도 하다. 정리하는 과정일 수 있다. 시간을 달라고 하는 경우도 있다. 또한 관여하고 싶지 않은 간접적인 의사 표현이기도하다. 이런 경우 기다려 주자 언제 어떤 형태로든 자기 타이밍에 표현 할 것이다. 분명한 것은 침묵도 나름의 의사표현이라고 생각하자. 억지로 강제로 말을 하게한다는 것은 더 숨으며 원래 생각과는 반대로 왜곡되게 표현 할 수도 있으며 정리되지 않아 당황 할 수도 있다.

둘째. 표정(눈빛)이 있다.

내면 상태에 대한 외적인 표현이다. 그럼에도 가끔 표정으로 드러나지 않으려고 농담을 하거나 딴 짓을 하는 경우가 있다. 포커페이스라는 말도 있지 않은가 말이다. 그럼에도 진지하게 표정을 바라보자 그리고 눈도 가끔 마주보자 그때 말없는 말로 무엇인가 말하고 있음을 감지 할 수 있다. 누군가가 나를 따뜻한 시선으로 바라봐 준다는 것은 참 기분 좋은 경험이다.

셋째. 몸말 바디 랭귀지가 있다.

하품, 졸음, 비스듬 앉기, 가까이 앉기, 멀리 앉기, 팔장 끼고 있기, 손짓, 접촉……등 무언의 메시지를 보내는 것이다. 관심을 보이기 위한 것에서부터 불만 또는 자신의 즐거움을 보여주기도 한다. 굳이 설명을 하지 않

아도 각 바디랭귀지의 부정적인 감정을 드러낼 때와 긍정적인 감정을 드러내는 때인지를 우리는 본능적으로 알 수 있다. 잘 관찰하며 관심을 가져봐주며 물어보자. 괜찮니 라며

3-4 모든 문장은 어떤 물음에 대한 답이다.

독자인 참여자의 삶과 목적의 간절함으로 질문을 품고 책을 읽는 다면 답을 만나게 된다. 또한 답이라고 생각하는 것을 품고 읽게 되면 문장 가운데 새로운 질문을 만나게 된다. 결국 간절함을 품고 접하면 문장을 통해서 우리는 질문을 만나기도 하고 질문에 대한 답을 만나 기도한다. 모든 문장에는 어떤 질문에 대한 답을 품고 있다. 그러기에 한 문장 한 문장 밭을 일구는 마음으로 읽어 가면 만날 것이다. 동일시하는 마음으로 때로는 정화를 경험하며 또는 통찰력이라는 답도 또는 질문도 만날 것이다. 사람에게서 만 구할 것이 아니라 조용한 중에서 홀로 책을 읽으면서 먼저 만나보자 나의 물음과 나의 답을 말이다. 이 만남과 깨달음을 가지고 그룹에서 나누다보면 더욱 풍성하며 생각지도 못한 마음의 열림을 우리 모두가 경험 할 수 있다.

Ⅳ. 결어 및 제언

독서소그룹에서의 질문은 핵심적인 요소며 요인인 것은 확실한데 혹시 이것에 만 너무 집중한 나머지 함께하는 참여자를 놓치는 우를 범할 수 있기에 항상 조심해야한다. 소그룹은 살아서 역동하는 생명체 같기에 민감하게 반응한다. 다시 한 번 강조하지만 내게 준비 된 질문은 자료와 사람

들을 살피는데 도움이 될 수 있지만 진정한 변화를 위한 질문은 참여자로부터 나온다. 그리고 그 질문에 답을 하며 반영 질문을 할 때 정보를 넘어 지식을 넘어 가슴으로 초대받을 수 있는 문고리가 열리기 시작한다. 요즘에 간간히 군부대와 교도서에서 소그룹을 하면서 경험하는 것은 내가 준비해가는 질문은 거의 못하게 되기 쉽다. 왜냐하면 내가 말하기 전에 참여자들의 제안과 말하고 싶어하고 질문이 하나씩 나오기에 그렇다. 오히려 나는 질문보다 때로는 배경정보 비하인드 스토리같은 정보를 준비해서 알려주기 위한것들이 더 유익할 때가 많다. 말하는 질문 만큼이나 듣는 질문도 중요하며 인도자가 하는 질문 보다 참여자가 하는 질문에 더 집중해야 함을 다시 한 번 더 강조한다. 이 작은 글이 독서 소그룹에서 바라보는 질문에 대해서 좀 더 다양하고 다각적으로 바라보는 기회가 되기를 바라며 추후에는 사례를 포함해서 좀 더 구체적으로 제시를 하면서 이야기를 풀어가고 싶다.

〈참고문헌〉

도로시 리즈, 『질문의 7가지 힘』, 더난출판사, 2002.
미즈타니 오사무, 『얘들아, 너희가 나쁜게 아니야』, 에이지21, 2005.
박연식, 「독서소그룹 이해하고 시작하기」, 『학교도서관 저널』 2014년 6월호.
박연식, 「한국도서관정보학회 동계학술발표회」 12, 2013.
얄롬, 『집단정신치료의 이론과 실제』, 하나의학사, 2008.
한국교육심리학회, 『교육심리학용어사전』, 학지사, 2000.

제9장 전방향 독서치료 과정 모형

— 전방향 독서법을 기반으로 한 독서치료 과정 모형
(전방향 4TEXT)

Ⅰ. 서론

독서치료학회 원고를 준비하면서 그동안 나름의 과정모형을 이야기하며 사용하면서도 그것을 한번도 모형이라 생각해보지 않았다. 그냥 과정이라고만 소개하면서 사용해 왔다. 이번 논문을 준비하면서 좀 자세히 살펴 전방향 4 TEXT 모형의 관점을 정리해본다.

모형이라는 것이 뭔지 생각해 보지도 않았지만 평상시 분류와 구조를 만들거나 그리는 것을 좋아하기에 호기심이 발동했다. 찾아본 정의 간단히 옮겨본다. " 모형은 형식체계에 대한 해석을 하거나 혹은 별개의 것으로 하나의 사물에 대해 규범적인 유추(때로는 은유에 의해서)로서 도시(圖示,표상, representation)하는 것을 말한다. 전형적으로 모형은 두 가지 이상의 대상 사이에 관계가 지워지는 유비에 관계되는 것이고, 다른 것을 기초로 해서 하나의 것이 만들어지게 됨으로써 추론이 이루어지는 것이다."(이호중, 2011)이러한 정의를 사전에 접했다면 내겐 더 어려운 작업이었을 것이다. 그냥 현장에서 자연스럽게 준비하면서 그려지는 여정 이었다

모형은 크게 두 가지 의미로 사용된다. 첫째, 추상화(심벌, 기호, 키워드)된 구조적 틀을 의미한다. 이것은 총체적 모형이라 할 수 있다. 즉 복잡한 맥락, 현상, 상황이나 요인, 요소들 중에서 핵심을 추출했거나 세부적인 사항들을 좀 더 총체적인 요인으로 축약해 낼 때 보통 이를 모형이라 한다. 둘째, 모형은 따라할 만한 규칙, 규범, 견본, 모범으로 좀 더 나아가 이상형을 말한다. 간단히 설명한다면 아래와 같이 4단계를 거쳐서 4개의 키워드와 함께하는 과정모형이다.

전방향 4 TEXT는 4단계과정(four-step-process)으로 설명할 수 있는 모형이다.

첫째. OUT TEXT는 분위기(mood)를 만들어내는 시작이다.

둘째. IN TEXT는 책(자료)(book)에게로 집중하는 것이다.

셋째. TEXT OUT은 나(me)에게로부터 시작하는 변화의 시작이다

넷째. NEW TEXT는 삶의 현장에서의 실천(action)이다

2. 이론적 배경

세상에 어느 하나 새로운 것이 있을 수 있을까? 첫째독서교육 측면에서 이야기하고 둘째는 독서치료에서 말하는 과정을 살펴볼 것이다. 먼저 독서교육의 읽기 과정을 가장 단순하게 이야기하는 구조는 모든 것이 존재

한다면 시작이 있고 끝이 있듯이 본 모형은 기본적으로 시간 흐름의 독전(讀前), 독중(讀中),독후(讀後) 과정을 포함하고 있다.좀 더 구체적으로 함께 생각해 볼 독서과정 모형으로 독자의 읽기과정은 크게 세가지 모형으로 연구되었는데 상향식 모형, 하향식 모형, 그리고 상호작용 모형이다.

독서 과정 모형(reading process model)

읽기는 사고 과정으로서 사회적, 생리적, 언어적 과정이며, 읽는 동안 이들 과정은 복합적으로 작용한다. 읽기에는 필자와 텍스트, 그리고 독자 변인이 서로 작용한다. 여기서 독자 변인을 중요하게 보면, 읽기 과정에 주목하게 된다. 독자가 어떻게 글을 읽는가에 따라 텍스트의 의미 구성이 달라질 수도 있기 때문이다. 이들 모형은 또한 심리학 관점이나 학습 방법과 매우 밀접한 관련이 있다.

우선 상향식 모형(bottom-up model)은 1960년대 중반까지 읽기에 대한 주된 관점이었고, 초기 독해 연구의 기초가 되었다. 고프(Gough)는 독자가 단어를 보는 순간부터 의미를 끌어내는 과정까지 구체적인 묘사를 하였는데, 대부분의 독자는 글자를 하나씩 순차적으로 좌에서 우로 읽어 가면서 이해를 하지 못하는 경우에는 안구 고정이 지속되거나 심층 처리를 위해 퇴행하기도 한다고 하였다. '벽돌을 하나씩 쌓는 것처럼'독자가 한 글자씩 또는 한 문장씩 읽어 나가는 과정에 주목하였다.

이 모형은 읽기가 낮은 수준부터 높은 수준으로 한 단계씩 나아가는 것으로 파악하였다. 즉, 개개의 철자에서 시작하여 음운 수준에서 해독하고, 단어를 인지하고 그 다음에 문장, 담화, 스키마 수준으로 나아간다고 생각했다. 독자가 글을 이해하는 과정은 낱낱의 철자에서 음운으로 단어로 그리고 문장과 전체글로 확대되어 간다고 본 것이다. 이는 행동주의 심리학에서 학습의 단계를 가장 작고 단순한 것에서 점차 복잡한 행동으로 이행하는 것으로 보고, 부분을 합하면 전체가 되고 전체는 단순히 부분의 합이라는 관점과 일치한다. 입력되는 정보를 강조하기 때문에 자료 위주의 처리 과정이다. 보통 초보 단계의 독자나 미숙한 독자는 이러한 상향식 접근을 한다고 본다. 전통적 독본 읽기는 이러한 상향식 접근의 실제적 사례라고 볼 수 있다.

상향식 모형은 인간의 기억에 대한 연구가 발전함에 따라 비판받기 시작하였고, 형태 심리학적 관점이 대두되었다. 여기서 '형태(Gestalt)'란 독일어로서 '통합되어 있는 전체'를 가리킨다. 이 관점은 학습은 전체에서 부분으로 이루어진다고 보고, 부분의 단순한 합이 전체가 되는 것은 아니라고 보았다. 이러한 관점에서 읽기 과정을 설명하는 모형을 하향식 모형(top-down model)이라 한다. 이 모형은 1960년대 중반 이후에 등장하였으며, 굿맨 (Goodman)과 스미스(Smith)가 대표적이다. 이 모형은 읽기를 독자와 글의 상호 작용이며, 이러한 상호 작용을 통하여 필자가 전달하려는 메시지를 독자가 재구성하는 과정이라고 보았다. 독자가 글에 나타난 요소에 대한 의존도를 줄이기 위해 자신의 지식을 사용한다고 보는 것이다.

읽기는 사고와 언어 간의 상호 작용을 포함한 '심리학 언어학적 추측 게임'으로 굿맨은 주장하였다. 그는 읽기 단계를 '추측하기 - 예측하기 - 검증하기 - 확인하기'의 네 가지 과정으로 세분하여 설명하였다. 읽기는 의미를 찾거나 글에 나타난 정보를 독자의 스키마와 일치시키는 과정인 것이다. 스미스도 독자의 추측이나 의미의 역할을 강조하였다. 읽기를 인쇄물에서 의미를 끌어 낸다기 보다는 의미를 부여하는 것으로 보았다. 그는 읽기의 특성을 "목적적이고, 선택적이며, 예측적이고, 이해에 토대를 둔다."고 설명하였다.

이 모형에 의하면 읽기는 예측의 과정으로서, 주어진 글을 읽기 전에 독자는 자신의 스키마에 의해 글의 내용을 예측하고 글을 읽어 나가면서 그것을 확인하고 수정해 나가면서 의미를 얻는 것이다. 상위 수준에 있는 추상적인 스키마를 토대로 입력된 정보를 해석하기 때문에 개념 위주의 처리 과정으로 읽기를 본다. 읽기에서 추측이나 추론의 활동들은 하향식 모형, 상호 작용 모형을 강조한다.

마지막으로 이들 두 가지 모형과는 다르게 읽기 과정에 대해 설명하는 모형이 있다. 상호 작용 모형은 기본적으로는 독자는 상향식 모형에서 강조하는 것과 하향식 모형에서 강조하는 것을 모두 이용해야 한다는 관점을 취한다. 상호 작용 모형의 대두에는 러멜하트(Rumelhart)나 맥닐(McNeil)의 공헌이 컸다.

이 모형에서는 독자가 자신의 스키마를 활성화시키고 주어진 글의 내용을 예측하거나 추론하는 데 스키마를 적용할 것을 강조한다. 이 때, 독자의 목적과 기대가 글의 이해에 중요한 영향을 미친다. 이는 하향식 모형의 개념이다. 반면, 독자가 글에 주의를 집중하고 그 다음 자신의 스키마를 끌어들이는 것으로 보면, 이는 상향식 모형이다. 독자는 읽기를 수행하는 과정에서 이 두가지 중 어느 하나를 선택하는데, 만일 읽기 과정에서 그 선택이 여의치 않으면 다른 모형을 선택한다. 결국, 독자는 이 두 가지 모형에서 강조하는 전략을 함께 혹은 적절히 활용하게 된다.

여기서 '상호 작용'이란 우선 독자와 글 사이에 일어나는 일반적인 상호 작용을 의미하고, 또한 기능 요소들이 동시에 결합하는 상호 작용을 의미하기도 한다. 결국, 독자를 읽기 과정에서 적극적인 참여자로 보고 있으며, 독자의 모든 지식과 사전 경험이 이해에서 중요한 역할을 차지하고 있다고 본다. 그러므로 이해 과정에서 독자의 지식은 정적인 것이 아니라, 끊임없이 재구성 되는 역동적인 것으로 부각된다. (독서교육사전. 2006)

이어서 독서치료에서의 과정으로는 참여자가 스스로 문학작품에 반응할 수 있는 잠재능력을 갖고 있다는 믿음을 전제로 한다. 여기에는 상담자와 상호 작용을 하는 과정이 뒤따른다.

Hynes와 Hynes-Berry(1994)는 이러한 치료의 과정을 인식, 고찰, 병렬, 자기적용의 4단계로 나누어 설명하고 있다. 치료과정시 적절한 발문을 위한 과정으로 설명하고 있다.

Doll과Doll(1997)은 독서치료과정을다음과 같이 5단계로 구분했다. 준비단계, 자료선택, 이해단계, 후속조치와 평가단계로 나눠서 생각했다. 이것은 프로그램 설계를 위한 시점에서 과정을 총체적으로 설명하기에 좋다. 그리고 Watson(1994)은 독서치료 단계를 문자단계, 추론단계, 평가단계, 창조단계로 나눠서 설명했다. 이것은 독서치료시 적절한 발문을 위한 단계로 봐야한다.

위 독서교육에서의 과정모델은 지식습득과 정보를 활용하는 모델로서의 적절한 과정의 모델이다. 또한 독서치료에서의 모형은 주장하는 이들에 따라서 차이점들이 드러난다. 무엇보다 독서치료의 전체적인 장면을 이론적으로 설명하는 것과 부분적으로 발문을 적용할 때 사용하기 적절한 과정이 있다. Doll과Doll은 물리적인 준비를 설명하는데 더 적합한 과정이며 Hynes와 Hynes-Berry 그리고 Watson의 이야기는 프로그램 진행시 발문을 위한 단계과정에 적합하다. 독서치료 과정 모형이라면 좀 더 세부 설명이 함께 해야 한다. 3가지로 나눠생각할 수 있다. 첫째 독서치료 특징으로 프로그램 전체를 설명하기 위한 과정으로 이론적인 설명이 좀 더 강하게 포함된 과정모형이다. 둘째는 차시별 독서치료 프로그램 상담 진행시 단계과정을 설명하는 과정모형이다. 셋째는 프로그램 진행시 상담자가 발문을 위한 진행과정모형이다. 엄밀히 보면 3가지가 때때로 혼재되는 경우가 많고 현장에서는 좀 더 쉽게 독서치료 프로그램 진행시 사용할 과정을 위한 구체적인 모형이 필요하다.이를 위해서 4TEXT는 전방향 독서법 원리를 기초로 해서 접근한 과정 모형이다. 전방향(全方向, omnidirection)은 모든 방향으로 향함을 의미한다. 어느 한 방향이 아닌 모든 방향이라고 할 수 있고, 도식화시킨다면 십(十) 자로 표현해서 설명할 수 있다.

독서(읽기)에서의 전방향은 밖으로 향하는 독서, 안으로 들어가는 독서, 위로 향하는 독서, 아래로 향하는 독서로 성격에 따라 구분할 수 있다. 네 방향은 상징적으로 표현한 것이지, 어느 특정 방향이 다른 방향에 비해 더욱 중요하다는 것은 아니다. 위(上, Up), 아래(下, Down), 안(內, In), 밖(外, Out)의 네 가지는 모든 방향을 의미한다. 즉 물리적인 방향만을 이야기하는 것보다. 좀 더 큰 의미가 내포되어 있다. 지식과 정보의 습득에만 사로잡히기 쉬운 독서에서 다양함과 더불어 통합적인 독서를 이야기하는 다이어그램이라 고할 수 있다.

좀 더 구체적으로 말하자면 목적이 이끄는 삶의 수레바퀴라고 정의할 수 있다. 이 수레바퀴는 4개의 바퀴살과 하나의 바퀴축으로 이루어져 있다. 인생 여정의 길을 함께하는 바퀴에는 상징적으로 표현하자면 목적이라는 축과 거울(In), 나침반(Up), 시계(Out), 소파(Down) 등으로 비유되는 네 개의 바퀴살로 구분할 수 있다.

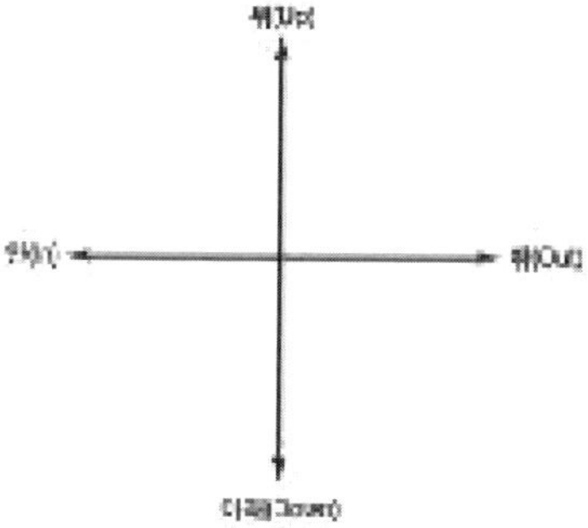

전방향 독서법(Omnidirectional Reading Art)이란 이러한 네 가지 특징, 즉 전방향에 따른 읽기의 과정이다. 한마디로 말한다면 목적이 이끄는 독서법이자 삶을 위한 독서법이다. 위 독서법은 진단으로부터 시작되어 처방으로까지 이어지게 되는데, 자신을 돌아보며 꿈을 찾아서 개발하고 삶의 여정 가운데 생긴 문제들을 해결해 나가는 독서법이다. 이것은 거시적인 과정이다. 거울(관계회복을 통해 자신을 만나)에서 나침반(삶의 의미와 가치를 통해 꿈을 찾는) 만나 시계(자기계발을 통해서 준비)를 보며 소파(회복과 창조의 삶을 준비)에서 쉬는 독서법의 과정이며 인생여정의 과정이다. 한 수업에서 가끔 미시적으로 일어나기도 하지만 전방향 독서법은 인생전체를 조망하기도 하며 특정기간의 특정 프로그램을 전체적으로 바라 보는 프레임을 제공한다. 이와 달리 4TEXT는 매 차시별 이뤄지는 소그룹 프로그램(상담)시 진행을 위한 시간흐름과 내용전개를 위한 구체적인 과정모델이다.

본 연구자는 2002년 KTV방송의 기획특강을 준비하면서 책에 대한 것을 어떻게 설명할 수 있을 하는 고심 가운데 좋은 그림 하나를 떠올리게 되었다. 처음 하는 방송강의라 어색하긴 했지만 전방향 독서법을 소개하는 계기가 되었다. 전방향 독서법은 한마디로 말하면 목적이 이끄는 읽기다. 줄여 말하면 삶으로의 읽기, 꿈으로의 읽기, 앎으로의 읽기, 쉼으로의 읽기다. 이 모든 읽기가 전방향 독서법 이다. 우리 모두는 한권의 책을 뽑아 들 때 나름대로의 목적과 의도를 가지고 있다. 지식과 정보의 습득 또는 축척에 만 매진하기 쉬운 독서에서 총체적인 독서의 풍요로움과 대안을 제시해주는 접근 이며 독서법이다.

전방향독서법에 대한 정의

전방향 독서법은 목적이 이끄는 읽기다. 우리의 삶은 선택의 연속이며 그 선택은 나름대로의 가치를 표현하고 있다. 그 가치의 중심에는 각자의 가치관을 보여주는데 여기에는 목적이 함께 한다. 전방향 독서법은 인간의 갈망과 추구 또한 그로 인한 좌절과 갈등을 총체적으로 보여 주며 돌봄과 치료를 함께 경험하는 독서법이다. 한권의 책을 집어 들어 읽는 다는 것은 선택이며 그 선택의 기준과 폭을 좀 더 다양하고 통합적으로 접근하자는 것이다. 지금까지의 독서법들이 방법과 기술에 많이 치중한 면이 있다. 전방향 독서법은 방법보다는 무엇을 왜 읽어야 하며 누가 읽어야 하는지에 좀 더 집중하는 독서다. 이것을 한마디로 한다면 삶을 위한 독서법이다.

전방향독서법의 원리

원리를 논하기 전에 먼저 전방향 독서법의 구성 요소를 살펴보자. 여기 이해를 돕기 위해 하나의 그림을 그려 생각해 볼 수 있다. 뭔가를 설명할 때 도표나 그림 및 예화들은 밑그림을 그리고 이해하는데 많은 도움을 준다. 하나의 수레바퀴를 그려보자.

여기에 우선 네 가지로 간단하게 구성되었다고 볼 수 있다.

1)수레바퀴 축

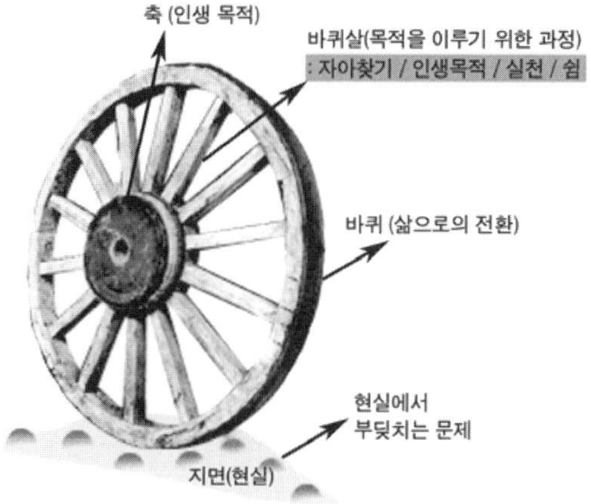

이것은 힘이 한곳으로 모여지는 부분이기도 하면서 힘이 발산 하는 부분으로 굴러가는 요소 중에 가장 중요한 핵심이기도 하다. 수레바퀴의 축을 달리 말하

면 전방향 독서법의 가장 중요한 축을 이루고 있다. 전방향 독서법은 한마디로 표현하면 목적이 이끄는 독서법이다. 인간이면 누구나 살아가면 서 추구하며 해결하고자하며 따라가고자 하는 것들로 우리들 모두에게 나름대로의 삶의 목적이 있기 마련이다. 이축이 제대로 잘 정립이 될 때 바퀴가 잘 돌아가며 앞으로 나갈 힘을 얻게 된다. 한마디로 수레바퀴 축은 인생의 목적을 말한다.

2)수레바퀴의 살

목적으로부터 받은 힘이 사방으로 발산되며 밖으로 고르게 힘이 분산되어 축을 지탱해준다. 또한 바퀴에 힘을 전달해줘 힘들을 실어 준다. 많은 바퀴살이 있을 수 있겠지만 네 가지 방향의 수직 살을 살펴보자. 전방향 독서법의 핵심적인 원리를 보여주는 부분이기도 하다. 이것은 목적이 따르는 삶을 보여주기도 하면서 목적이 이끄는 삶을 이루는 근간이기도 하다.

첫 번째 살은 안으로 향하는 살이다. 상징적으로 말하면 거울 같은 읽기 거울 같은 삶이다. 자기를 돌아보며 자기를 찾아가는 과정이다.

두 번째 살은 위로향하는 살이다. 상징적으로 말하면 나침반 같은 읽기 나침반 같은 삶이다. 자기를 찾은 이가 인생의 목적에 따라 가야할 바를 정하는 과정으로 비젼과 소명을 수립하는 과정이다.

세 번째 살은 밖으로 나간다. 상징적으로 말하면 시계와 같은 읽기 시계와 같은 삶이다. 부지런함과 성실함으로 나에게 주어진 일들을 찾아 개발하며 열심히 뛰는 모습을 그려 준다.

네 번째 살은 아래로 내려간다. 상징적으로 말하면 소파와 같은 읽기, 소파와 같은 삶이다. 쉼 없이 달려오며 뒤돌아보지 못한 이들에게 오는 스트레스와 문제를 어떻게 할 것인가를 생각나게 한다. 일중독에 걸린 우리들에게 쉼과 회복을 말하고 있다.

3)바퀴

우리가 살아가는 데는 위에서 말한 네 가지 모두가 필요하며 한 순간에 해결되거나 끝나는 것이 아니라 매순간 매일의 삶에서 결정하며 부딪쳐야 하는 인생이다. 바로 여기에 다음 요소인 바퀴가 우리에게 필요한 것이다. 축과 살로 이어진 힘은 결국 최종적으로 바퀴를 통해서 돌아간다. 여기서 한 가지 중요한 것이 있다면 바퀴살이 우선 똑같아야 한다. 이것은 균형과 조화를 말하는 것이다. 전방향 독서법을 영어로 표기할 때 (Omnidirectional Reading Art)독서법을 Art라고 한 이유가 여기에 있다. 균형과 조화를 이룬 네 가지 방향으로의 고른 읽기가 있어야 제대로 된 바퀴로 이어질 수 있다. 바퀴는 구른다. 바퀴는 한마디로 현실 삶으로의 전환이다. 이것은 마지막 요소인 우리가 딛고 사는 대지인 지면과 만나는 부분이다.

4)대지(지면)

제대로 된 바퀴는 지면을 접촉하며 밀고 앞으로 나간다. 여기에는 다양한 마찰이 따른다. 마찰은 아픔과 인내를 우리 모두에게 요구한다. 한순간에 끝나는 것이 아니라. 살아있는 매순간 우리가 가야할 길이다. 인생을 보통 말할 때 여정이라 표현한다. 이 여정에는 기쁨이 때로는 고난이 함께하기도 할 것이다. 그러나 우리에게 목적축이 바로 되었다면 이 전방향 독서법과 함께하는 여정은 의미 있게 우리에게 다가온다.

그러나 우리의 삶이 이처럼 단순하지만 않다. 거울에서 나침반으로 거기에서 시계로 이어지는 읽기 그리고 소파로 이어진다면 좋겠지만 삶은 조각그림을 그리듯 짜 맞추듯 순서적으로 되지 않는다. 바람직한 방향이지만 우리의 출발은 무엇보다. 현재의 내가 있는 곳에서 시작

하는 것이 가장 바람직하다. 이 이야기는 개인의 독서성향에 대한 진단이 요구된다. 진단 결과 시계와 관련된 책을 주로 읽어 왔다면 이 사람의 기질과 삶을 대하는 태도 그리고 준비에 때라 다음 과정을 접하게 된다. 나의 필요와 문제에 따라. 네 가지 방향으로 출발은 각기 다르다. 출발은 다르지만 모두에게 모든 방향으로의 과정은 꼭 필요하다. 무엇보다어느 방향으로부터 출발 할 것인가는 나를 진단한 후에 출발해야한다. 지금까지 어떻게 살아 왔는지 지금까지 어떤 책을 읽어왔는지도 분명 알아야한다. 이 전방향 독서법은 진단과 처방을 함께한다. 진단결과에 따라 현재 시점에서의 출발하는 방향이 결정된다. (박연식. 2008.117-121).

전방향 독서법은 단순한 독서법에 그치는 것이 아니라 독서치료 위한 독서법으로 4가지로 살펴 볼 수 있다.

첫째. 진단으로서의 전방향 독서법이다. 다시 말하면 전방향 독서법은 독서치료를 위한 진단법이다. 어떤 방향으로의 책읽기가 집중 되었는냐와 참여자의 기질과 독서성향에 따라 방향이 달라진다. 둘째. 분류로서의 전방향 독서법. 전방향 독서법은 독서치료를 위한 분류법이다. 이 이야기

는 4가지(대분류)의 상징적인 물건이 분류를 위한 기본요소로 시작 된다. 거기에서 16가지(중분류) 그리고 더 세부적 64가지(소분류)를 말한다. 셋째. 질문으로서의 독서법. 전방향 독서법은 독서치료를 위한 질문법이다. 이것은 독서치료의 기본 원리와 전방향의 4가지 물건과의 연결이다. 거울(동일시)나침반(통찰력) 시계(적용) 소파(카타르시스) 넷째. 처방으로서의 전방향 독서법. 전방향 독서법은 독서치료를 위한 처방법이다. 이것은 독서연령, 핵심어, 문제상황, 더불어 함께 할 자료를 말한다. (박연식 2008. 121-124)

3. 본론

전방향 독서치료의 4 TEXT 과정 모형

위 모형은 4단계를 거쳐 가면서 자연스럽게 진행 되어가는 독서치료 과정을 보여준다. 본 전방향 4TEXT 과정은 독서치료 프로그램(상담)이 진행되는 초기에서 중기, 말기를 보는 전체적인 과정을 이야기하는 것이 아니라. 매 차시마다 하나의 자료를 중심에 두고 프로그램을 진행 할 때의 진행 과정 모형이다. 이 과정 모형은 시간의 흐름 순서이기도 하면서 나눔의 내용순서이기도 하다. 프로그램을 구성 할 때 사용하는 흐름도로 사용할 수 도 있다.

1단계 OUT TEXT(MOOD)

프로그램이나 소그룹 진행전에 어떻게 맞이하느냐가 프로그램 진행에 미치는 영향은 참으로 지대하다. 여기에는 내부적, 외부적으로 생각해볼 수 있다.

특별히 초기 프로그램을 시작할 때 무엇보다 중요한 부분이다. 초기에 맞이하는 상황에 따라서 얼마나 자연스럽게 연착륙할 수 있는 지를 보여준다. 삶으로 말한다면 첫 만남, 첫 인상 같이 프로그램 전체의 분위기와 흐름을 좌우 할 수도 있기에 더욱 더 자연스럽게 준비하며 맞이해야한다. 여기에는 두 가지로 외부적인 요소와 내부적인 요소로 나눠서 이야기를 시작한다

외부적인 4P 환경요소를 먼저 생각해보자

1) **사람**(person)이 많이 오든 적게 오든 너무 숫자에 집착하지 말아야 한다

참여 인원이 너무 적게 모였거나 다른 행사와 같이 진행해야하는 어쩌구니없는 상황도 가끔 발생하기도 한다. 항상 변수가 있을 수 있음을 생각하고 있어야 한다. 참여 인원의 적고 많음의 문제로부터 자유로워야 한다

2) **장소**(place)가 작거나 넓거나 춥거나 덥거나 이러한 요인들은 사실 책읽기 집중하는데 큰 영향을 미치는 것은 분명하다. 그리고 때로는 갑작스런 이동이 불가피 할 경우도 종종 발생한다. 가장 이상적인 곳은 참여자들이 함께하는데 부담이 적은 중앙에 위치한다면 좋을 것이며 초기에는 정해진 장소에서 안정되게 시작하는 것이 좋다. 모이는 장소의 위치와 더불어 장소의 내부적인 요인도 참으로 중요하다.

3) **시간**(period)으로 인한 스트레스나 위축이 없어야 한다.

늦는 다든지. 너무 일찍 종료하거나 너무 늦게 마치거나 할 경우다. 가장 좋은 것은 정시에 시작하고 약속한 시간에 마치는 것이다. 2~3시간 정도의 모임 시간이라면 적절하리라 생각된다. 모임 시작하기 전에 시간과

빈번도에 대한 이야기도 충분히 논의 가 되어야한다.

4) **자료**(papers)를 준비했던지 준비하지 못했던지 용납을 경험해야 한다.

우리는 통상적으로 내가 받아들여지고 있고 용납 받고 있다고 여겨질 때 마음이 열리며 안정감을 갖게 된다. 이것은 또한 다음시간에 대한 준비와 다짐으로 자연스럽게 연결이 될 수 있다.

외부적이고 지엽적인 요인으로 인해서 함께 나눌 분위기를 망치지 말아야한다. 물론 보다 적절하고 편안한 프로그램 진행을 위해서 미리 준비하는 것은 소중하다. 미리 점검 리스트를 작성해서 점검하는 것이 중요하다. 특별히 미디어 자료를 사용할 경우 빔, 스피커, 마이크 등 음향장비 점검은 필수 사항이다.

내부적인 4 OK의 자연스러운 분위기도 반드시 함께 해야 한다.

1) **다 안 읽어도 괜찮아**

자료로 부터의 자유하길 바라는 마음이다. 가져오지 못했어도, 읽지 못했다 해도 참여하는데 방해하는 요인이 될 수 없음을 이야기한다. 물론 자료 충분히 준비되고 읽어 온다면 최고의 준비와 시작이 될 수 있지만 그렇지 않아도 괜찮다

2) **읽고 말하지 않아도 괜찮아**

읽었음에도 침묵하고 싶고 혼자만 느끼고 싶고 간직하고 싶을 때가 있다. 적어도 내가 말하고 싶을 때 말하는 자유를 가져야한다. 자기 정리가 되어 나누고 싶을 때 나누는 자유를 준다. 물론 때로는 준비하지 못해도 이야기할 때 분명해지고 선명해지고 정리가 되는 경우도 있다. 준비가 되어 나누려고 하면 더 힘들어하는 경우도 있다. 이 또한 참여자의 선택에

맡겨둔다.

3) 읽지 않고 말해도 괜찮아

읽지는 못했지만 관심 있는 주제일 수 있고 읽지는 못했지만 삶의 현장에서 몸소 체험했다면 누구보다 더 말하고 싶고 표현하고 싶을 수 있다. 때로는 책 제목이나, 저자, 목차, 머리말을 참고로 해서도 이야기 할 수 있다. 오히려 나눔이 끝난 후 책으로 달려갈 수도 있다.

4) 뭐든지 말해도 괜찮아.

뭐든지 말해도 괜찮아 라는 말은 전폭 적인 환대와 초대이다. 지식과 정보, 배움만을 나누는 프로그램이라면 상상하기 어려운 제안이다. 적어도 프로그램에 참여했다는 것은 자신의 선택이었으며 뭔가를 기대하거나 관심이 있기에 함께한다고 볼 수 있다. 그럼에도 막상 참여하니 생각한 것과 다른 분위기나 느낌으로 어색하게 생각할 수 있다. 4 OK는 한마디로 함께 하기 위한 가장 편안한 초대이자 배려를 위한 안전장치라고 볼 수 있다. OUT TEXT는 함께 놀래라는 아름다운 초대이다. 그리고 참여와 나눔은 각자에게 부담주지 않는 가운데서 자연스럽게 자유롭게 진행하기 위한 방식이다.

언제든 내가 배려 받고 있고 환대하는 무리와 함께 하고 있다는 것을 느낄 수 있어야한다.

초기의 신뢰와 배려를 경험한다는 것이 가장 커다란 참여 동기를 안겨주는 준비이다. 이곳에서는 내가 무엇을 어떻게 말하거나 침묵하거나 그것 때문에 힘들어 하거나 위축이 될 필요 없겠다 라고 생각할 수 있어야한다. 분명한 것은 독서치료적인 프로그램 소그룹은 지식이나, 정보, 알고 있는 똑똑함을 드러내거나 이야기하기 위한 것이 아니다. 말 잘하거나 상식이 많은 이들이 대화의 주도권을 잡고 펼쳐가는 곳이 절대 아님을 모두가 명심해야 한다. 어떤 말을 해도 들어주고 기다려주는 배려의 자세가 기본적으로 필요하다. 물론 제한된 시간과 다양한 사람이 나누기위한 안배를 인도자는 적절하게 판단해서 자연스럽게 개입해야한다.

비행기를 띠우기 위한 활주로 같은 단계의 과정으로 전체적인 분위를 좌우하며 다음 차시에 참여하기를 희망하는 생각이 들게끔 한다. 이때는 분위기를 위해서 날씨나 입고 온 옷이나, 화장 그리고 달라진 그 무엇을 가지고 이야기하면서 시작하면 가장 자연스러울 것이다. 이 시간은 적절하게 15분에서 20분정도가 적당하리라고 본다. 너무 오래 가져도 수다로 빠질 수 있기에 그렇다.

2단계 IN TEXT(BOOK)

이제는 자연스럽게 책(자료)에 집중하는 단계를 말한다. 사실 책은 경계를 주기도 하지만 안정을 주기도 한다.자료는 촉매이기도 매개체이기도 하다. 읽어 온 이도 있고 그냥 책만 가져오거나 책도 가져오지 않은 이도 있을 수 있다. 간단한 저자와 책 제목과 부제 그리고 머리말 같이 읽고 목차를 보며 이야기를 해보자. 이때가인도자의 자연스러운 개입과 소개, 연결이 힘을 발휘할 때이다. 물론 읽어온 이들은 좀 더 구체적으로 나눌 수 있다. 무엇보다 이 단계에서는 책과 관련된 이야기에 좀 더 집중하는 과정이다. 책이 주는 내게 인상이나 느낌을 말할 수 있다. 책 함께 뛰노는 운동장이기도 하며 무대다. 4 OK가 자연스럽게 이어진다. 책에서 발견한 것들을 마음 것 자연스럽게 이야기해보는 순서이다. 책속 인간들에 대해서, 사건에 대해서, 생각하는 것에 대해서 그리고 멋진 장소나 무서운 곳에 대해서도 이야기 할 수 있다.

4간(4P)을 기본으로 시작한다

1)인간(person)

내가 좋아하는 인물, 싫어하는 인물, 흉내 내고 싶은 인물, 지우고 싶은 인물 책속에 등장하는 다양한 인물에 대해서 이야기하고 싶은 것을 마음껏 이야기 한다

2)시간(period)

책에서 보여주는 다양한 순간, 시간으로 현재, 과거, 미래에 대한 것들 중에서 내게 좀 더 다가오는 것들을 자연스럽게 나눈다.

3)공간(place)

장소로 책속에서 내게 익숙한 곳이나 편안한 곳, 좋아하는 공간, 함께 하고 싶은 공간, 두렵거나 싫은 공간은 어딘지 그 이유는 무엇인지를 나눈다

4)난간(관)(problem)

책에서 보여주는 재미있는 사건이거나 힘겨움과 고통의 사건은 무엇인가? 어떤 사건들이 어떻게 일어났는지를 나눈다. 그리고 그 사건의 느낌은 무엇인지를 나눈다.

한마디로 말하면 책속에서 알게 된 것 느끼게 된 것 들을 자연스럽게 이야기하는 과정이다.

3단계 TEXT OUT(ME)

이 단계는 이제는 책에서 내게로 시야를 돌려보기 위한 과정이며 작업

이다. 보통 독서토론 하거나 논술을 위한 토론시 주어진 문장 안에 집중해서 객관적인 지식과 정보를 추출하며 사고를 키워가기 쉽다. 하지만 여기에서는 이제는 책에 빠지거나 함몰되는 것이 아니라 이제는 책(자료)에서 벗어나는 작업이다.

이제는 철저히 나와 마주 하는 시간이다. 책이 내게 속삭이는 목소리에 귀 기울이는 과정이다. 오늘 내게 이 한권의 책이 뭐라 했는지 듣는 시간이다. 여기에 전방향 독서법의 네명의 친구가 등장한다. 책에 푹빠져 열띤 토론과 생각과 깨달음을 나누는 즐거움이 크다. 그러나 그 나눔이 과연 나와 무슨 상관이 있는지를 이야기하고자 한다. 이제는 책에서 벗어나 나와 단독으로 맞이해야할 때이다. 때때로 우리는 오히려 책으로, 지식으로, 정보로 숨어버리기 쉽다. IQ(지능지수)만을 중요시 여기는 시대가 한때 있었다. 물론 지금도 여전히 중요하게 여기지만 EQ(감성지수)가 함께하지 않는 IQ는 장식품에 불과하다. 이젠 EQ를 너머 MQ(도덕지수)로 까지 가야한다.

그렇다면 만나보자 그리고 연결해보자 전방향 독서법의 네명 친구와 4가지 질문을 여기에는 거울(관계) 친구가 자연스럽게 고개를 내민다. 나는 누구인가? 나는 이 책에서 어떻게 거울과 만났나? 어떤 글귀가, 어떤 인물이, 어떤 사건이 내게 거울로 다가왔는가? 라고 내게 묻는다면 나는 무엇이라 말할 것인가? 글로 표현한다면 나는 어떻게 쓸 것인가?

나침반(가치) 친구가 넌 지금 어디로 가고 있니, 잘 가고 있니, 너만의 길을 가고 있니. 가야만하는 길을 가고 있니. 나만의 삶의 의미와 목적 그리고 가치관은?

이 책에서 내게 나침반 같이 나를 직면케 하는 사건, 인물, 글귀는 무엇인가?

진지하게 책과 만나고 함께 한다면 자연스럽게 맞이하는 친구가 되어줄 것이다.

이 책에서는 나는 어떤 시계 친구와 만났는가? 내가 배우고 싶은 행동(실천)이 있다면 무엇인가? 시간활용을 어떻게 했는지. 재정에 대한 태도는? 건강은 어떻게 유지하며 관리하는지? 지식에 대해서는 어떻게 생각하며 어떻게 키워 가는지? 등 책을 읽는 독자들에게 직간접적으로 주는 이야기가 있다. 살아가는 구체적이고 실제적인 이야기라고 볼 수 있다. 좋은 건 흉내 내기 라도 하고 싶은 것들이 있다.

전방향 독서법의 마지막 친구인 소파를 만났는가? 책을 마주하는 동안 참된 쉼과 스트레스가 해소되는 듯한 느낌을 접했는가? 위 네명의 친구가 동시에 오기도하며 하나씩 오기도 한다. 무엇보다. 각자 개인에게 찐한 만남과 메시지로 다가 오는 경우가 종종 있다. 귀한 선물이며 놀라운 조우라는 생각이 든다.

책에서 맞이한 이야기들이 내게는 어떻게 다가 올 것인가 책이 내게 준 다양한 것들을 나누는 과정이다. 적어도 책이 주는 느낌이나 생각들을 아낌없이 밑줄쳐보고 기록하자. 이 단계에서 주목해서 생각해볼 것은

나에게로 향해 거울(동일시)처럼 비춰보기 여기에는 분명 관계문제로 다가온다

나에게로 향해 나침반(통찰)처럼 깨닫기 여기에는 분명 성찰과 깨달음이 함께 한다

나에게로 향해 시계(적용)처럼 준비와 개발하기 여기에는 선택과 집중의 과제로 다가온다

나에게로 향해 소파(정화: 카타르시스) 경험하기 여기에는 진정한 쉼과 회복을 통한 창조로 다가 올 것이다.

4단계 NEW TEXT(ACTION)

이 단계는 마지막 단계로 구체적인 실행을 위한 단계이다. 눈물 흘리며 대성통곡하며 크게 깨달았다고 하지만 하루 이틀 시간이 가면 점점 희미해지고 그때 그 순간의 감격과 각오는 사라져 버리는 경우가 대부분이다. 그렇다면 어떻게 삶의 현실에서 풀어갈 것인가에 대한 진지한 모색이다. 실천이 없는 깨달음은 신기루처럼 사라져 버린다. 기록하며 구체적인 실행을 위한 계획이 나와야 할 것이다. 구체적인 개인 삶의 모습과 기질에 따라 다 다를 수밖에 없다. 책에서 받은 깨달음을 내 인생의 이야기에 반영해서 새롭게 스토리를 전개해 가는 과정이다. 한권의 책을 진정 진지하게 만났다면 변화를 위한 모험의 여정을 떠나는 것이다. 여기에는 간단하면서도 핵심적인 몇 가지 기본 원리가 있다. 두 가지 큰 기둥 같은 원리이면서 원칙이다. 한 가지 더 추가해서 새로운 나만의 이야기를 펼쳐가는 원리가 되기를 바란다.

첫째 : 내가 아니면, 누가.

변화의 대상은 타인이 아니라 철저히 나로부터 시작해야 한다. 웨스트

민스터 사원에 묻힌 어느 성공회 주교의 글은 다음과 같이 말한다. " 내가 젊고 자유로워서 무한한 상상력을 가졌을 때 나는 세상을 변화시키겠다는 꿈을 가졌었다. 좀 더 나이가 들고 지혜를 얻었을 때 나는 세상이 변하지 않으리라는 걸 알았다. 그래서 나는 내가 살고 있는 나라를 변화시키겠다고 결심했다. 그러나 그것 역시 불가능한 일이었다. 황혼의 나이가 되었을 때는 마지막 시도로, 가까운 내 가족을 변화시키겠다고 마음을 정했다. 그러나 아무도 달라지지 않았다. 이제 죽음을 맞이하는 자리에서 나는 깨닫는다. 만일 내가 나 자신을 먼저 변화시켰더라면 그것을 보고 내 가족이 변화되었을 것을, 또한 그것에 용기를 얻어 내 나라를 더 좋은 곳으로 바꿀 수 있었을 것을 누가 아는가 그러면 세상까지도 변화되었을지" (장영희,2005) 자기로부터의 시작과 혁명이 무엇보다 중요함을 알려주는 귀한 글귀다.

둘째 : 지금 아니면, 언제

톨스토이의 작품 중에 『세가지 질문』이라는 책이 있다. 우화 같은 짧은 글이지만 주는 교훈은 참으로 크다. 소설 처음에 왕은 질문을 던진다.

이 세상에서 가장 중요한 때는 언제인지?
이 세상에서 가장 중요한 사람이 누구인지?
이 세상에서 가장 중요한 일이 무엇인지?

그리고 이 해답을 얻기 위해 한 성자를 찾아간다. 성자는 그에게 답해주지 않는다. 답을 얻지 못한 채 왕은 궁으로 돌아가려 하다가 나이 많은 성자를 위해 장작을 패 준다.장작을 다 패 주고 궁으로 돌아가려 하는 데

다친 사람이 성자 집으로 찾아온다. 왕은 다친 그를 외면할 수 없어 그를 또 치료해 준다. 나중에 알고 보니 그 다친 사람은 왕을 시해하려고 한 사람이었다. 성자의 장작을 패 주느라 성자의 집에 머문 왕 때문에 시간이 어긋나 버려 그는 왕은 만나지도 못한 채 왕의 군사들에 의해 다치게 되었다. 그러한 그를 왕이 다시 치료하고 보살펴 준 것이다. 자신도 모르는 사이에 스스로의 목숨을 구한 왕에게 성자는 말한다.

"가장 중요한 시간은 단지 현재 뿐입니다.

현재라는 시간이야말로 모든 것을 지배하기 때문입니다.

가장 중요한 사람은 당신과 함께 있는 사람입니다.

지금 당신과 함께 있는 사람 외에, 다른 사람과는 그 어떤 일도 도모하지 못하기 때문입니다. 마지막으로 가장 중요한 일은 지금 당신과 함께 있는 사람에게 선행을 베푸는 일입니다."(톨스토이,2002)

위 이야기는 세 가지의 중요한 질문에 대해서 언급하며 답을 이야기로 풀어서 설명해주고 있다. 지금 곧 현재의 중요성과 더불어 함께 하는 이와 선행을 베푸는 삶을 간단하고 단오하게 이야기 해주고 있다.

그리고 한 가지 함께 추가해서 생각하고 싶은 짧은 이야기의 예화를 함께 하며 나눈다. 아래의 이야기를 주목해 보자.

셋째 : 너에게 중요한 그것을 해

너에게 중요한 그것을 해 〈 네 삶, 네 영혼 깊은 곳에 있는 그것을 하라 〉

『작은 아씨들』의 주인공 조는 작가가 되고 싶은 꿈을 이루려 뉴욕에 간다. 옷깃을 빳빳이 세운 신문사 편집자에게 원고하나를 내밀지만 그 꿈 앞에 돌아온 것은 뭉뚝한 담배에서 뿜어져 나온 연기뿐.

"아가씨, 우리 독자들은 감상이나 동화책에는 관심이 없소."

그가 퉁명스럽게 말했다.

조는 얼굴을 찌푸렸다. "이건 동화가 아니에요."

"여성 잡지사에나 가서 알아보구려." 그가 대꾸했다.

조는 자리를 박차고 나왔다. 성공을 위해서라면 무엇이든 가리지 않겠다고 마음먹었다. 편집자들이 퉁명스럽게 나오든, 담배 연기에 속이 뒤집히든 상관없었다. 반드시 자기가 좋아하는 길로 들어서고 말겠다는 결심뿐이었다. 설사 쓸개마저 내주어야 할지라도. 그래서 조는 자기가 열정과 관심을 가졌던 내용을 집어치우고 대신 잘 팔리는 이야기를 썼다. 어느 날 조의 원고를 퇴짜 놓았던 그 편집자에게서 편지 한통이 왔다. 원고가 마음에 든다며 출판 의사를 비쳐 온 것이다. 조는 황홀했다. 조는 흥분된 마음으로 한 사람에게 급히 달려갔다. 조를 가르쳤던 문학교수였다.

"신문사에서 두 편의 원고를 수락했어요. 더 보고 싶대요!" 조는 숨이 넘어갈 듯 말했다.

"정말 잘 됐군! 봐도 될까?" 그는 조의 손에 들려 있는 원고를 받아 읽기 시작했다. 점차 그의 표정이 기쁨에서 실망으로 바뀌었다. "글쓴이 조 셉 마치. 죄인의 시체. 가명을 사용하나?"조는 고개를 끄덕였다. "돈벌이가 꽤 괜찮겠지?"

조는 화가 났다. 힘이 쭉 빠졌다. 내가 쓴 글이 어디가 어떻단 말인가?

"사람들의 삶은 무미건조해요. 뭔가 스릴 있는 얘기를 원하고 있죠." 조가 떨리는 목소리로 말했다. 교수는 눈살을 찌뿌렸다. "사람들은 위스키를 원해. 그렇다고 너나 나나 위스키를 팔 수는 없지." 그는 헛기침을 한 뒤 손가락으로 원고를 툭툭 치며 말했다.

"이건이네 지성의 낭비야. 미치광이와 흡혈귀 얘기나 쓰고 있다니!"

"부모님께 장작도 사 드리고 베스에게 새 코트도 사 줄 수 있어요. 동생은 고마워할 거예요." 조는 화가 나서 말했다. 눈에 눈물이 가득 고였다. 조는 그에게서 원고를 빼앗아 돌아섰다. 교수는 부드럽게 조의 팔을 붙들어 걸음을 막았다. 그리고 말했다.

"기분 상하게 할 생각은 없어. 부디 오해하지마. 내 말은 네가 네 마음에 드는 글을 써야 한다는 뜻이야 네가 아는 것, 너한테 중요한 것. 그것을 써야 해. 너에겐 재능이 보여."

"재능이 보인다구요?"

"그래, 하지만 네 삶, 네 영혼 깊은 곳에 있는 것을 써야 해. 네 속에는 이것보다 훨씬 귀한 것이 들어있어." 그는 신문 원고를 가리키며 말했다. " 그것을 글로 쓸 용기만 있다면."

(켄가이어, 2007)

위 3가지의 기본원리는 어떤 실천과 적용을 하든지 마음 중심에 두고 실천하는 삶에 시금석이 되기를 바란다. 나로 시작하며 현재라는 시간에서 내 마음에 중요한 것으로부터 풀어가는 여정이 되어야 한다. 얼마나 많이 책을 읽었느냐가 아니라. 얼마나 깊이 간절히 그리고 구체적으로 내게 들어와 꽃이 되어 피어나느냐이다. 누군가 내게 당신의 인생을 변화시킨 한권의 책이 뭐냐고 물어본다면 당신은 어떻게 대답할 것인가. 물론 어떻게 한권의 책이 그럴 수 있을까 라고 말할 수 있지만 적어도 내 영혼을 뒤

흔든 책, 잠 못 이루게 한 책 , 볼 때 마다 내게 경전처럼 다가오는 책이 있느냐 라고 묻는 것이다. 분명 이런 책은 내 삶에 깊게 파고들어와 흔적을 남기며 변화를 일으키는 계기가 되었을 것이다. 위 3가지 질문과 함께 현실에서 적용해 간다면 분명코 놀라운 세계로 인도할 것이다.

4. 결론 및 제언

본 연구는 전방향 독서법을 기반으로 하는 독서치료과정 모형(전방향 4TEXT)을 제안하는데 목적이 있다. 시간의 흐름에 따른 독전, 독중, 독후의 기본 접근에서 부터 독서과정 모형으로 독자의 읽기과정은 크게 세가지 모형으로 연구된 상향식 모형, 하향식 모형, 그리고 상호작용 모형이 있다. 이것은 간단히 말하면 상향식은 텍스트와 언어 중심이고 하향식과 상호작용은 독자중심이고 심리중심이다. 한걸음 더 나가 사회문화중심이며 텍스트의 의미와 가치 중심의 사회적 구성주의 접근으로 까지 이어져야 한다. 나눠서 구분하기 보다는 심화를 위한 과정으로 보는게 좋다. 그러면서도 여전히 프로그램 진행시 구체적인 접근에는 부족함을 경험한다.

그러나 전방향 4TEXT는 삶의 목적과 가치로 텍스트를 바라보며 개인 삶을 중심으로 만남과 깨달음 그리고 독서치료의 기본인 정신분석원리 동일시, 카타르시스, 통찰로 접근한다. 지식을 너머 지혜로 정보를 넘어 정서로 향한다. 전방향 4TEXT가 독서치료 프로그램을 시작하며 마무리하는 여정의 길잡이 역할을 하는 구체적인 과정이기도 하면서 함께 맞이하는 질문과 실천을 위한 도구가 되기를 바란다.그러나 모형이론이 아무리 좋다 해도 결국은 누가 인도자가 되어 프로그램을 진행하느냐의 변수에 따라 미치는 영향이 매우 크다. 전방향 4TEXT는 이 변수를 최소화 하기 위한 장치로서 적어도 순서에 따라 진행 내용에 따라 간다면 균형과 조화를 갖춘 가이드가 되어줄 것이다.

선행 연구가 거의 없는 것은 한편으로는 너무나 자연스럽게 누구나 하는 과정이기에 굳이 설명이 없었나 하는 생각이 들기도 한다. 하인즈와 하인지 배리, 왓슨, 그리고 돌과 돌의 독서치료 준비과정이 있으나 이것은 프로그램의 시작과 끝의 전체적인 과정의 셋팅을 설명하는데 적절하며 발문에 따른 과정이기도 하다. 전방향 4TEXT는 차시별 프로그램 진행시 시간의 흐름 순서이기도 하면서 나눔의 내용순서이기도 하다. 프로그램을 구성 할 때 사용하는 흐름도로 사용할 수 도 있다. 전방향 4TEXT가 프로그램을 설계하거나 진행시 사용하기 용이한 독서치료 과정 모델이 되어 변화와 성장을 추구하는 독서치료 프로그램의 도구가 될 것이다.

참고문헌

박연식 (2008) 전방향 독서법과 독서치료/서울/ 고요아침/p117-121

이호중 (2011) 과학사사전. 서울. 한국과학사학회

장영희 (2005) 문학의 숲을 거닐다/서울/샘터. p103

켄가이어(2007) 영혼의 창/서울/꽃삽/p 25-25

토스토이(2002) 세가지 질문/서울/비움.

한국어린이문학교육학회 독서치료 연구회편(2001) 독서치료/서울/학지사.p49.

한국어문교육연구소,국어과교수학습연구소 (2006) 독서교육사전/서울/교학사/p83-84

Bath Doll, Caroll Doll. (1997) Bibliotherapy With Young People : Librarians and Mental Health Professionals Working Together, . pp.10-11.)

Watson, D. C. (1994). The effects of three bibliotherapy techniques on fourth graders' self-esteem, reading achievement, and attitudes toward reading. Unpublished doctoral dissertation, North Carolina State University.

제10장 독서치료논문 상황별 분류

본 자료는 국립중앙도서관의 자료를 기반으로 작성했다. 독서치료적 관점에서 볼 때 함께 묶을 수 있는 영역(자료)도 많이 있지만 지면 관계상 독서치료, 독서요법, 시치료 관련 자료로 한정했다. 또한 목록 분류는 다양한 목적으로 다양한 분류가 가능하겠지만 본 분류는 문제 상황을 중심으로 나누었으며, 독서치료 이론과 도서관(문헌정보) 관련 자료도 함께 살펴보았다. 자료의 분류는 학위논문과, 아티클, 순으로 했으며 분류 내에서는 연령별과 가나다 순으로 정리했으며 더불어 단행본 자료와 영화자료 및 인터넷 참고정보를 추가했다. 정확한 분류를 한다는 것은 결코 쉬운 일이 아닐 것이다. 나름대로의 목적과 방향을 설정한 후 그에 따라 가장 적합한 분류를 시도할 뿐이다.

1. 문제 상황에 따른 자료 분류

(1) 자존감, 자아, 자아개념, 자아존중감

유아, 아동, 초등

· 그림책을 활용한 독서치료 프로그램이 유아의 자아존중감 향상에 미치는 효과 / 문경애, 부산대 교육대학원, 2005, TM 372.21 ㅁ316ㄱ, iv, 134 p, 석사

· 그룹홈 아동의 자아존중감 및 사회성 향상을 위한 독서치료 효과에 관한 연구 / 이현숙, 성산효도대학원대, 2005, TM 362.7 ㅇ951ㄱ, vi, 86 p, 석사

· 글 있는 그림책을 이용한 독서치료 프로그램이 시설아동의 자아존중감에 미치는 효과 / 이선영, 성균관대 교육대학원, 2005, TM 372.21 ㅇ742ㄱ, v, 105 p석사, 유

· 결손가정아동의 자아존중감 · 또래관계 · 자율성 향상을 위한 독서치료 사례연구 / 경재연, 국민대 행정대학원, 2006, TM 362.7 ㄱ284ㄱ, iii, 99 p, 석사, 유

· 독서교육이 유아의 창의성 및 자아개념에 미치는 효과 : 독서치료 프로그램을 중심으로/ 문기임, 광주대 산업대학원, 2003, TM 372.4 ㅁ317ㄷ, vi, 96p, 석사

· 독서요법이 초등학생의 자아존중감 향상에 미치는 효과/ 김해란, 부산교육대 교육대학원, 2003, TM 372.14 ㄱ963ㄷ, v, 84p, 석사, 유

· 독서요법 집단상담이 초등학교의 자아개념에 미치는 효과 / 김순량, 부산교육대 교육대학원, 2005, TM 372.14 ㄱ727ㄷ, vi, 124 p, 석사, 유

· 독서요법 집단상담이 초등학생의 자기효능감에 미치는 효과 / 이지현, 경인교육대 교육대학원, 2005, TM 당관미소장, p, 석사

· 독서요법 집단상담 프로그램이 초등학생의 자기개념 및 사회성에 미치는 효과 / 심경일, 한국교원대 교육대학원, 2004, TM 372.14 ㅅ589ㄷ, viii, 110 p, 석사

· 독서요법 프로그램이 난폭한 아동의 자아존중감 및 인간관계 개선에 미치는 효과 : 초등학교 고학년 중심으로 / 황현미, 대진대 교육대학원2007TM 028.5ㅎ275ㄷv, 69 p석사

· 독서요법 프로그램이 초등학생의 자아존중감에 미치는 효과 / 김선영, 창원대 교육대학원, 2007, TM 370.15 ㄱ689ㄷ, iii, 83 p, 석사,

· 독서요법 프로그램이 한 부모 가정 초등학생의 자기존중감 및 대인관계에 미치는 영향 / 이종렬, 한국교원대 교육대학원2005TM 372.14 ㅇ863ㄷix, 105 p, 석사, 유

· 독서치료 문학활동이 유아의 창의성 및 자아개념에 미치는 효과 /유구종 ;문기임, 2003열린유아교육연구제8권제1호(2003.5)pp111-130열린유아교육학회372.2ㅇ255, 유

· 독서치료 프로그램이 아동의 자아존중감에 미치는 효과 / 구현숙, 신라대 교육대학원, 2005, TM 372.14 ㄱ426ㄷ, 48 p, 석사, 유

· 독서치료가 초등학생의 자아존중감 향상과 내적 통제성에 미치는 효과 / 윤은숙, 고신대 교육대학원, 2007, TM 158.3 ㅇ517ㄷ, v, 75 p, 석사, 유

· 독서치료가 초등학생의 자아존중감 향상에 미치는 영향 / 김남숙, 성균관대 교육대학원, 2005, TM 372.14 ㄱ557ㄷ, ii, 83 p, 석사, 유

· 독서치료가 초등학교 아동의 자아개념에 미치는 효과 / 황문희, 대구교육대 교육대학원, 2004, TM 372.14 ㅎ264ㄷ, 119 p, 석사, 유

· 독서치료가 초등학생의 자아존중감 향상에 미치는 효과 / 구옥란, 인제대 교육대학원, 2005, TM 372.14 ㄱ418ㄷ, vii, 72 p, 석사, 유

· 독서치료가 초등학교 아동의 자아개념에 미치는 영향 /홍종관 ;황문희, 2004, 發達障碍學會誌 제8집 1호 (2004. 3) pp117-134, 韓國發達障碍學會, 362.3 ㅂ379

· 독서치료가 한부모가정 아동의 자기효능감과 친구관계에 미치는 영향 / 송계월, 대전대 경영행정 · 사회복지대학원, 2007, TM 362.7 ㅅ329ㄷ, viii, 109 p, 석사

· 독서치료를 통한 아동의 긍정적 자아개념 향상에 관한 연구 / 이기영, 한남대 교육대학원, 2005, TM 372.14 ㅇ618ㄷ, ii, 54 p, 석사, 유

· 독서치료 프로그램이 비만아동의 자아존중감 향상에 미치는 효과 / 장오숙, 천안대 문헌정보대학원, 2005, TM 028.5 ㅈ123ㄷ, vi, 108 p, 석사, 유

· 독서치료 프로그램이 부적응 아동의 자아존중감과 학교생활 적응에 미치는 효과 / 유정실, 영남대 교육대학원2004, TM 372.14 ㅇ434ㄷ, iv, 83 p, 석사, 유

· 독서치료 프로그램이 초등학교 6학년 아동의 자아존중감에 미치는 효과 / 임연선, 신라대 교육대학원, 2006, TM 371.4 ㅇ991ㄷ, ii, 41 p, 석사, 유

· 독서치료 프로그램을 통한 초등학생의 자아 존중감 및 자기표현력 향상에 관한 연구 / 황예순, 한국방송통신대 평생대학원2006TM 372.14 ㅎ268ㄷviii, 101 p, 석사,

· 독서치료 프로그램이 초등학생의 자아존중감에 미치는 영향 / 배옥선, 한국외국어대교육대학원, 2007, TM 372.43 ㅂ387ㄷ, iii, 88 p, 석사, 유

· 독서치료 프로그램이 초등학교 저학년 아동의 자아존중감 및 학교생활 적응에 미치는 영향 / 서나라, 이화여대 교육대학원, 2006TM 372.14 ㅅ213ㄷvii, 65 p, 석사, 유

· 독서치료 프로그램이 초등학생의 학업적 자아개념 및 학습습관에 미치는 효과 / 정형숙, 영남대 교육대학원2006, TM 370.15 ㅈ342ㄷ, iii, 131 p, 석사, 유

· 동시를 활용한 독서치료프로그램이 저소득층 아동의 자아존중감과 자기표현에 미치는 효과 / 이남순, 경성대 교육대학원2006, TM 155.413 ㅇ621ㄷ, iv, 61 p, 석사, 유

· 발달적 독서요법 프로그램이 초등학교 학생의 자아개념과 독서력에 미치는 영향 / 송혜숙, 가톨릭대 교육대학원, 2005TM 372.4 ㅅ343ㅂ, iii, 82 p, 석사, 유

· 시치료가 초등학생 자아개념 향상에 미치는 효과 / 윤정미, 광주교육대 교육대학원, 2005, TM 372.14 ㅇ526ㅅ, iii, 72 p, 석사, 유

· 양육시설 보호아동의 자아존중감 향상을 위한 독서치료 사례 연구 / 신화숙, 남부대 사회복지대학원, 2006, TM 362.7 ㅅ587ㅇ, v, 104 p, 석사, 유

· 저소득층 가정 아동의 자아존중감 증진을 위한 독서치료 효과 / 이지혜, 숙명여대 대학원, 2003, TM 362.7 ㅇ886ㅈ, vi, 76p, 석사, 유

· 집단 독서 치료가 초등학생의 자기 효능감에 미치는 효과 / 이상미, 경성대 교육대학원, 2007, TM 372.43 ㅇ728ㅈ, iv, 76 p, 석사, 유

· 초등학생의 자아개념과 독서태도에 미치는 독서치료의 효과 연구 / 정애숙, 충남대 대학원, 2004, TM 025.5 ㅈ264ㅊ, ii, 74 p, 석사, 유

· 초등학생의 자아개념 향상을 위한 역할놀이 중심 독서요법의 효과 / 신경숙, 광주교육대 교육대학원, 2005, TM 372.14 ㅅ563ㅊ, v, 88 p, 석사, 유

중학생

· 독서요법이 여중생의 자아존중감에 미치는 효과 / 류해철, 경북대 교육대학원, 2004, TM 당관미소장, p, 석사, 유

· 독서요법이 중학생의 자아존중감에 미치는 영향 / 심종숙, 한국외국어대 교육대학원, 2005, TM 371.4 ㅅ594ㄷ, iii, 61 p, 석사, 유

· 독서요법이 중학생의 자아존중감과 대인관계에 미치는 효과 / 송성순, 계명대 대학원, 2007, TM 370.15 ㅅ335ㄷ, iii, 69 p, 석사

· 독서요법이 중학생의 자아존중감 및 내적통제성에 미치는 영향/ 안민희, 경희대 교육대학원, 2003, TM 371.4 ㅇ154ㄷ, ii, 97p, 석사, 유

· 독서요법이 중학생의 학업적 자기효능감 및 자기표현에 미치는 효과 / 구명숙, 동아대 교육대학원, 2006, TM 370.15 ㄱ412ㄷ, v, 72 p, 석사, 유

· 독서요법 프로그램을 통한 중학생의 자아정체감 향상에 관한 연구 / 최미영, 홍익대 교육대학원, 2005, TM 371.4 ㅊ193ㄷ, iv, 85 p, 석사, 유

· 독서치료가 중학생의 자아존중감과 교우관계에 미치는 효과 / 이순봉, 국민대 교육대학원, 2007, TM 158.3 ㅇ764ㄷ, iii, 91 p, 석사

· 독서 치료가 중학생의 자아 존중감 및 성취 동기에 미치는 영향 / 이정이, 한양대 교육대학원, 2004, TM 371.4 ㅇ849ㄷ, v, 85 p, 석사

· 독서치료 프로그램이 남자 중학생의 자아개념과 사회성에 미치는 효과 / 김일현, 영남대 교육대학원, 2006, TM 371.4 ㄱ836ㄷ, iii, 106 p, 석사, 유

· 독서치료 프로그램이 중학교 학습부진아의 자아존중감과 성취동기에 미치는 효과 / 원미옥, 영남대 교육대학원, 2007, TM 373.14 ㅇ392ㄷ, iv, 102 p, 석사

· 독서치료활동이 경도 정신지체아의 자아개념에 미치는 효과 / 지명자, 대구대 특수교육대학원, 2007, TM 371.928 ㅈ571ㄷ, ii, 71 p, 석사,

· 독서치료 프로그램이 국어부진 중학생의 자아존중감과 학교태도에 미치는 효과 / 임채희, 경북대 교육대학원, 2006, TM 당관미소장, p, 석사,

· 독서치료 프로그램이 중학교 1학년 학생의 자아존중감 향상과 대인관계 개선에 미치는 효과 / 이연숙, 신라대 교육대학원, 2005TM 373.14042 ㅇ787ㄷiv, 64 p, 석사, 유

· 독서 치료 프로그램이 중학생의 자아존중감과 인간관계에 미치는 효과 /이현림 ;이혜경 ;배강대, 2005, 상담학연구. 제6권 제4호 통권40호 (2005. 12), pp1245-1260, 한국상담학회, 158.3 ㅎ155

· 독서 치료 프로그램이 중학생의 자아존중감과 인간 관계에 미치는 효과 / 이혜경, 영남대 교육대학원2005TM 373.144042 ㅇ956ㄷ, iv, 98 p, 석사, 유

· 독서치료 프로그램이 학습부진 중학생의 자아존중감과 학업성취에 미치는 영향 / 김정연, 경원대 교육대학원, 2006, TM 371.42 ㄱ855ㄷ, v, 72 p, 석사, 유

· 발달적 독서치료 프로그램이 중학생의 자아존중감과 대인관계에 미치는 효과 / 박채임, 전주대 교육대학원, 2006, TM 373.14 ㅂ336ㅂ, v, 93 p, 석사, 유

· 성장소설 독서요법 프로그램을 통한 중학생의 긍정적 자아개념 함양 /김미옥, 2006, 부산교육. 제317호 (2006. 여름), pp136-150, 부산광역시교육연구정보원370.5 ㅂ431ㅂ, 유

· 성장소설 독서요법 프로그램을 통한 중학생의 자아개념 함양 / 김미옥, 부경대 교육대학원, 2006, TM 028.5 ㄱ634ㅅ, v, 77, 33 p, 석사, 유

· 중학생들의 낮은 자존감 극복을 위한 독서치료 프로그램에 관한 고찰 :치료적 글쓰기 활동을 중심으로 /양재한, 2005, 한국도서관 · 정보학회지. 제36권 제1호 (2005. 3), pp21-46, 韓國圖書館 · 情報學會, 020.4 ㄷ313ㄱ, 유

· 중학생의 자아개념 향상을 위한 독서요법 프로그램 개발 및 효과 검증 / 정수, 연세대 교육대학원, 2004, TM 371.4 ㅈ255ㅈ, vi, 105 p, 석사, 유

· 중학생의 자아정체성 성장을 위한 독서요법 연구 / 이문숙, 대전대 교육대학원, 2004, TM 당관미소장, p, 석사

· 중학생들의 자아존중감 향상을 위한 독서치료 연구/ 이선영, 충남대 대학원, 2003, TM 028.5 ㅇ742ㅈ, ii, 49p, 석사, 유

· 중학생의 자아정체성 신장을 위한 독서요법 연구/ 임은숙, 제주대 교육대학원, 2003, TM 028.5 ㅇ993ㅈ, iv, 96p, 석사, 유

· 진로탐색 집단상담 독서치료 프로그램이 중학생의 자아정체감 및 진로의식성숙에 미치는 효과 / 최재현, 영남대 교육대학원, 2007, TM 158.3 ㅊ281ㅈ, iii, 97 p석사

· 집단독서요법프로그램이 중학생의 자아존중감과 내적통제성에 미치는 효과 / 김윤숙, 한서대 교육대학원, 2005, TM 370.153 ㄱ799ㅈ, ii, 86 p, 석사, 유

· 집단독서요법이 중학생의 자아존중감과 자기표현능력 향상에 미치는 효과 / 김정아, 아주대 교육대학원, 2005, TM 371.4 ㄱ855ㅈ, 95 p, 석사, 유

고교생(청소년 포함)

· 독서요법이 고등학생의 자아개념 향상에 미치는 영향 연구 : 국어학습 부진학생을 대상으로 / 문명란, 경원대 교육대학원, 2004TM 371.4 ㅁ317ㄷ, iv, 91 p, 석사, 유

· 독서요법프로그램이 고등학생의 자기표현 및 자아존중감 향상에 미치는 효과 / 선효원, 부산대 교육대학원, 2004, TM 373.14 ㅅ232ㄷ, iii, 83 p, 석사

· 독서치료가 실업계 고교생의 자아존중감에 미치는 영향에 관한 연구 / 윤경희, 한남대 교육대학원, 2006, TM 373.14 ㅇ442ㄷ, ii, 46 p, 석사, 유,

· 독서치료 프로그램이 비만 청소년의 자아존중감 향상에 미치는 효과 / 김명희, 천

안대 문헌정보대학원, 2005, TM 028 ㄱ623ㄷ, iv, 106 p, 석사, 유

· 독서 프로그램 활동을 통한 부적응 학생의 자아존중감 확립 연구 / 유재구, 아주대 교육대학원, 2004, TM 411.84 ㅇ433ㄷ, 76 p, 석사, 유

· 모자가정 청소년의 자아존중감 향상을 위한 독서치료 효과에 대한 연구 / 최정숙, 전북대 대학원, 2006, TM 028.8 ㅊ282ㅁ, iv, 67 p, 석사, 유

· 非行青少年의 自我概念 育成을 위한 讀書療法의 效果/ 尹達媛, 誠信女大 大學院, 1990, TD 370.15 ㅇ449ㅂ, 49 p, 학위논문(박사), 유

· 집단적 독서 요법을 통한 고등학교 학생의 자아 개념 향상에 관한 연구/ 반금현, 가톨릭대 교육대학원, 2001, TM 615.8516 ㅂ377ㅈ, 120p, 학위논문(석사),

대학생 및 성인일반

· 독서요법이 대학생의 자아정체감 정립에 미치는 효과 연구/ 이희정, 충남대 대학원, 2001, TM 025.52 ㅇ982ㄷ, 75 p, 학위논문(석사), 유

· 독서요법이 대학생 자아형성 과정의 스트레스에 미치는 효과에관한연구 / 구연배 2007한국도서관 · 정보학회지. 제38권제1호(2007년3월),pp49-66韓國圖書館 · 情報學會 020.4ㄷ313ㄱ, 유

· 독서요법이 대학생의 자아정체감 정립에 미치는 효과 /이희정 ;박옥화2001, 한국도서관 · 정보학회지 제32권 제3호 (2001. 9) pp331-351韓國圖書館情報學會, 020.4 ㄷ313ㄱ, 유집. 제5집 (2003), pp303-321부산교육대학교교육대학원041.1 ㅂ431, 유

자존감 일반

· 독서치료가 언어영재아의 자아존중감과 성취동기에 미치는 영향 / 신혜숙, 부산대 대학원, 2005, TM 370.15 ㅅ586ㄷ, iv, 79 p, 석사,

· 독서치료가 학습부진아의 자아존중감에 미치는 효과 / 변명규, 대구교육대 교육대학원, 2007, TM 371.9 ㅂ419ㄷ, iii, 82 p, 석사, 유

· 발달적 독서치료를 통한 자아실현에 관한 연구 / 이원지, 중앙대 교육대학원, 2005, TM 028.5 ㅇ814ㅂ, iv, 124 p, 석사, 유

· 아동의 사회적 자아개념과 인간관계 증진을 위한 독서요법의 효과 / 최선희, 慶北

大 敎育大學院, 1997, TM 370.15 ㅊ226ㅇ, 101 p, 학위논문(석사), 유

· 자아존중감 향상을 위한 소설 읽기 방법 연구 / 서민정, 한국교원대 대학원, 2007, TM 811.07 ㅅ214ㅈ, v, 164 p, 석사, 유

· 자아실현을 위한 발달적 독서치료의 사례연구 / 남태우 ;이원지, 2005, 한국문헌정보학회지. 제39권 제2호 (2005. 6), pp321-346韓國文獻情報學會020.5 ㄷ313ㅎ, 유

· 집단적 독서요법이 부적응학생의 자아정체감과 인간관계에 미치는 효과/ 강성미, 강원대 교육대학원, 2003, TM 371.4 ㄱ258ㅈ, ii, 68p, 석사

(2) 자폐아

· 독서치료가 자폐성 아동의 사회성 발달에 미치는 효과 / 하정혜, 가톨릭대 교육대학원, 2004, TM 372.4 ㅎ148ㄷ, iv, 99 p, 석사, 유

(3) 과잉행동장애(ADHD)

· 독서요법이 초등학생의 주의력 결핍과 과잉행동 감소에 미치는 효과/ 김욱준, 동아대 교육대학원, 2000, TM 당관미소장, ???p, 학위논문(석사),

· 독서치료가 ADHD 학생의 주의력결핍 · 과잉행동 · 충동성에 미치는 효과 / 배성연, 대구교육대 교육대학원, 2004, TM 371.9 ㅂ387ㄷ, ii, 62 p, 석사, 유

· 독서치료 프로그램이 ADHD 아동의 충동성 및 자기통제력에 미치는 효과 / 김애란, 대구대 특수교육대학원, 2007, TM 371.94 ㄱ746ㄷ, ii, 55 p, 석사, 유

· 독서치료 프로그램이 초등학교 저학년 ADHD 아동의 부적응행동에 미치는 영향 / 박숙자, 전주대 상담대학원, 2006, TM 372.14 ㅂ225ㄷ, v, 99 p, 석사

· 독서치료 프로그램이 ADHD 아동의 행동변화에 미치는 효과 / 구순모, 아주대 교육대학원, 2006, TM 371.94 ㄱ415ㄷ, vi, 82 p, 석사, 유

· 자기통제훈련을 병행한 독서치료의 효과: 주의력결핍 과잉행동장애 아동을 대상으로/ 김현애, 가톨릭대 교육대학원, 2003, TM 372.4 ㄱ973ㅈ, 95p, 석사, 유

· 칭찬을 병행한 ADHD 아동의 독서치료에 관한 연구 / 김서경, 전북대 교육대학원, 2004, TM 372.14 ㄱ682ㅊ, iii, 73 p, 석사, 유,

(4) 결손가정, 한부모, 이혼

· 독서요법을 통한 저소득층 이혼 가정 아동의 친사회성 개발에 관한 연구 / 명창순, 공주대 교육대학원2004, TM 028.5 ㅁ232ㄷv, 114 p, 석사, 유,

· 독서치료가 한부모 가정 아동의 자기효능감과 친구관계에 미치는 영향 / 송계월, 대전대 경영행정 · 사회복지대학원, 2007, TM 362.7 ㅅ329ㄷ, viii, 109 p, 석사

· 부모의 이혼을 경험한 시설아동을 위한 독서치료의 효과 : 우울,수치심 및 죄책감을 중심으로/ 김유희, 숙명여대 대학원, 2003, TM 362.73 ㄱ796ㅂ, vi, 70p, 석사, 유 · ICT 독서치료의 문식성 향상 효과 : '결손가정' 아동을 중심으로 / 홍란수, 서원대 교육대학원, 2005, TM 411.07 ㅎ244i, vi, 93 p, 석사

· 이혼가정 아동의 정신건강 증진을 위한 독서치료 프로그램 개발 / 홍종관, 2003, 초등교육연구논총 제19권 2호 (2003. 12) pp345-365, 대구교육대학교초등교육연구원, 372

· 이혼가정 아동의 학교생활 적응을 위한 독서치료 프로그램 개발 및 효과연구 / 우홍련, 서울대 대학원, 2006, TM 371.4 ㅇ387ㅇ, v, 123 p, 석사,

· 이혼가정 아동의 정신건강 증진을 위한 독서치료에 관한 이론적 고찰 /김춘경 2002, 初等教育研究 제15집 제2호 (2002. 8) pp47-64韓國初等教育學會372ㅊ136ㅎ, 유

(5) 진로문제(상담)

· 독서를 통한 진로집단상담 프로그램이 여고생의 진로결정 자기효능감과 진로태도 성숙에 미치는 효과 / 배은경, 계명대 교육대학원, 2003, TM 371.425 ㅂ387ㄷ, v, 110p, 석사, 유

· 독서를 활용한 진로집단상담이 진로결정 자기효능감과 진로태도성숙에 미치는 영향 / 최혜숙, 강원대 교육대학원2006, TM 371.4 ㅊ337ㄷ, [vi], 91 p, 석사, 유

· 독서치료 프로그램이 중학생의 진로성숙도 향상에 미치는 영향에 관한 연구 /이상애 ;조현양, 2007, 한국도서관 · 정보학회지. 제38권 제2호 (2007년 6월), pp101-124, 韓國圖書館 · 情報學會, 020.4 ㄷ313ㄱ, 유

· 독서치료가 중학생의 진로의식 성숙에 미치는 효과 / 손복권, 금오공과대 교육대학원, 2007, TM 370.15 ㅅ324ㄷ, iv, 58 p, 석사, 유

· 독서치료를 이용한 진로상담 프로그램이 고교생의 진로결정과 진로태도 성숙에 미치는 효과 / 김종하, 대불대 교육대학원, 2006TM 373.1425 ㄱ868ㄷvii, 160 p석사

· 독서치료를 활용한 고등학생의 진로결정에 대한 사례연구 : 인간중심 진로상담 / 강경구, 대불대 교육대학원, 2006, TM 373.1425 ㄱ253ㄷ, v, 56 p, 석사, 유

· 중학생의 진로성숙도 향상에 독서치료 프로그램이 미치는 영향에 관한 연구 / 이상애, 경기대 교육대학원, 2007, TM 020.7 ㅇ731ㅈ, ix, 113 p, 석사

· 진로독서프로그램이 여고생의 진로결정 자기효능감과 진로태도 성숙에 미치는 효과 / 한정아 ;강승호2007敎育學硏究.제45권제1호(2007.3),pp101-125韓國敎育學會370.5ㄱ384, 유

· 진로탐색 집단상담 독서치료 프로그램이 중학생의 자아정체감 및 진로의식성숙에 미치는 효과 / 최재현, 영남대 교육대학원, 2007, TM 158.3 ㅊ281ㅈ, iii, 97 p, 석사

· 청소년의 진로탐색을 위한 독서치료 프로그램 연구 /임성관, 2006, 독서문화연구. 제5호 (2005), pp181-207, 대진대학교 독서문화연구소, 028 ㄷ327

(6) 두려움과 자신감

· 도서의 치료적 활용 :분리불안으로 인한 학교 공포증 아동을 대상으로 /김영희 ;이영나2003, 독서문화연구 제2호 (2002. 12) pp33-50, 대진대학교 독서문화연구소028 ㄷ327

· 독서치료가 발표불안 아동의 학습태도 변화에 미치는 영향에 관한 연구 / 한명자, 성균관대 교육대학원, 2004, TM 372.14 ㅎ157ㄷ, v, 68 p, 석사, 유

(7) 비만, 음주, 흡연

· 독서요법 프로그램이 여고생의 음주 지식과 태도에 미치는 효과 : 일개 고등학교를 중심으로 / 김정애, 백석대 사회복지대학원, 2007, TM 362.7083 ㄱ855ㄷ, v, 76 p, 석사

· 독서치료 프로그램이 비만아동의 자아존중감 향상에 미치는 효과 / 장오숙, 천안대 문헌정보대학원, 2005, TM 028.5 ㅈ123ㄷ, vi, 108 p, 석사, 유

· 독서치료 프로그램이 비만 청소년의 자아존중감 향상에 미치는 효과 / 김명희, 천안대 문헌정보대학원, 2005, TM 028 ㄱ623ㄷ, iv, 106 p, 석사, 유

· 대학생의 '문제음주'와 독서치료 / 김수진, 부산대교육대학원 2003TM028.5ㄱ722ㄷii, 98p, 석사

(8) 성인아이와 역기능

· '성인아이'(Adult Child) 문제와 독서치료/ 김경숙, 부산대 교육대학원, 2003, TM 028.5 ㄱ511ㅅ, ii, 109p, 석사

· 성인아이의 목회 상담적 치료 방안 / 최홍렬, 장로회신학대 대학원, 2005, TM 253.5 ㅊ338ㅅ, ii, 78 p, 석사, 유

· 역기능 가정 문제 분석과 치유방안 / 최복기, 목원대 대학원, 2004, TM 253.5 ㅊ198ㅇ, ii, 72 p, 석사, 유

· 역기능 가정에서 자란 성인아이의 기독교 교육적 치유방안 / 김용진, 목원대 신학대학원, 2007, TM 268.432 ㄱ781ㅇ, 75 p, 석사, 유

· 역기능 가정의 성인아이 치유를 위한 목회사역/ 강종원 , 침례신학대 목회대학원, 2001, TM 259 ㄱ267ㅇ, 55 p, 학위논문(석사), 유

(9) 우울증, 정신병

· 기독교인의 우울증 치료 방안으로서의 독서치료 연구 / 김인례, 나사렛대 신학대학원, 2005, TM 253.5 ㄱ829ㄱ, 94 p, 석사, 유

· 독서요법이 정신과 입원환자의 증상별 행동과 질병예후에 미치는 영향에 관한 연구/ 김태경, 서울大, 1984, TM 610.73 ㄱ936ㄷ, 석사

· 목회자 사모의 역할 갈등에서 오는 우울증 치료 방안 연구 / 이강은, 호서대 벤처전문대학원, 2007, TM 361.06 ㅇ564ㅁ, xii, 78 p, 석사, 유

· 비디오를 활용한 집단독서요법이 정신분열병환자의 자아존중감과 대인관계에 미치는 효과 / 김현정, 강원대 대학원, 2007, TM 616.890231 ㄱ973ㅂ, 66 p, 석사

· 20대 우울증을 위한 '만화치료' 가능성 고찰 : 작품 &ltI'm not gloomy anymore&gt를 중심으로 / 김한재, 세종대 공연예술대학원2006TM 741.5 ㄱ961ㅇ, v, 66 p, 석사, 유

· 精神科 患者에 대한 詩治療 活用에 관한 연구/ 玄侖已, 崇實大 大學院, 1992, TM 362.22 ㅎ193ㅈ, 75 p, 학위논문(석사), 유

(10) 따돌림, 왕따, 열등감, 상한마음, 스트레스, 자기통제

· 독서요법을 통한 초등학생 '왕따'치료 / 김은주, 공주대 교육대학원, 2003, TM 372.4 ㄱ814ㄷ, iii, 82p, 석사, 유

· 독서치료가 왕따 당하는 초등학생의 자아개념에 미치는 효과 / 권혜영, 경북대 대학원, 2004, TM 649.1 ㄱ464ㄷ, v, 112 p, 석사, 유

· 독서치료가 왕따 당하는 초등학생의 집단따돌림 피해 수준과 자아개념에 미치는 효과 / 권혜영 ;김춘경, 2006, 놀이치료연구 : 한국아동심리재활학회지. 제10집 제1호 (2006. 6), pp117-136, 한국아동심리재활학회, 615.851 ㄴ293

· 독서치료의 문학 교육적 활용 방안 연구 : '열등감 극복' 제재를 중심으로 / 정유진, 서강대 교육대학원, 2006, TM 811.07 ㅈ284ㄷ, v, 94 p, 석사, 유

· 독서치료 프로그램이 우울아동의 우울감 · 일상생활 스트레스 · 자존감에 미치는 영향 /김춘경 ; 김미화, 2005한국아동복지학. 제19호 (2005. 6), pp75-105한국아동복지학회362.7 ㅎ155

· 발달적 독서요법이 아동의 자기통제력 및 충동성에 미치는 영향 / 홍문숙, 동아대 교육대학원, 2006, TM 372.14 ㅎ246ㅂ, v, 66 p, 석사, 유

· 부적응학생 독서요법을 통한 건전한 생활 향상 방안 : K고등학교 사례를 중심으로 / 김상일, 천안대 문헌정보대학원, 2005TM 028.5 ㄱ677ㅂ, iv, 66 p, 석사, 유

· 어린이의 상한 마음을 돌보기 위한 독서치료 서비스 방안 연구: 부산지역 공공도서관 어린이실을 중심으로 / 김민주, 부산대 대학원2003TM 028.5 ㄱ637ㅇ, ii, 107p, 석사

· 집단 따돌림 피해자를 위한 독서요법 사례 연구 / 김종성 ;이규선, 2004, 도서관 제59권 제2호 통권 제371호 (2004. 여름) pp83-110, 國立中央圖書館, 027.551 ㄷ313, 유

· 집단 따돌림 학생의 인성치료를 위한 독서요법 적용 사례 연구 : 집단 따돌림 피해학생을 중심으로 / 이규선, 계명대 교육대학원2004TM 028.5 ㅇ597ㅈiii, 81 p, 석사, 유

· 초등학생의 스트레스 대처를 위한 독서치료 사례연구 / 최선옥, 경기대 교육대학원, 2006, TM 615.8516 ㅊ226ㅊ, vi, 76 p, 석사, 유

· 청소년의 상처난 마음을 돌보기 위한 독서치료 서비스 개발 방안 연구: 중 · 고등학교 도서관을 중심으로/ 정재희, 부산대 대학원, 2003TM 028.5 ㅈ298ㅊ, iii, 106p, 석사

· 학교생활 부적응으로 인한 장기결석 학생의 독서치료를 통한 상담사례 연구 / 송미현, 대불대 교육대학원, 2007, TM 371.4 ㅅ331ㅎ, 63 p, 석사

(11) 장애

· 독서치료를 통한 경도발달장애아동의 인지발달에 관한 연구 / 신창호, 한국외국어대 교육대학원, 2005, TM 371.92 ㅅ584ㄷ, vi, 72 p, 석사, 유

· 장애아동어머니를 위한 통합적 독서치료 프로그램 개발 / 김수희, 명지대 대학원, 2007, TD 649.58 ㄱ722ㅈ, xi, 161 p, 박사,

· 장애아동의 형제를 위한 독서치료가 형제관계와 형제간 상호작용에 미치는 효과 / 이수향, 덕성여대 대학원, 2007, TM 155.4 ㅇ761ㅈ, v, 66 p, 석사, 유

(12) 학습(학업, 성적, 읽기)부진

· 독서치료 프로그램이 고등학생의 학업자아개념과 학습동기에 미치는 효과 / 이명희, 가톨릭대 상담심리대학원, 2007, TM 158.3 ㅇ669ㄷ, vi, 101 p, 석사, 유

· 독서치료 프로그램이 중학교 학습부진아의 자아존중감과 성취동기에 미치는 효과 / 원미옥, 영남대 교육대학원, 2007, TM 373.14 ㅇ392ㄷ, iv, 102 p, 석사

· 독서치료가 교과학습부진학생의 학업자아개념과 학업성취도에 미치는 효과 / 박인순, 대구대 특수교육대학원, 2007, TM 371.90472 ㅂ283ㄷ, ii, 82 p, 석사

· 독서치료가 학습부진아의 학습된 무력감에 미치는 영향 / 조미숙, 부산대 교육대학원, 2006, TM 371.4 ㅈ397ㄷ, iii, 93 p, 석사, 유

· 독서치료 프로그램이 초등학생의 학업적 자아개념 및 학습습관에 미치는 효과 / 정형숙, 영남대 교육대학원, 2006, TM 370.15 ㅈ342ㄷ, iii, 131 p, 석사, 유

· 독서치료 프로그램 적용이 학습장애아의 자아존중감과 사회성에 미치는 영향 / 박위란, 고신대 교육대학원, 2005, TM 371.926 ㅂ258ㄷ, ii, 56 p, 석사, 유

· 독서치료 프로그램이 학습부진 중학생의 자아존중감과 학업성취에 미치는 영향 / 김정연, 경원대 교육대학원, 2006, TM 371.42 ㄱ855ㄷ, v, 72 p, 석사, 유

· 읽기 학습부진아를 위한 독서지도 프로그램 연구 / 고종숙, 전주교육대 교육대학원, 2006, TM 372.4 ㄱ349ㅇ, iv, 110 p, 석사, 유

· 독서치료가 읽기 부진아의 독해력과 자아개념에 미치는 효과 / 김인경, 대구대 특수교육대학원, 2005, TM 371.9044 ㄱ829ㄷ, ii, 78 p, 석사, 유

· 읽기 부진아를 위한 독서치료 프로그램 연구 / 임성관, 중앙대 교육대학원, 2004, TM 028.5 ㅇ991ㅇ, 154 p, 석사, 유

· 학습 부진아의 자아개념 및 학습동기 향상을 위한 독서치료 프로그램의 효과검증/ 김미화, 경북대 교육대학원, 2003, TM 당관미소장, p, 석사

· 독서치료 프로그램이 국어부진 중학생의 자아존중감과 학교태도에 미치는 효과 / 임채희, 경북대 교육대학원, 2006, TM 당관미소장, p, 석사

· 독서치료 프로그램 적용이 학습장애아의 자아존중감과 사회성에 미치는 영향 / 박위란, 고신대 교육대학원, 2005, TM 371.926 ㅂ258ㄷ, ii, 56 p, 석사, 유

· 독서치료 프로그램이 중학생의 지각향성에 미치는 효과 / 김미혜, 부경대 교육대학원, 2006, TM 370.15 ㄱ634ㄷ, vi, 94 p, 석사, 유

· 독서치료 프로그램이 중학생의 지각향성 증진에 미치는 효과 / 김미혜 ;이희영, 2006 상담학연구. 제7권 제2호 통권42호 (2006. 6), pp557-573, 한국상담학회, 158.3 ㅎ155

· 문학작품을 통한 독서부진학생 치료 연구/ 송영자, 건양대 교육대학원, 2002, TM 811.07 ㅅ338ㅁ, 110p, 석사

· 집단독서요법이 학습부진아의 자기표출 및 학습태도에 미치는 효과 / 옥미현, 동아대 교육대학원, 2006, TM 371.4 ㅇ343ㅈ, vi, 93 p, 석사, 유

· 초등고학년의 독서부진아에 대한 독서치료 사례연구 /한복희, 2003, 한국문헌정보학회지 제37권 제2호 (2003. 6) pp303-318韓國文獻情報學會, 020.5 ㄷ313ㅎ, 유

· 학습부진아동의 학습기술 향상을 위한 독서요법 프로그램 개발 / 강영옥, 한국교원대 대학원, 2007, TM 372.14 ㄱ261ㅎ, viii, 164 p, 석사, 유

· ICT 독서치료의 문식성 향상 효과 : '결손가정' 아동을 중심으로 / 홍란수, 서원대 교육대학원, 2005, TM 411.07 ㅎ244i, vi, 93 p, 석사

(13) 주부문제(부부갈등, 관계, 고부간 갈등)

· 수험생 어머니를 위한 독서치료 / 황은주, 부산대 교육대학원, 2006, TM 028.8 ㅎ269ㅅ, ii, 95 p, 석사, 유

· 20대 여성의 상처와 독서를 통한 치유에 관한 연구 : K의 이야기를 중심으로 / 김은엽, 부산대 대학원, 2005, TM 615.8516 ㄱ814ㅇ, ii, 156 p, 석사,

· 주부를 위한 독서치료 프로그램 운영 /김수경, 2006, 한국비블리아학회지. 제17권 제1호 (2006. 6), pp115-134, 한국비블리아학회, 020 ㅅ236, 유

· 주부의 마음상함과 독서치료 프로그램 적용에 관한 연구 / 김수경, 부산대 대학원, 2006, TD 028.8 ㄱ718ㅈ, iv, 258 p, 박사, 유

· 주부를위한독서치료프로그램의실제:주부의 마음상함 상황분석을중심으로 / 김수경2005한국도서관 · 정보학회지. 제36권제1호(2005.3),pp269-307韓國圖書館 · 情報學會 020.4ㄷ313ㄱ, 유

· 주부를 위한 독서치료 프로그램 운영 /김수경, 2006, 한국비블리아 : 발표논집. 제14집 (2006. 5), pp189-223, 한국비블리아학회, 020 ㅎ155

· 주부의 마음 상함과 독서치료 :울산지역 공공도서관 사례를 중심으로 /김순화2006 國會圖書館報. 제43권 제1호 통권 제321호(2006.1 · 2), pp58-70國會圖書館027.55191 ㄱ428, 유

· 주부의 마음상함과 독서치료 프로그램에 관한 연구 /김수경, 2004, 한국도서관 · 정보학회지 제35권 제2호 (2004. 6) pp243-272, 韓國圖書館 · 情報學會, 020.4 ㄷ313ㄱ, 유

· 중년여성의 사회심리적 위기감과 독서치료에 관한 연구 / 이기숙, 동아대 교육대학원, 2004, TM 374.22 ㅇ617ㅈ, v, 107 p, 석사, 유

· 집단 독서치료 프로그램이 성인 여성의 자아존중감, 삶의 질과 영적 자존감에 미치는 효과 / 송부옥, 고신대 교육대학원, 2005TM 371.4 ㅅ333ㅈ, ii, 115 p, 석사, 유

(14) 노인문제(정신질환, 우울증, 스트레스)

· 나이듦과 독서치료 / 장영남, 부산대 교육대학원2006TM 028 ㅈ123ㄴii, 97 p석사, 유

· 나이 듦의 상처 극복을 위한 독서치료 /장덕현 ;장영남, 2006, 한국비블리아학회지. 제17권 제1호 (2006. 6), pp201-221, 한국비블리아학회, 020 ㅅ236, 유

· 노년의 자기효능감 증진을 위한 소설 독서요법 /장미영, 2006, 문학치료연구. 제4집 (2006. 2), pp129-158, 한국문학치료학회, 615.8516 ㅁ326,

· 노인우울증 원인과 치료에 대한 연구/ 박병락, 장로회신학대 대학원, 2003, TM 253.5 ㅂ182ㄴ, iii, 107p, 석사, 유

· 老人의 憂鬱症 解消를 위한 讀書療法 硏究/ 劉惠淑, 中央大 大學院, 1998, TD 615.8516 ㅇ438ㄴ, 132 p, 학위논문(박사)

· 노인의 우울증 해소를 위한 독서요법연구 /유혜숙, 1999, 한국문헌정보학회지

33,1('99.3) pp5-22, 韓國文獻情報學會, 020.5 ㄷ313ㅎ, 유

· 노인 정신 질환 치료를 위한 독서 치료의 적용 가능성에 대한 고찰 / 홍을표, 포천중문의과대 보건복지대학원 2007, TM 362.6 ㅎ254ㄴ, vi, 64 p, 석사, 유

(15) 학교관련문제(관계, 폭력, 또래문제, 분노, 비행청소년)

· 독서요법을 통한 청소년의 학교폭력행동 개선에 관한 연구 : 중학교 폭력 가해학생을 대상으로 /방숙영, 공주대 교육대학원, 2005TM 028.5 ㅂ383ㄷ, v, 117 p석사, 유

· 독서요법 프로그램과 분노조절 훈련프로그램이 아동의 공격성 감소에 미치는 효과 / 임은정, 전남대 대학원, 2002, TM 372.14 ㅇ993ㄷ, 68p, 석사, 유,

· 독서요법 프로그램이 초등학교 고학년 학생의 공격성 감소에 미치는 효과 / 노윤정, 공주교육대 교육대학원, 2005, TM 372.14 ㄴ274ㄷvi, 94 p, 석사, 유

· 독서요법 프로그램이 초등학교 고학년 학생의 공격성 감소에 미치는 효과 /김신호 ;노윤정2005초등학교교육연구. 제5집(2005.7),pp117-133공주교육대학교 초등교육연구소372ㅊ136

· 독서치료가 초등학생의 교우관계에 미치는 영향 / 박명화, 경인교육대 교육대학원, 2007, TM 372.14 ㅂ173ㄷv, 84 p석사,

· 독서치료를 통한 초등학생의 효율적인 자해 행동 감소 방안에 관한 연구 : 초등 저학년을 대상으로 / 정지예, 한양대 교육대학원, 2007, TM 028.5 ㅈ316ㄷ, v, 70 p, 석사

· 또래관계향상을 위한 독서치료프로그램의 효과 / 염정숙, 대전대 대학원, 2007, TM 649.58 ㅇ256ㄷ, vi, 58 p, 석사

· 또래관계 향상을 위한 독서치료 동화 선정 및 프로그램 효과 / 문경어, 명지대 대학원, 2006, TM 649.1 ㅁ316ㄷ, vi, 89 p, 석사, 유

· 부적응학생 독서요법을 통한 건전한 생활 향상 방안 : K고등학교 사례를 중심으로 / 김상일, 천안대 문헌정보대학원, 2005TM 028.5 ㄱ677ㅂ, iv, 66 p, 석사, 유

· 아동의 수줍음 감소를 위한 독서치료 프로그램의 효과/ 정은해, 경북대 대학원, 2002, TM 당관미소장, p, 석사

· 아동의 수줍음 감소를 위한 독서치료 프로그램의 효과 /정은해 ;김춘경, 2003, 初等教育研究 제16집 제1호 (2003. 2) pp317-340, 韓國初等教育學會372ㅊ136ㅎ, 유

· 장애아동어머니를 위한 통합적 독서치료 프로그램 개발 김수희, 명지대 대학원 2007TD 649.58 ㄱ722ㅈ, xi, 161 p, 박사

· 중학교 국어교과에 기초한 독서치료 프로그램이 교우관계에 미치는 효과 : 문학단원을 중심으로 / 전미라, 한국교원대 대학원, 2006, TM 373.14 ㅈ142ㅈ, vii, 135 p, 석사, 유

· 초등학생의 스트레스 대처를 위한 독서치료 사례연구 /최선옥 ;한윤옥, 2006, 한국비블리아학회지. 제17권 제1호 (2006. 6), pp223-248한국비블리아학회020 ㅅ236, 유

· 青少年 非行 治療를 爲한 讀書療法에 關한 硏究/ 金鏞泰, 圓光大 敎育大學院, 1986, TM 371.42 ㄱ781ㅊ, 43p, 석사, 유

· 青少年의 非行과 讀書療法의 適用에 관한 硏究 /閔英淑, 1999, 出版文化硏究所論文集 1('99.1) pp117-136, 彗田大學 出版文化硏究所, 655.4 ㅊ354

· 치료가 초등학생의 교우관계에 미치는 영향 / 박명화, 경인교육대 교육대학원, 2007, TM 372.14 ㅂ173ㄷ, v, 84 p, 석사

· 학교생활 부적응으로 인한 장기결석 학생의 독서치료를 통한 상담사례 연구 / 송미현, 대불대 교육대학원, 2007, TM 371.4 ㅅ331ㅎ, 63 p, 석사, 독서

· 학교폭력의 실태 및 예방에 관한 연구 : 도 · 농 복합도시 중학교의 사례 제시를 중심으로 / 오서영, 극동대 경영행정대학원, 2007TM 362.7 ㅇ295ㅎ, 57 p, 석사, 유

· 학교생활 적응을 위한 독서치료 프로그램의 효과 / 이서연, 충남대 교육대학원, 2006, TM 371.4 ㅇ735ㅎ, 68 p, 석사, 유

· 학교생활 부적응 학생에 대한 독서치료 방안 연구 : 실업계 고등학교를 중심으로 / 김경희, 전주대 교육대학원, 2006, TM 411.07 ㄱ513ㅎ, 78 p, 석사, 유

· 학령기 아동의 분노 대응 능력 향상을 위한 통합적 독서치료 프로그램 개발 연구 / 채혜정, 숙명여대 대학원, 2005, TD 615.8516 ㅊ123ㅎ, vii, 210 p, 박사, 유

RET 집단상담과 RET 독서요법이 아동의 스트레스 감소에 미치는 효과차이/ 金鍾雲, 東亞大 敎育大學院, 1996, TM 당관미소장, 학위논문(석사),

(16) 연구논문(문헌논문중심으로)

유아, 아동

· 독서치료를 활용한 학교사회복지 프로그램의 효과성에 관한 연구 : 초등학생을 중

심으로 / 최갑덕남부대 사회복지대학원, 2006, TM 362.7 ㅊ137ㄷvi, 100 p, 석사, 유

· 독서치료 프로그램이 초등학교 입문기 아동의 정서지능 및 사회성에 미치는 효과 / 양명숙, 고려대 교육대학원, 2005, TM 370.152 ㅇ225ㄷ, ii, 148 p, 석사

· 독서치료를 통한 어린이 교화단 활성화 방안에 대한 연구 시안 / 이연길, 원불교대학원대, 2004, TM 615.8516 ㅇ786ㄷ, 69 p, 석사

· 독서요법이 초등학생의 창의성 향상에 미치는 효과 / 이원룡, 부산대 교육대학원, 2004, TM 372.14 ㅇ811ㄷ, iii, 72 p, 석사

· 독서요법이 초등학교 영재의 자기지각과 사회적 지지수준에 미치는 영향 / 전윤선 부산대 대학원, 2004, T

· 독서를 통한 아동 심리치료 /김영희 ;이영나, 2002, 독서문화연구 제1호 (2001. 12) pp45-61, 대진대학교 독서문화연구소, 028 ㄷ327

· 독서치료교육 실천사례 :초등부 /장 훈, 2002, 특수교육사례연구 제3집 (2002. 12) pp39-48, 국립특수교육원, 371.9 ㅌ363유M 371.95 ㅈ147ㄷ, iv, 150 p, 석사

· 독서치료 프로그램이 저소득 가정 아동의 공감능력과 또래관계에 미치는 효과 / 이수정, 영남대 대학원, 2007, TM 372.43 ㅇ759ㄷ, iv, 89 p, 석사

· 발달적 독서치료 프로그램이 유아의 정서지능에 미치는 영향 / 박경애, 성신여대 대학원, 2006, TD 372.21 ㅂ123ㅂ, ix, 221 p, 박사, 유

· 발달적 독서요법이 아동의 자기통제력 및 충동성에 미치는 영향 / 홍문숙, 동아대 교육대학원, 2006, TM 372.14 ㅎ246ㅂ, v, 66 p, 석사, 유

· 변화된 환경에 처한 아동의 적응을 돕는 독서치료 /김영희 ;고태순, 2004, 독서문화연구 제3호 (2003) pp43-65, 대진대학교독서문화연구소, 028 ㄷ327

· 부부갈등 가정의 아동을 위한 집단상담 프로그램 개발과 효과 : 독서치료 집단상담 프로그램과 이야기치료 집단상담 프로그램의 비교 / 이순욱, 경북대 대학원, 2007, TD 646.78 ㅇ765ㅂ, vi, 163 p, 박사

· 상호작용적 독서치료가 아동의 사회성 향상에 미치는 효과 / 장미화, 계명대 대학원, 2006, TM 155.4 ㅈ116ㅅ, iv, 52 p, 석사, 유

· 아동의 사회성 향상을 위한 독서치료 방법 연구 / 윤선숙, 경인교육대 교육대학원, 2006, TM 372.4 ㅇ478ㅇ, vi, 300 p, 석사, 유

· 유아의 정서지능과 독서치료의 관계에 관한 연구 /이옥형 ;박경애, 2005, 硏究論文集. 제39집 (2005. 2), pp207-238, 誠信女子大學校, 041.1 ㅅ237, 유

· 어린이 독서치료 이야기 /김미선, 2004, 어린이와讀書 제25집 (2004) pp81-130, 어린이도서관, 028 ㅇ232, 유

· 아동상담자의 독서치료 활용현황 및 인식연구 /전소희 ;이재연, 2002, 열린유아교육연구 제7권 제3호 (2002. 11) pp39-60, 열린유아교육학회, 372.2 ㅇ255, 유

· 아동문제 해결을 위한 독서치료의 적용과 전망 /이재연, 2001, 兒童硏究 제15권 제1호 (2001. 8) pp147-157, 숙명여자대학교아동연구소, 362.7 ㅇ118, 유

· 아동을 위한 독서치료 :이론적 고찰 /김현희, 2001, 어린이 문학교육연구 제2권 제1호 (2001. 8) pp67-92, 한국 어린이문학 교육학회, 028 ㅇ232

· 어린이 독서치료 이야기 /김미선, 2004, 어린이와讀書 제25집 (2004) pp81-130, 어린이도서관, 028 ㅇ232, 유

· 아동을 위한 독서치료 :이론적 고찰 /김현희, 2001, 어린이 문학교육연구 제2권 제1호 (2001. 8) pp67-92, 한국 어린이문학 교육학회, 028 ㅇ232

· 어린이 독서치료 프로그램 운영의 실제 :울산남부도서관 사례를 중심으로 /김순화, 2004, 어린이와讀書 제25집 (2004) pp69-80, 어린이도서관, 028 ㅇ232, 유

· 초등학교에서의 아동상담을 위한 독서치료의 인식 및 활용에 관한 연구/ 진미영, 인하대 교육대학원, 2003, TM 372.14 ㅈ592ㅊ, iii, 62p, 석사

· 책을 이용한 독서치료 효과연구 : 만 4~5세 어린이를 대상으로 / 조정연, 경기대교육대학원, 2006, TM 615.8516 ㅈ479ㄱ, vii, 86 p, 석사, 유

· 학령기 아동을 위한 통합적 독서치료 프로그램 개발 /채혜정 ;이재연, 2004, 兒童硏究 제17권 제2호 (2004. 2) pp45-66, 숙명여자대학교아동연구소362.7 ㅇ118, 유

청소년(중, 고)

· 독일어권 청소년 문학을 활용한 독서치료 : 청소년의 부정적 정서 해소를 중심으로 / 서기자, 충남대 대학원, 2006, TD 028 ㅅ213ㄷ, iii, 138 p, 박사, 유

· 비행청소년 인성치료를 위한 독서요법 /변우열, 1997, 圖書館學論集 26('97.7) pp131-168, 韓國圖書館情報學會, 020.4 ㄷ313ㄱ, 유

· 수준별 독서요법이 중학생의 인간관계 개선에 미치는 효과 연구 /성지화, 2006, 독서문화연구. 제5호 (2005), pp141-179, 대진대학교 독서문화연구소, 028 ㄷ327

· 수준별 독서요법이 중학생의 인간관계 개선에 미치는 효과 연구 / 성지화, 천안대 문헌정보대학원, 2005, TM 028.5 ㅅ239ㅅ, 116 p, 석사, 유

· 수준별 독서요법이 중학생의 인간관계 개선에 미치는 효과 연구 /성지화, 2006, 독서문화연구. 제5호 (2005), pp141-179, 대진대학교 독서문화연구소, 028 ㄷ327

· 실업계고등학생의 독서치료방법연구/황수경, 경북대교육대학원 2006TM 당관미소장p, 석사

· 청소년 비행예방을 위한 긍정적 자아개념 육성방안:독서요법을 통한 집단지도 모형 개발을 중심으로 /김병수, 1988敎育論文集 10('88.11) pp135-150서울特別市敎育硏究院, 370.7 ㄱ384ㅅ, 유

· 청소년의 정신건강 증진을 위한 독서치료 프로그램 :교사용 독서치료 프로그램을 중심으로 /김수경, 2007, 한국도서관 · 정보학회지. 제38권 제1호 (2007년 3월), pp277-298, 韓國圖書館 · 情報學會, 020.4 ㄷ313ㄱ, 유

· 치료적 시문학 교육이 청소년의 정신건강에 미치는 영향 연구 :시치료의 이해와 심상사례 연구를 중심으로 /최소영, 2006문학교육학. 제20호 (2006년 8월), pp297-342역락, 811.07 ㅁ327

연구일반

· 교사, 학부모, 아동의 상담 욕구에 기초한 통합적 집단독서치료 프로그램의 효과 / 채혜정, 2004, 兒童學會誌. 제25권 제6호 (2004. 12), pp299-319, 韓國兒童學會, 362.7 ㅇ118ㅎ, 유

· 국내 독서치료 연구동향 분석 연구 /황금숙, 2005, 한국도서관 · 정보학회지. 제36권 제1호 (2005. 3), pp117-130, 韓國圖書館 · 情報學會, 020.4 ㄷ313ㄱ, 유

· 국내 독서치료의 현실과 전망에 관한 연구 / 박준희, 상명대 정치경영대학원, 2007, TM 158.3 ㅂ319ㄱ, iv, 135 p, 석사

· 네가 가는 길에 오래도록, 끊임없이 울리는 시 :시치료의 가능성 /강은교, 2007, 시인세계. 통권 제19호 (2007년 봄), pp199-207, 문학세계사, 811.105 ㅅ556,

· 독서치료의 이론과 실제에 관한 연구 / 김영애, 대진대 교육대학원, 2006, TM 371.4 ㄱ769ㄷ, 1, 23 p, 석사, 유

· 독서치료 인식에 관한 연구 : 학교(유치원) · 상담기관 · 교회 재직자 중심으로 / 어금주, 총신대 교육대학원, 2006, TM 372.21 ㅇ232ㄷ, [v], 68 p석사, 유

· 독서치료 프로그램의 운영 현황에 관한 연구 / 조나리, 부산대 대학원, 2007, TM 028.8 ㅈ378ㄷ, iii, 95 p, 석사

· 독서치료적 접근에 의한 부모교육 프로그램이 부모의 양육스트레스, 부모 유능감에 미치는 영향 /박상희, 2007, 미래유아교육학회지. 제14권 제2호 (2007년 5월), pp29-59, 미래유아교육학회, 372.2 ㅁ355

· 『독서치료 사례 연구』를 읽고 :「독서치료 사례 연구」,김정근;김은엽;김수경;김순화 공저[서평] /한윤옥 [평], 2007, 圖書館文化. 제48권 제5호 통권 제383호 (2007년 5월), pp58-59, 韓國圖書館協會, 020.605 ㄷ326ㄷ, 유

· 독서치료의 목회상담적 활용방안 연구 / 함종협, 장로회신학대 대학원, 2005, TM 253.5 ㅎ172ㄷ, 118 p, 석사, 유

· 독서활동을 통한 문학치료 방법 연구 / 허영주, 경희대 교육대학원, 2005, TM 811.07 ㅎ178ㄷ, ii, 65 p, 석사, 유

· 독서치료에서 '체험'의 요소 /김정근, 2006, 國會圖書館報. 제43권 제10호 통권 제330호 (2006. 11), pp32-40, 國會圖書館, 027.55191 ㄱ428, 유

· 독서치료의 세 요소 :치료사, 자료, 참여자 /임성관, 2005, 문헌정보학연구지. 제31호 (2005. 12), pp31-38, 숭의여자대학 문헌정보학과, 020 ㄷ313ㅅ, 유,

· 독서치료에서 '진정성'의 요소 /김정근, 2005, 도서관. 제60권 제2호 통권 제375호 (2005. 12), pp163-186, 國立中央圖書館, 027.551 ㄷ313, 유

· 독서치료의 가능성과 적용 /김경숙, 2005, 國立大學圖書館報. 통권 제23집 (2005), pp21-52, 國公立大學圖書館協議會, 020 ㄱ427, 유

· 독서치료의 힘, 인간띠를 이루다 /김수경 ;김정미, 2005, 圖書館文化. 제46권 제8호 통권 제363호 (2005. 8), pp41-65, 韓國圖書館協會, 020.605 ㄷ326ㄷ, 유

· 김정근의 독서치료 이야기 :스캇펙(M. Scott Peck)을 아십니까? /김정근, 2004, 國會圖書館報 제41권 제6호 통권 제302호(2004.6) pp58-61國會圖書館027.55191ㄱ428, 유

· 독서치료의개요/박상희 2004光神論壇 제13집 (2004.7)pp399-420光神大學校 232.05ㄱ383

· 독서치료란 무엇인가? /이경숙, 2003, 생활심리 통권 제20호 (2003. 8) pp31-36, 한국심리상담연구소, 150 ㅅ211

· 독서요법에 대한 이론적 고찰 /이만수, 2003, 독서문화연구 제2호 (2002. 12) pp1-31, 대진대학교 독서문화연구소, 028 ㄷ327

· 讀書治療에 관한 硏究 /許慶會, 1967, 論文集. 8('72.11), pp43-57, 木浦敎育大學, 041.1 ㅁ273

· 독서요법의 기독교상담에의 적용에 관한 연구/ 김유경, 아세아연합신학대 대학원, 2003, TM 253.5 ㄱ795ㄷ, ii, 82p, 석사, 유

· 독서치료에 관한 자료 연구 /윤인현, 2006, 독서문화연구. 제5호 (2005), pp117-139, 대진대학교 독서문화연구소, 028 ㄷ327,

· 독서요법과 뉴로피드백을 시행한 心脾兩虛型 鬱證환자 治驗 1例 /임정화 ;최강욱 ; 정인철 ;이상룡, 2006, 동의신경정신과학회지. vol.17 no.2 (2006. 7), pp187-198, 대한한방신경정신과학회, 615.89 ㄷ328

· 독서요법에 관한 연구 /정춘화, 2005, 문화콘텐츠연구. 제10집 (2005. 4), pp473-490, 동의대학교 문화콘텐츠연구소, 041.1 ㅇ984, 유

· 독서요법에 대한 이론적 고찰 /이만수, 2003, 독서문화연구 제2호 (2002. 12) pp1-31, 대진대학교 독서문화연구소, 028 ㄷ327

· 시화에 나타난 문학의 치료적 효과와 문학치료학을 위한 전망 /정운채, 1999, 고전문학과 교육 제1집 (1999. 6) pp165-187, 태학사, 811 ㄱ348

· 독서요법의 이론과 적용 /윤정옥, 1998, 도서관 346('98.3) pp47-64, 國立中央圖書館, 027.551 ㄷ313, 유

· 독서요법을 활용한 독서지도 방법과 효과에 관한 연구 / 서기문, 전주교육대 교육대학원, 2006, TM 372.4 ㅅ213ㄷ, iv, 149 p, 석사, 유

· 독서 클럽을 통한 독서 치료 방안 연구 / 조혜진, 한국교원대 교육대학원, 2006, TM 411.07 ㅈ526ㄷ, v, 98 p, 석사, 유

· 독서요법연구에 관한 개관 : 사례연구 및 실험연구를 중심으로 /윤달원, 1987, 慶尙

大學校論文集 26,2('87.12) pp361-372, 경상대학교, 041.1 ㄱ284, 유

· 독서요법 /데우스, 루스 M. (Tews, Ruth M.) ;이화섭 譯., 1984, 圖書館 274('84.10) pp53-66, 國立中央圖書館, 027.551 ㄷ313

· 독서의 본질과 독서 프로그램 운영 /김수경, 2006, 한국도서관 · 정보학회지. 제37권 제3호 (2006. 9), pp235-263, 韓國圖書館 · 情報學會, 020.4 ㄷ313ㄱ, 유

· 讀書療法 에 依한 生活指導 , 不適應學生 을 中心 으로 /박용두, 1981, 首都敎育 62('81.1) pp19-28, 서울특별시교육연구원, 370.5 ㅅ361ㅅ, 유

· 讀書療法과 精神療法 &lt特輯&gt /앨스턴, 에드윈 ;林漢永, 1981, 廣場. 99('81.10), pp47-54, 世界平化敎授協議會, 305 ㄱ383

· 讀書敎育心理療法의 意味探究 /박화엽, 1997, 學生生活硏究 15('97.6) pp1-18, 西原大學校學生生活硏究所, 371.8 ㅎ151, 유

· 드라마 활동을 통한 독서능력 신장 방안 : 발달적 독서치료를 중심으로 / 정진영, 서울교육대 교육대학원, 2007, TM 372.4 ㅈ319ㄷ, viii, 133 p, 석사

· 문제성 소지자의 선도방안 (독서 요법을 중심으로) /김도상, 1971, 硏究月報 : 82('71.4) pp18-22, 全羅北道敎育硏究院, 370.705 ㅇ253

· 문학의 치료적 기능을 이용한 놀이치료 :독서치료를 중심으로 /김춘경, 2000, 놀이치료연구 제4권 제2호 (2000. 12) pp3-27, 한국 아동심리재활학회, 615.85ㄴ293

· 발달적 독서치료 프로그램 운영의 효과 :시범학교의 사례연구 /권은경, 2007, 한국문헌정보학회지. 제41권 제1호 (2007년 3월), pp139-164, 韓國文獻情報學會, 020.5 ㄷ313ㅎ, 유

· 발달적 독서치료 프로그램이 중학생의 삶의 목적 수준에 미치는 효과 / 정호남, 평택대 상담대학원, 2007, TM 158.3 ㅈ343ㅂ, 95 p, 석사

· 사회성 향상을 위한 독서치료 프로그램 /임성관, 2005, 독서문화연구. 제4호 (2004), pp63-79, 대진대학교 독서문화연구소, 028 ㄷ327

· 사회복지사의 독서치료 활용에 관한 인식 연구 : 서울특별시내 복지기관의 사회복지사를 중심으로 / 성연수, 건국대 행정대학원2005, TM 361.3 ㅅ238ㅅiv, 68 p석사, 유

· 서사문학을 활용한 독서 치료 연구 / 유영경, 영남대 교육대학원, 2005, TM 811.07 ㅇ428ㅅ, 70 p, 석사, 유

· 서사문학을 활용한 독서치료 방법 연구 / 양주영, 한국외국어대 교육대학원, 2007, TM 411.07 ㅇ229ㅅ, ii, 129 p, 석사

· 성경적 상담학과 독서 치료의 만남 : 로렌스 크렙의 이론을 중심으로/ 이재익, 영남신학대 신학대학원, 2003, TM 253.5 ㅇ843ㅅ, 64p, 석사, 유

· 성경적 상담 기법으로서의 독서치료 활용에 관한 연구 / 조윤희, 총신대 상담대학원, 2006, TM 253.5 ㅈ464ㅅ, iii, 107 p, 석사, 유,

· 새로운 봉사영역 :독서치료에 대하여 /최월순, 2006, 圖書館文化. 제47권 제5호 통권 제372호 (2006. 5), pp58-60, 韓國圖書館協會, 020.605 ㄷ326ㄷ, 유

· 상처는 문학을 부르고 문학은 상처를 낫게 한다 /신달자, 2006, 문학사상. 제35권 제10호 통권408호 (2006. 10), pp186-193, 문학사상사, 811.05 ㅁ326

· 생활지도 상담 심리치료의 기술적 일연구(I) : 독서요법적용을 중심으로 /윤달원, 1983, 學生生活硏究所報 9('83.12) pp51-62경상대학교학생생활연구소371.8 ㅎ151, 유

· 시 활동 경험의 심리적 치유과정 분석 / 이성옥, 숙명여대 대학원, 2007, TD 370.15 ㅇ747ㅅ, vi, 154 p, 박사, 유

· 시치료 기법을 활용한 시 수업 방안 연구 / 차재량, 부산대 교육대학원, 2007, TM 811.07 ㅊ115ㅅ, 80 p, 석사

· 시치료의 국어교육적 수용 방안 / 박태건, 군산대 교육대학원, 2007, TM 411.07 ㅂ348ㅅ, iii, 101 p, 석사, 유

· 시치료의 국어교육적 활용방안 : 강은교를 중심으로 / 오필하, 세종대 교육대학원, 2007, TM 811.1507 ㅇ338ㅅ, iii, 68 p, 석사

· 시치료가 정서지능 향상에 미치는 효과성 연구 / 최소영, 경기대 국제 · 문화대학원, 2005, TM 615.8516 ㅊ232ㅅ, vi, 144 p, 석사, 유

· 시 활동 경험의 심리적 치유과정 분석 /이성옥 ;김봉환, 2007, 한국심리학회지 : 상담 및 심리치료. 제19권 제3호 (2007년 8월), pp819-841, 한국상담심리학회150 ㅎ155

· 시의 정신치료적 기능에 대한 철학적 정초 /김주완, 2006, 哲學硏究 : 대한철학회논문집. 제100집 (2006년 11월), pp255-280, 대한철학회, 105 ㅊ132

· 시 치료를 위한 보고서 /강은교, 2006, 문학사상. 제35권 제10호 통권408호 (2006. 10), pp194-201, 문학사상사, 811.05 ㅁ326

· 시 치료(詩治療) 연구 :그 단계적 치료의 일례(一例) /표성수, 2002, 論文集 제34집 (2002) pp117-142, 三育大學校, 041.1 ㅅ196, 유

· 아동상담자의 독서치료 활용현황 및 인식연구/ 전소희, 숙명여대 대학원, 2002, TM 649.1 ㅈ144ㅇ, 61p, 석사

· 어린이집 독서치료 프로그램의 실제와 운영방안 연구 / 김성곤, 가야대 행정대학원, 2006, TM 362.7 ㄱ693ㅇ, iii, 123, iii p, 석사, 유

· 영혼을 위한 독서치료 :마음의 상처, 책으로 다스려요 /임연희 글, 2005, (월간)고신. 통권289호 (2005. 10), pp44-45, 고신언론사, 205 ㄱ334

· 외국 독서치료 연구동향 분석 연구 /황금숙, 2005, 한국문헌정보학회 학술발표논집. 제19집 (2005. 4), pp29-46, 한국문헌정보학회, 020 ㅎ155

· 인성치료를 위한 독서 요법에 관한 연구 /김병수, 1968, 教育研究 : 25('68.12) pp12-15, 全羅北道教育研究所, 370.7 ㄱ384

· 인성교육을 위한 치료적 시 지도 방법 연구 / 김명숙, 경인교육대 교육대학원, 2007, TM 372.64 ㄱ622ㅇ, iii, v, 164 p, 석사,

· 자기조력도서의 평가기준 수립 및 자기조력 독서치료의 효과에 대한 연구 / 이소라, 충남대 대학원, 2007, TD 370.15 ㅇ754ㅈ, vi, 146 p, 박사

· 자아실현을 위한 발달적 독서치료의 사례연구 /남태우 ;이원지, 2005, 한국문헌정보학회지. 제39권 제2호 (2005. 6), pp321-346, 韓國文獻情報學會020.5 ㄷ313ㅎ, 유

· 저소득층 자기보호아동을 위한 독서치료 / 김선혜, 부산대 대학원, 2005, TM 당관미소장, p, 석사

· 精神療法 으로서의 讀書療法 에 關한 小考 /손정표, 1978, 도서관 226('78.1) pp33-42, 국립중앙도서관, 027.551 ㄷ313

· 精神疾患者 再活을 위한 集團治療 프로그램 實態에 관한 연구/ 姜永淑, 崇實大 大學院, 1992, TM 362.22 ㄱ261ㅈ, 95 p, 학위논문(석사), 유

· 책은 치유하는 힘이 있는가 :성남도립도서관 사례 /황금숙, 2006, 문헌정보학회지. 제13집, pp1-27, 대림대학 문헌정보과 학생회, 020 ㅁ327

· 치료의 개념과 상담자의 역할 /이소라, 2006, 교육연구논총. 제27권 제2호 (2006. 8), pp43-62, 忠南大學校教育研究所, 370.4 ㄱ384, 유

· 학교상담에서 독서치료의 활용방안 /서미옥 ;이명자, 2003, 중등교육연구 제51-1집 (2003. 6) pp67-84, 경북대학교 사범대학부속 중등교육연구소, 370.5 ㄱ284, 유

· 학급경영에 적용한 독서치료 사례연구 / 박인선, 부산대 교육대학원, 2005, TM 028.5 ㅂ283ㅎ, ii, 105 p, 석사

· 현단계 독서치료의 발전과 지향 /김수경, 2005, 國會圖書館報. 제42권 제8호 통권 제316호 (2005. 8), pp38-56, 國會圖書館, 027.55191 ㄱ428, 유

· Bibliotherapy에서 문학-정보의 치료적 기제 /김경중, 2006, 한국비블리아 : 발표논집. 제14집 (2006. 5), pp171-188, 한국비블리아학회, 020 ㅎ155

(17) 도서관(문헌정보) 관련논문

· 공공도서관의 독서문화조성을 위한 바람직한 서비스 방안 연구 :안양시 사례를 중심으로 /정문택, 2005, 圖書館文化. 제46권 제4호 통권 제359호 (2005. 4), pp37-44, 韓國圖書館協會, 020.605 ㄷ326ㄷ, 유

· 공공도서관 사서의 독서치료 활용 및 인식 연구 : 서울시교육청 소속 공공도서관을 중심으로 / 김만순, 고려대 교육대학원, 2007, TM 027.4 ㄱ615ㄱ, iv, 111, 3 p, 석사

· 공공도서관 독서치료 프로그램 참여자의 치유효과에 관한 연구 / 이희자, 경기대 대학원, 2007, TM 027.4 ㅇ982ㄱ, vi, 78 p, 석사

· 공공도서관의 독서치료 서비스 활성화에 관한 연구 / 이영희, 배재대 행정대학원, 2006, TM 당관미소장, p, 석사

· 공공도서관의 독서치료 프로그램 운영에 관한 연구 : 울산남부도서관을 중심으로 / 김순화, 부산대 대학원, 2005, TD 028.5 ㄱ729ㄱ, iv, 191 p, 박사, 유

· 공공도서관의 어린이 독서치료 효과에 관한 연구 / 박금희, 이화여대 대학원, 2006, TD 615.8516 ㅂ143ㄱ, x, 136 p, 박사

· 공공도서관의 어린이 독서치료 효과에 관한 연구 /박금희 ;정연경, 2006, 한국문헌정보학회지. 제40권 제3호 (2006. 9), pp353-368韓國文獻情報學會, 020.5 ㄷ313ㅎ, 유

· 공공도서관이 독서치료의 장이 될 수 있는가 /김정근 ;송영임, 2003, 독서문화연구 제2호 (2002. 12) pp51-80, 대진대학교 독서문화연구소, 028 ㄷ327

· 공공도서관 맞춤서비스, 『독서치료프로그램』의 개발과 운영 사례 연구 :남산도

서관 독서치료프로그램 운영을 중심으로 /김만순 ;김은숙 ;김진승 ;이재경 ;이향화 ;임미화 ;정경선 ;정혜경 ;주상수 ;최승숙 ;이선희, 2005, 圖書館硏究. 제22집 (2005. 12), pp37-60, 서울시도서관연구회, 020 ㄷ313

· 공공도서관의 어린이 독서치료 /박금희, 2004, 어린이와讀書 제25집 (2004) pp47-68, 어린이도서관, 028 ㅇ232, 유

· 공공도서관의 독서치료 프로그램, 어떻게 운영할 것인가 /김정근 ;송영임, 2003, 도서관 제58권 제1호 통권 제366호 (2003. 3) pp59-82國立中央圖書館, 027.551 ㄷ313, 유

· 남산도서관의 독서치료를 활용한 도서관서비스 운영 사례 :도서관의 블루오션을 찾아서 /주상수, 2006, 圖書館文化. 제47권 제5호 통권 제372호 (2006. 5), pp55-57, 韓國圖書館協會, 020.605 ㄷ326ㄷ, 유

· 도서관에서의 독서치료 적용방안과 그 실제 /임성관, 2005, 디지틀도서관. 통권39호 (2005. 가을), pp15-24, 한국디지틀도서관포럼, 027 ㄷ329

· 도서관과 독서치료 /한윤옥, 2004, 어린이와讀書 제25집 (2004) pp7-28, 어린이도서관, 028 ㅇ232, 유

· 도서관 봉사로서의 독서요법 적용 가능성에 관한 연구/ 張貴女, 이화여대 대학원, 1985, TM 028 ㅈ113ㄷ, 93p, 석사, 유

· 독서치료와 도서관의 역할에 대한 연구/ 신주영, 부산대 대학원, 2003, TM 025.5 ㅅ583ㄷ, iii, 121p, 석사

· 독서치료 프로그램 운영 연구 :울산남부도서관 사례를 중심으로 /김순화, 2004, 도서관 제59권 제3호 통권 제372호 (2004. 가을) pp71-100國立中央圖書館027.551 ㄷ313유

· 독서치료 프로그램 운영 사례 :울산지역 공공도서관을 중심으로 /김순화, 2006한국비블리아 : 발표논집. 제14집 (2006. 5), pp145-170한국비블리아학회020 ㅎ155

· 독서치료 프로그램 운영 사례 :울산지역 공공도서관을 중심으로 /김순화, 2006, 한국비블리아학회지. 제17권 제1호 (2006. 6), pp161-181한국비블리아학회020 ㅅ236, 유

· 독서치료에서 도서관 버전 만들기 :도서관의 블루오션을 찾아서 /김정근, 2006, 圖書館文化.제47권 제5호 통권 제372호(2006.5),pp49-51韓國圖書館協會020.605ㄷ326ㄷ, 유

· 문헌정보학 분야에서의 적실한 '독서치료' 연구와 강의를 위한 사례연구 /송승섭, 2004, 한국문헌정보학회지 제38권 제1호 (2004. 3) pp121-141, 韓國文獻情報學會,

020.5 ㄷ313ㅎ, 유

· 病院圖書館 奉仕에 관한 硏究: 환자를 중심으로/ 李美京, 成均館大 大學院, 1987, TM 025.5 ㅇ679ㅂ, 86p, 석사, 유

· 어린이 도서관의 전인적 치유환경에 관한 연구 :루돌프 슈타이너의 이론을 중심으로 /김혜연 ;김광호 ;진달래, 2007, 韓國醫療福祉施設學會誌. 제13권 제3호 통권28호 (2007년 8월), pp47-55, 한국의료복지시설학회, 362.1 ㅎ155

· 어린이 도서관에서의 독서치료 방향 /김현희, 2004, 어린이와讀書 제25집 (2004) pp29-46, 어린이도서관, 028 ㅇ232, 유

· 어린이 독서치료 프로그램 운영의 실제 :울산남부도서관 사례를 중심으로 /김순화, 2004, 어린이와讀書 제25집 (2004) pp69-80, 어린이도서관, 028 ㅇ232, 유

· 의학도서관의 독서치료 적용 가능성 /김경채, 2005, 한국의학도서관. 제32권 제1 · 2호 (2005), pp39-52, 한국의학도서관협의회, 026.61 ㅎ155

· 울산남부도서관의 독서치료 프로그램 운영 결과 /김순화, 2005, 한국도서관 · 정보학회지. 제36권 제1호 (2005. 3), pp195-217, 韓國圖書館 · 情報學會, 020.4 ㄷ313ㄱ, 유

· 정신보건을 위한 공공도서관 역할 연구 : 독서치료의 적용과 관련하여/ 송영임, 부산대 대학원, 2003, TM 027.4 ㅅ338ㅈ, iii, 105p, 석사, ,

· 지역사회 정신보건 문제와 독서치료 /김정근 ;송영임, 2003, 한국도서관 · 정보학회지 제34권 제1호 (2003. 3) pp19-41, 韓國圖書館 · 情報學會, 020.4 ㄷ313ㄱ, 유

· 학교도서관에서의 독서치료 활성화 방안 연구 /황금숙, 2003, 한국비블리아 제14권 제2호 (2003. 12) pp41-57, 한국비블리아학회, 020 ㅅ236, 유

· 학교도서관에서의 독서치료 활성화 방안 연구 /황금숙, 2003, 한국비블리아:발표논집 제9집 (2003. 11) pp67-85, 한국비블리아학회, 020 ㅎ155

· 한국 교회도서관 활성화 방안 연구 / 염혜선, 공주대 교육대학원, 2005, TM 027.67 ㅇ256ㅎ, v, 75 p, 석사, 유

· 病院圖書館 奉仕에 관한 硏究: 환자를 중심으로/ 李美京, 成均館大 大學院, 1987, TM 025.5 ㅇ679ㅂ, 86p, 석사, 유

· 문헌정보학 분야에서의 적실한 '독서치료' 연구와 강의를 위한 사례연구 /송승섭, 2004, 한국문헌정보학회지 제38권 제1호 (2004. 3) pp121-141, 韓國文獻情報學會,

020.5 ㄷ313ㅎ, 유

· 어린이 도서관에서의 독서치료 방향 /김현희, 2004, 어린이와讀書 제25집 (2004) pp29-46, 어린이도서관, 028 ㅇ232, 유

· 독서요법에서의 사서의 역할 /李鍾淑, 1986, 도서관 284('86.6) pp37-50, 국립중앙도서관, 027.551 ㄷ313

· 非行少年人性治療 를 위한 讀書療法開發 과 圖書館人 의 社會的責任 /손정표, 1978, 도서관 224('77.10) pp39-49, 국립중앙도서관, 027.551 ㄷ313

· 2003년! 공공도서관에서 독서치료 프로그램을 시작해보자 :'울리 불리 책이랑 놀자'란 프로그램의 사례를 소개하며 /김미선, 2002, 圖書館硏究 제19집 (2002. 12) pp101-123, 서울시도서관연구회, 020 ㄷ313

(18) 자료, 분류, 목록, 관련논문

· 독서치료에 관한 자료 연구 /윤인현, 2006, 독서문화연구. 제5호 (2005), pp117-139, 대진대학교 독서문화연구소, 028 ㄷ327

· 독서치료를 위한 상황별 독서목록의 기초적 요건에 관한 연구, II :사례분석을 통한 상황설정 및 분류체계 예시 /한윤옥, 2004, 한국문헌정보학회지 제38권 제3호 (2004. 9) pp249-275, 韓國文獻情報學會, 020.5 ㄷ313ㅎ, 유

· 독서치료를 위한 상황별독서목록의기초적요건에관한연구:상황설정및분류체계와관련하여/한윤옥2003한국문헌정보학회지제37권제1호(2003.3)pp5-25韓國文獻情報學會020.5ㄷ313ㅎ유

· 자가치유도서의 분류현황 고찰 /이혜영, 2004, 문헌정보학연구지. 제30호 (2004. 12), pp19-27, 숭의여자대학 문헌정보학과, 020 ㄷ313ㅅ, 유

· 전방향 독서법에 따르는 독서치료의 자료분류에 관한 연구 / 박연식, 2007경기대 대학원

· 청소년의 정신건강 증진을 위한 독서치료에 활용될 수 있는 도서 탐색 /서미옥, 2004兒童學會誌. 제25권 제6호 (2004. 12), pp89-103, 韓國兒童學會, 362.7 ㅇ118ㅎ, 유

(19) 중독(게임, 도박, 약물, 인터넷)

· 독서요법을 통한 인터넷 중독 청소년의 사회성 개발에 관한 연구 / 김지은, 공주대

교육대학원, 2006, TM 028 ㄱ883ㄷ, iv, 78 p, 석사, 유

(20) 시설아동, 암환자

· 암환자와 가족을 위한 독서치료 / 이운우, 부산대 대학원, 2004, TM 025.5 ㅇ799ㅇ, iii, 145 p, 석사, 유

· 시설아동의 자기표현능력에 대한 독서치료 프로그램 효과분석 / 이춘지, 조선대 정책대학원, 2006, TM 362.73 ㅇ916ㅅ, v, 90 p, 석사, 유

· 시설청소년을 위한 독서치료 / 염세영, 부산대 대학원, 2005, TM 362.796 ㅇ256ㅅ, iii, 86 p, 석사

· 독서요법을 통한 시설아동의 심리와 행동의 변화에 관한 연구 : 아동복지시설 S원 3, 4학년생 5명을 대상으로/최정미부산대 대학원, 2002TM 028.5 ㅊ282ㄷ, 94p, 석사, 유

2. 독서치료 단행본

독서치료 사례 연구 / 김정근 [외]저, 한울, 2007

상황별 독서목록 : 증보편 / 한국도서관협회 [편], 한국도서관협회, 2007

독서치료 연구 / 임성관 저, 한국디지틀도서관포럼, 2007

체험적 독서치료 / 김정근 지음 ; 한국도서관협회 독서문화위원회 편, 학지사, 2007

독서치료 프로그램의 실제 / 임성관 저, 한국디지틀도서관포럼, 2007

독서치료 어떻게 할 것인가 / 이영식 저, 학지사, 2006

문학치료 / 변학수 지음, 학지사, 2005

상황별 독서목록 : 청소년 · 어린이편 / 한국도서관협회, 한국도서관협회

시치료 : 이론과 실제 / Nicholas Mazza 저 ; 김현희 [외]역, 학지사, 2005

5차원 독서치료 : 책읽기를 통한 마음의 치유 / 원동연 ; 유혜숙 ; 유동준 지음김영사, 2005

성인아이 문제와 독서치료 / 김경숙 지음, 한울, 2004

독서치료 / 김현희 외 지음 ; 한국독서치료학회 [편], 학지사, 2004

상황별 독서목록 : 성인편 / 韓國圖書館協會, 한국도서관협회, 2004

독서치료와 공공도서관 서비스 / 송영임 지음, 한울, 2004

어린이의 상한 마음을 돌보기 위한 독서치료 / 김민주 지음, 한울, 2004

독서치료와 도서관의 역할 / 신주영 지음, 한울, 2004

독서클리닉의 이론과 실제 / 한복희 지음, 한국도서관협회, 2004

비블리오테라피: /조셉 골드 저 ; 이종인 역, 북키앙, 2003

책아, 우리 아이 마음을 열어 줘 / 하제 저, 청어람미디어, 2003

독서치료와 어린이 글쓰기 지도 / 양재한 ; 이경민 ; 황금숙 공저, 태일사, 2003

독서치료의 실제 / 김현희 외저 ; 한국독서치료학회 [편], 학지사, 2003

시치료 : 이론과 실제 / Nicholas Mazza 저 ; 김현희 [외]역, 학지사, 2005

목놓아 울기보다 시와 웃어보자 : 詩 치료! / 윤초화 ; 고승우 저청목출판사, 2005

시 치료 / John Fox 지음 ; 최소영 외 옮김, 시그마프레스, 2005

독서요법 / 황의백 ; 범우사 1996

책읽기를 통한 치유 / 이영애; 홍성사 2000

글쓰기치료 / 제임스w.페니베이커 지음;이봉희 옮김 학지사 2007

저널치료 / Kathleen Adams 저, 강은주, 이봉희 역 | 학지사 2006

시네마테라피 / 비르기트 볼츠 저, 심영섭 (외)역 | 을유문화사 2006

3. 독서치료를 맛보기 위한 책 모음

비밀의 화원/시공주니어

아직도 가야할 길/열음사

문학의 숲을 거닐다/샘터

모리와 함께한 화요일/세종서적

그대 스스로를 고용하라/김영사

수레바퀴 아래서/민음사

창가의 토토/프로메테우스

행복한 청소부/풀빛

닥터 노먼 베쑨/실천문학사

30년만의 휴식/비젼과 리더십
살며 사랑하며 배우며/홍익출판사

4. 읽기(독서)의 이해를 넓혀주는 책 모음

생각을 넓혀주는 독서법/멘토
어떻게 천천히 읽을 것인가?/ 이레서원
책읽는 책/지식의숲
렉시오 디비나/분도출판사
독서의 이해/한국방송출판

5. 독서심리상담가와 함께 하면 좋을 책들

누가 시를 읽는가/프레드 사사키,돈 셰어/ 봄날의 책
교양인은 무엇을 공부하는가/ 연지원/삼인
레오나르도 다빈치/월터 아이작슨/아르테
콘텐츠의 미래/바라트 아란드/리더스북
구술문화와 문자문화 /월터J. 옹/문예출판사
생각의 시대/김용규/살림/
지식의 사회사 1,2/피터 버크/민음사
문학과 예술의 세계사1~4/ 아르놀트 하우저/창비
한국현대 생활문화사1~4/김성보외/창비
한국 근현대문학사/장석주/ 학교도서관저널
생각의 탄생/로버트 루트번스타인/에코의서재
서재를 떠나보내며/알베르토 망겔/더난출판사
밤의 도서관/알베르토 망겔/세종서적
은유가 된 독자/ 알베르토 망겔/행성비
왜?/알베르토 망겔/위즈덤하우스
알고리즘 인생을 계산하다/브라이언 크리스천/청림출판

불평등의 이유/노엄 촘스키/이데아

사람들을 위한 자본주의/루이기 진갈레스/한국경제신문

느낌을 팝니다/우에노 지즈코/마음산책

철학은 어떻게 삶의 무기가 되었는가/야마구치 슈/다산초당

책과 밤을 함께 주신 신의 아이러니/호세 카를로스 카네이로/다락방

시골에서 도서관하는 즐거움/최종규/스토리닷

읽는다는 것의 미래/임완철/지식노마드

가자 어디에도 없었던 방법으로/테라오겐/아르테

노동자가 원하는 것/리처드 프리먼외/후마니타스

우리는 다르게 살기로 했다/조현/휴

글로벌 고령화 위기인가 기회인가/폴 어빙/아날로그

로컬의 미래/헬레나 노르베리 호지/남해의 봄날

아침의 피아노/김진영/한겨레출판

6. 독서치료에서 나누기 좋은 영화목록

굿 윌 헌팅

닉키와 지노

로렌조 오일

비밀의 화원

산체스의 아이들

세일즈맨의 죽음

쉰들러리스트

쇼생크 탈출

스탠리와 아이리스

시네마천국

시스터 액트

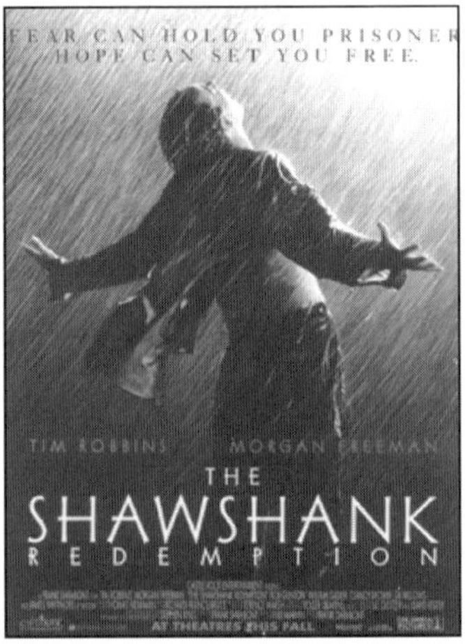

시티 오브 죠이

어퓨 굿맨

아웃오브 아프리카

에덴의 동쪽

오즈의 마법사

우리들의 일그러진 영웅

이유없는 반항

죠이럭클럽

죽은 시인의 사회

카드로 만든집

패치 아담스

파워 오브 원

파인딩 포레스터

헐리우드 키드의 생애

홀렌드 오퍼스

7. 독서치료를 위한 참고사이트

이영식 http://www.bibliotherapy.pe.kr/

하제 http://www.hajebook.com/

임성관 http://www.poetrytherapy.kr/

최소영 http://www.poetrytherapy.or.kr/main/

① 대학(원)

경북대 대학원 문학치료학과 http://lt.er.ro/

평택대 대학원 독서치료학과 http://graduate.ptu.ac.kr/main3/main36/main1.asp

② 학회 및 단체들

독서치료학회 http://www.bibliotherapy.or.kr/

세계독서치료학회 http://www.bibletherapy.co.kr/

신성회 독서상담 http://www.sshbook.or.kr/

③ 독서치료 동영상강좌 및 오프라인 강좌

벅스북(동영상) http://www.bugsbook.com/

카운피아 (동영상) http://www.counpia.com/

한국심성교육개발원 http://www.edumental.org/ 동영상과 자격증과정 강좌

경기대 평생교육원 독서심리지도사 http://web.kyonggi.ac.kr/seoul/

경북대문학치료상담실 http://literatherapy.com/

명지대 사회교육대학원 특별과정 http://www.mjse.or.kr/

이대 평생교육원(전문교육과정) http://sce.ewha.ac.kr/0608web/sub6_bookcure.jsp

샘터교육문화원 http://cafe.daum.net/visioncommunity

한국문학치료상담연구소 http://www.munhakchiryo.com/

한우리 치유적독서지도과정 http://edu.hanuribook.or.kr/hanuri/curic/03_5.php

행복한 마음 연구소 http://happymindlab.com/

④ 독서치료관련 도서관

남산도서관 http://www.namsanlib.or.kr/

성남시립중앙도서관 http://ct.snlib.net/

부산남구도서관 http://library.bsnamgu.go.kr/library/cure/cure.php

대구 효목도서관 http://www.hyomok-lib.daegu.kr/

울산 남부도서관 http://www.usnl.or.kr/

울산 중부도서관 http://www.usjl.or.kr/

성북 정보도서관 http://www.sblib.seoul.kr/

⑤ 자기변화를 위한 독서치료강좌

문예아카데미 http://www.myacademy.org/main.asp

패치아담스 전방향독서치료과정 http://blog.naver.com/nicebook

한겨레문화센터 http://www.hanter21.co.kr/

⑥ 독서치료관련카페와 블로그

독서치료전문가 http://cafe.daum.net/bibliotheraphist

책골남 http://blog.naver.com/nicebook

다롱이꽃 http://cafe.daum.net/tandy

⑦ 독서치료와 같은 범주의 다른 영역들

시치료 http://www.poetrytherapy.org/

글쓰기치료(저널치료) http://www.journaltherapy.com/

이야기치료 http://www.narrativeapproaches.com/welcome.html

http://www.narrativetherapycentre.com/index.htm

http://www.narrativetherapylibrary.com/

영화치료 시네마테라피 http://www.cinematherapy.com/

한국영상응용연구소 http://www.healingcinema.co.kr/

참고문헌

〈단행본〉

공병호(2004),『핵심만 골라 읽는 실용독서의 기술』, 서울: 21세기북스.

김정근외(2007),『체험적 독서치료』, 서울: 학지사.

김태수(2000),『분류의 이해』, 서울: 문헌정보처리연구회.

김현희 외 공저(2004),『독서치료』, 서울: 학지사.

김현희 외 공저(2003),『독서치료의 실제』, 서울: 학지사.

네모도 아키라 저, 조재순역(2003),『문헌세계의 구조』, 서울: 한국도서관협회.

릭워렌 저, 고성삼 역(2003),『목적이 이끄는 삶』, 서울: 디모데.

모티머 J. 애들러, 찰스 반 도렌 공저, 독고앤 역(2000),『생각을 넓혀주는 독서법』, 서울: 멘토.

윌리엄 베네트 저, 최홍규 역(1994),『미덕의 책』, 서울: 평단문화사.

이영식(2006),『독서치료 어떻게 할 것인가』, 서울: 학지사.

이영애(2000),『책읽기를 통한 치유』, 서울: 홍성사.

정기철(2000),『읽기교육의 이론과 실제』, 서울: 역락.

제임스 사이어 저, 이나경 역(2004),『어떻게 천천히 읽을 것인가』, 서울: 이레서원.

최정태 · 양재환 · 도태현(1998),『문헌분류의 이론과 실제』, 부산대학교출판부.

윤희윤(1998),『정보자료분류론』,대구: 태일사.

하제(2003),『책아 우리아이의 마음을 열어줘』, 서울: 청어람미디어.

한복희(2004),『독서클리닉의 이론과 실제』, 서울: 한국도서관협회.

한복희외(2006),『초 · 중학생 독서지도를 위한 상황별 도서목록』, 서울: 랭기지플러스.

황의백(1996),『독서요법』, 서울: 범우사.

〈논문〉

김두선(2000), [공공도서관 참고봉사의 실태및 이용자들의 인식수준에 관한 연구]석사학위논문, 신라대학교 교육대학원 도서관 교육 전공

김민주(2003), 「어린이의 상한 마음을 돌보기 위한 독서치료 서비스 방안 연구」, 석사학위논문. 부산대학교대학원.

송영임(2003), 「정신 보건을 위한 공공도서관 역할연구」, 석사학위논문, 부산대학교대학원.

윤정옥(1998), 「독서요법의 이론과 적용 도서관」 국립중앙도서관 346, 47-64.

장귀녀(1985), 「도서관 봉사로서의 독서요법 적용에 관한 연구」, 석사학위논문. 이화여자대학교 대학원.

한윤옥(2004), 「독서치료를 위한 상황별 독서목록의 의의와 상황설정」, 제 42회 전국도서관대회 주제발표논문집.

한윤옥(2003), 「독서치료를 위한 상황별 독서목록의 기초적 요건에 관한 연구」

한윤옥(2004), 「독서치료를 위한 상황별 독서목록의 기초적 요건에 관한 연구 II」

황금숙(2005), 「외국 독서치료 연구동향 분석 연구」/한국문헌정보학회지 39권 제2호305-320쪽.

황금숙(2005), 「국내 독서치료 연구동향 분석 연구」 / 한국도서관·정보학회지, 제36권 제1호 117-130쪽.

전방향 독서법

全方向 讀書法

Omnidirection Reading Art

세상에서 가장 아름다운
독서법으로 당신을 초대합니다.

전방향 全方向
독서법
Omnidirection reading Art

전방향독서심리상담연구소
북 레시피 닥터 박연식

Why
왜 새로운 독서법이 우리에게 요구되는가?

나는 어떤 독자인가?
나는 어떤 삶을 희망하는가?
나는 어떤 책을 읽고 있나?
나는 어떻게 책을 읽고 있나?
이런 질문에 당신은 어떻게 마주 하는가?

내게 적절한 한권의 책을 만나며 마주한다는 것 행운이며 선물이다. 이 만남으로 이어져 육체와 영혼, 지식과 지혜, 정보와 정서, 목적과 의미, 매체 다양성, 사색과 실행의 균형과 조화가 함께하는 건강하며 온전한 읽기다. 인생여정과 함께 굴러가는 살아있는 읽기가 된다.

What
전방향 독서법이란?

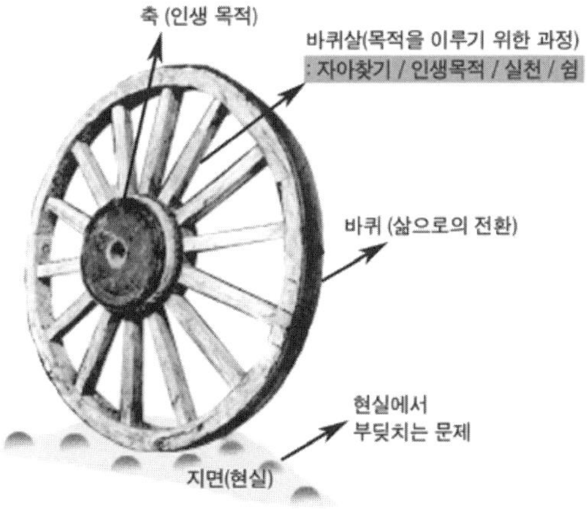

전방향 독서법을 간단히 말하면 목적이 이끄는 인생여정의 수레바퀴 독서법이다.
길과 함께하는 바퀴에는 상징적으로 목적이라는 축과 거울(in), 나침반(up), 시계(out), 소파(down) 등으로 비유되는 네 개의 바퀴살 즉 전방향에 따른 읽기의 과정을 뜻한다. 자신을 돌아보며 꿈을 찾아서 계발하고 삶의 여정가운데 생긴 문제들을 해결해 나가는 독서법이며 독서치료법이다.

전방향 독서법은 삶으로의 읽기다.
기존의 많은 독서들이 능률을 필요로 하는 시대의 흐름을 따라 속도와 축적 그리고 습득에만 집중하는 안타까운 실정이다. 보다 많이, 보다 빨리라는 구호가 여기저기서 들리는 듯 하다. 속도에 쫓긴 나머지 나를 돌아볼 기회가 없다. 사고가 터지고 문제가 발생하게 될 때 우리는 귀를 귀울이게 된다. 나는 누구인가? 그리고 어디로 가고 있는 걸까? 제대로 가긴 한 건가? 마땅히 가야 할 길이 있는 건 아닌지 생각하게 된다. 이런 날이 오기 전에 준비하며 맞이하자. 이 독서법은 그 동안 나의 독서여정을 엿보게 한다. 그리고 다시금 책이 주는 즐거움으로 우리를 초대한다.

How
전방향 독서법만의 원리와 특징

4가지 물건을 기반으로 하는 전방향 독서법의 이론과 원리가 함께 한다.
거울: 자기를 돌아보며 찾아가는 과정

나침반: 꿈과 가치를 그리며 의미를 찾아가는 과정
시계: 준비하며 계발하며 펼쳐가는 과정
소파: 참된 쉼과 회복을 통한 창조하는 과정

4가지 자료와 함께 한다.
책, 미디어, 음악, 자연 등

4가지 질문이 함께 한다.
나는 누구인가?
나는 어디로 가야하는가?
나는 무엇을 어떻게 준비해야하는가?
나는 무엇을 통해 참된 쉼과 회복을 맞이할수있나?

4가지 체험이 함께 한다.
동일시 ,카타르시스, 통찰, 적용

4가지 활동이 함께 한다.
보물지도, 자기사명서, 명함, 나만의 서가

전방향 독서법에서의 읽기 관점

균형과 조화를 추구하는 읽기

선택의 읽기를 추구한다 <Want & need>
시기의 읽기를 추구한다 <Going & coming>
관계의 읽기를 추구한다 <Alone & together>
적용의 읽기를 추구한다 <Thinking & action>

전방향 읽기를 위한 기본

1. 4가지 괜찮아 <4ok>
2. 4단계 독서 소그룹 과정 모델 <4text>
3. 4가지 종류 질문 <4C>
4. 4가지 질문 <4Q>

전방향 진단을 위한 단계들

SCT(sentence completion test) 문장 완성
Check List. 체크 리스트
5BTM. 5권의 목록 검사
8PCD. 8장 사진 선택 진단

진단없는 처방은 없다

진단과 처방이 함께하며, 밑줄치기와 메모가 함께 하며, 홀로 읽기를 넘어 더불어 함께하며
머리에서 가슴과 손발로 함께하는 독서법이다. 또한 수레바퀴와 인생의 사계가 함께하는
인생순례의 독서법이다.

<전방향 독서법 학교> 강좌 안내

전방향 독서법 원리에는

분류법 (정보나 지식, 학문적인 접근의 분류법이 아닌 삶의 목적과 의미 중심의 분류법을 추구하고 있다)

질문법 (인생에서 가장 소중한 세계관적인 4가지의 질문을 품고 있다)

진단법 (현재 나의 위치를 알 때 다음 과정으로 연결이 된다)

처방법 (어떻게 읽고 삶에 적용할 것인지에 대한 설명이 함께한다)

위의 것들이 확장되어 전방향 독서치료, 전방향 북큐레이션, 전방향 독서처방을 진행한다.

전방향 독서법 강좌가 기본이면서 필수과정입니다.

1. 하루에 마무리 하는 **전방향 독서법** 6h (이론, 실제)
2. 하루에 마무리 하는 **전방향 북큐레이션** 6h (이론, 실제<자신,주제>)
3. 하루에 마무리 하는 **전방향 독서치료 (독서 심리 상담)** 6h. (이론, 실제)
4. 하루에 마무리 하는 **전방향 독서소그룹** 6h (이론, 실제)
5. 하루에 마무리 하는 **전방향 도서선정과 분류** 6h (이론, 실제)

6. 하루에 마무리 하는 **전방향 도서관 학교** 6h (이론과 실제)
7. **사물놀이 인생학교 1, 2개월. 2박 3일** 4차시,8차시 과정.
   3가지 종류.
8. **전방향 독서처방전** <예약 진행> 50분 진단과 처방.
   시간과 장소 조정 가능

강의, 강연, 상담, 프로그램 기획 등 대상과 인원 그리고 주제,
비용 등 논의 가능

문의 I 북레시피닥터 박연식 nicebook@naver.com
블로그 blog.naver.com/nicebook

미래독서연구총서 ①

전방향 독서법과 독서치료[개정판]

초　판 1쇄 발행일 · 2008년 06월 24일
개정판 1쇄 발행일 · 2019년 08월 16일

지은이 | 박연식
펴낸이 | 노정자
펴낸곳 | 도서출판 고요아침
편　집 | 김남규

출판 등록 2002년 8월 1일 제 1-3094호
03678 서울시 서대문구 증가로 29길 12-27 102호
전화 | 302-3194~5
팩스 | 302-3198
E-mail | goyoachim@hanmail.net
홈페이지 | www.goyoachim.net

ISBN 978-89-6039-167-3(03810)

* 책 가격은 뒤표지에 표시되어 있습니다.
* 지은이와 협의하여 인지는 생략합니다.
* 잘못된 책은 교환해 드립니다.